꼴통 장경감 지구대 가다

[강남 지구대 24시]

꼴통 장경감, 지구대 가다
[강남 지구대 24시]

초판 1쇄 인쇄 2023년 11월 15일
초판 1쇄 발행 2023년 11월 30일

지 은 이   장관승
펴 낸 이   한영희
디 자 인   송경자
인쇄제본   정휘D&P
펴 낸 곳   미디어 한강
등   록   제 2020-000002호
연 락 처   02-6378-8404
이 메 일   media_hangang@naver.com
블 로 그   http://blog.naver.com/media_hangang

ISBN 979-11-978099-2-7 (03810)

이 책의 저작권은 저자에게 있습니다.
저자와 출판사의 허락 없는 인용과 발췌를 금합니다.
파본은 구입하신 곳에서 교환해 드립니다.
가격은 뒤표지에 있습니다.

열혈 경찰이야기

꼴통 경정감 지구대 간다

장관승 지음

강남지구대 24시

미디어한강

추천사

"부사장님 조심하세요. 그 경찰, 꼴통입니다."

그를 처음 만난 것은 2007년 미디어 다음의 대외협력 담당 부사장 시절, 회사의 임원 자격으로 서울경찰청 사이버수사대에 불려가 조사를 받는 자리였다. 당시 다음(DAUM)은 지금의 유튜브와 같은 동영상 서비스인 TV팟의 시범서비스를 막 시작한 시점이었고, 처음 하는 서비스라 성인물 관리 측면의 미숙함이 실정법에 저촉되는 부분이 있는지 경찰이 조사 중이었다. 나보다 먼저 조사를 받았던 실무진들은 수사를 담당했던 장관승 팀장을 대화가 안 통하는 꼴통이라고 부르며, 회사를 대표해 참고인이 될지, 피의자가 될지 알 수 없는 조사를 받으러 가는 나를 걱정했다.

언제나 그렇듯이 상대를 범죄자로 만들려고 진행되는 조서 작성은 가혹하고 잔인했다. 그런데 처음 만난 자리에서 그는 나를 신기하게 생각한 듯하다. 대부분의 조사 대상자가 자신의 잘못을 부인하거나 변명하는 것과 달리 모든 일을 인정하고 책임지겠다고 달려드는 꼴통 임원을 처음 보았기 때문이라고 했다. 2시간여에 걸친 조서 작성이 끝난 후 그는 나를 휴게실로 데려가 이 책의 모든 에피소드에 등장하는 '커피'를 권하며 오늘 내가 인정한 조서 때문에 유죄가 되면 앞으로 나는 통신 관련 회사의 임원으로 일할 수 없을 것이라는 친절한 안내(협박?)를 해줬다.

그래도 내가 책임질 수밖에 없고 문제가 된 시스템은 개선하겠다고 약속하니 이 꼴통 경찰은 갑자기 작성된 모든 조서를 삭제하고는 내게 시스템 개선 보고서를 요구했다. "나는 사람을 처벌하는 게 목적이 아니라 잘못된 일을 바로잡는 게 목적인 경찰"이라는 명언을 날리며.

이 일을 계기로 그는 나의 친한 경찰 동생이 되었고 그로부터 1년 후 나는 청와대 비서관이 되었다.

책 내용 속에 나오듯이 그는 내가 청와대에 들어간 이후에도 끊임없이 다양한 아이디어를 던졌고 급기야 제안 제도를 통해 대통령상까지 받았다. 그의 아이디어를 전해들은 대통령은 이런 경찰은 승진시켜야 되지 않겠냐는 말씀을 하셨고, 수석을 통해 그 이야기를 들은 나는 그에게 이런 일이 있었다고 전했다.

그런데 대통령의 격려를 들은 꼴통 경찰의 대답이 잊혀지지 않는다. "왜 대통령이 경찰 인사에 직접 개입하나요?" 그리고 그는 자신의 승진을 거부하고 후배들을 승진시켜 달라고 요청했다.

책에 자세한 이야기가 나오지는 않지만 꼴통 장 경감은 그 후 여러가지 우여곡절을 거쳐 지구대에서 일하게 된다.

이 책은 내로라하는 법무법인의 변호사들과 법리 논쟁을 즐기던 순경 출신 꼴통 경찰 눈에 비친 2023년 대한민국 이야기다. 절도, 가출, 스토킹, 마약, 시위, 폭발물 신고, 주취폭행, 음주뺑소니, 보이스피싱, 무면허 의료, 주차분쟁, 층간소음 갈등 등 드라마가 아니면 알 수 없는 현장 경찰의 24시 이야기가 갖는 흡인력은 무척이나 힘이 있다.

꼴통 경찰 장 경감이 오늘도 겪고 있을, 그리고 틀림없이 드라마로 만들어질 거라는 예감이 드는 우리들의 서울살이 이야기는 한 번 잡으면 놓을 수가 없다.

2023년 10월

김 철 균 도산아카데미 원장(전 청와대 뉴미디어 비서관)

작가의 글

　경찰이라고 하면, 많은 분들은 영화 속에 나오는 대로 어깨에 힘이 잔뜩 들어간 조폭, 마약 등 흉악 범죄자들을 시원하게 응징하는 강력반 형사들의 모습을 연상하실 겁니다. 하지만 작은 말다툼부터 묻지마 폭행 등 심각한 사건에 이르기까지 우리 주변에서 실제로 문제가 발생했을 때, 어디선가 짠~ 하고 나타나 서로의 주장을 들어주며 중재해 주고 범인을 체포하기도 하는 경찰은 범죄예방을 위해 동네를 순찰하는 현장 경찰인 지구대, 파출소 경찰관들입니다.

　지구대, 파출소에 접수되는 신고는 단순한 범죄신고뿐 아니라, 주차 다툼부터 자살 기도, 자녀의 양육과 체벌, 가정 구성원 간의 다툼, 민사상 채권·채무 관련 문제, 부동산 소유권의 다툼, 치매 노인의 행방불명, 성매매 등 풍속사범, 식품·보건위생 사건, 사회 변화에 따라 새로 나타난 전동 킥보드와 전기자전거 관련 사건 등 사회 전반의 모든 문제입니다. 그렇기에 법률 전문가, 행정학 교수 등 제가 아는 분들과 처리 방법에 대해 논쟁하며 고민하고 아무리 책을 뒤져 보더라도 시원한 해결방법을 찾기 어려운 경우가 많았습니다.

30년 넘는 세월 동안 수사를 해 왔으니 경력이 제법 오래됐다고 자부했지만, 지구대에 나와 다양한 사건을 접하면서, 사건별로 '현장 상황', '행위자와 상대방의 관계', '행위 전후의 사정', '피해의 정도', '행위에 대한 가벌성' 등에 대해 짧게는 1~2분에서 길어도 30여분 안에는 옳은 판단을 내려야 하기 때문에 끊임없이 책과 판례를 읽으며 공부하지만 속시원한 답이 안 나오는 경우가 많아지면서 점점 겸손함을 배우게 되었습니다.

　　홍어를 잡던 어부 청년이 정약전 선생님에게 "홍어가 댕기는 길은 홍어가 알고 가오리가 댕기는 길은 가오리가 알죠!"라고 했던 말처럼, 범죄 예방을 위한 순찰 및 거점 근무와 신고 사건의 처리에 대해서는 항상 현장에 출동해 피해자들을 만나던 현장 경찰관이 가장 잘 압니다. 저는 오랜 지구대 경험을 통해 112 등 경찰에 신고되는 사건과 시민이 실생활과 관련해 도움을 요청하는 사건은 법률적인 접근만으로는 해결되지 않는다는 것을 알게 되었습니다.

　　시대의 변화에 따라 범죄도 바뀌고, 최근에는 외로운 늑대형 범죄가 늘어나 불안해하는 분들도 많겠지만, 그래도 우리 옆에는 제일 먼저 현장으로 달려가 국민의 편에서 사건을 처리하는 경찰이 있습니다. 그들이 현장에서 고민하고, 아파하고, 쓰러졌다 다시 일어나는 모습을 보며 나이 들어가는 선배 경찰로서 그들의 아름다운 모습을 스케치해서 몇 자 적어 보았습니다.

모두 잠든 깊은 밤에도 어두운 골목 한켠에서 빨간불, 파란불을 깜빡이며 밤을 밝히는 이름없는 현장 경찰들의 급박했던 이야기를 통해 그들의 역할과 고민, 아픔을 이해해 주시기를 기대해 봅니다.

후배들아 난! 뜨거운 심장이 있는 당신들이 현장에 있어서 정말 고맙다. 그리고 당신들을 사랑한다!

2023년 가을

장 관 승

차례

- 추천사 / 4
- 작가의 글 / 7

1부 / 강남 지구대

1. 가자, 현장으로!!
1. 돌아이 장 팀장이 지구대로 온다고? / 15
2. 음주 뺑소니 벤츠보다 빠르게! / 23
3. 보이스피싱범과 인출책을 잡아라! / 27
4. 납치 차량을 찾아라 / 33

2. 이야기 들어주는 경찰
1. 집 안으로 들어간 경찰 / 41
2. 사랑이 끝나갈 때 / 46
3. 노인의 사연 / 51
4. 손잡고 울 수밖에 / 55

3. 지구대는 열공 중
1. 경찰을 이용하려는 간 큰 사람들 / 62
2. 자전거와 전동자전거 / 70
3. 동거와 사실혼 / 75
4. 입술 문신과 무면허 의료행위 / 81
5. 교통사고 현장의 이기주의 / 86
6. 차량 시위와 업무방해 / 92
7. 아파트 강제집행 / 98

2부 / 지금 우리는

1. 젊은이들의 사랑
    1. 스토킹이 사랑이라고? / 107
    2. 한 번은 스토킹이 아니잖아요? / 114
    3. 근육질의 남자 / 121
    4. 몰카를 찾아라! / 125
    5. 라이브 성추행 방송 / 130

2. 요즘 부부
    1. 아내를 찾습니다 / 139
    2. 남편이 제 차를 훔쳐갔어요 / 142
    3. 부부 관계 / 148
    4. 접근 금지 / 152
    5. 도끼 든 남편 / 159

3. 부모와 자식 사이
    1. 며느리가 손자 납치? / 162
    2. 초등학생의 가출 / 167
    3. 우리 딸이 자살하려고 했다고요? / 174
    4. 끝내 알 수 없는 엄마의 마음 / 181

4. 이웃 사촌?
    1. 보복 소음과 보복 신고 / 188
    2. 오피스텔 절도와 CCTV / 193
    3. 수상한 윗층 사람 / 197
    4. 마약 의심 신고까지 하는 이웃 / 205
    5. 주차금지 표지판 / 209

5. 술은 무죄 사람이 유죄
   1. 끝없는 주취자 난동　/ 213
   2. 술 취한 로스쿨생　/ 217
   3. 사랑 싸움　/ 222
   4. 무전취식? 사기?　/ 226

6. 강남의 룸살롱
   1. 유흥업소 여종업원에게 강제로 마약 투약　/ 230
   2. 납치, 감금된 마담　/ 235
   3. 룸살롱에서 칼로 위협하는 폭력배　/ 243
   4. 장팀장, 키스방에 가다　/ 251

7. 극한직업... 그래도 감사한 하루
   1. 가까워진 마약, 멀리 있는 법　/ 263
   2. 카톡 사기 수배범을 잡아라　/ 270
   3. 장관 집 앞 세배 시위　/ 275
   4. 자살 기도자를 구하라　/ 279
   5. 빌딩 폭발물　/ 286
   6. 노숙자 할아버지의 집은 어디인가?　/ 291

1부 강남 지구대

1. 가자, 현장으로!!
2. 이야기 들어주는 경찰
3. 지구대는 열공 중

1. 가자, 현장으로!!

1. 돌아이 장 팀장이 지구대로 온다고?

내가 강남 모 지구대 팀장으로 나타났을 때, 지구대 직원들 표정은 좋지 않았다. 하긴 내가 악명 높기는 하지. 그래도 이미 온다는 거 다 아는 상태에서 봤으면 표정관리라도 해야 하는 것 아닌가? 그렇게 인상 쓸 필요는 없잖아.

청이나 일선서는 물론 지구대에서 근무할 때도 맡은 사건을 완벽히 파악하기 전까지 퇴근도 하지 않고 며칠 밤을 새우며 법령을 연구하고, 해당 분야 전문가들까지 찾아다니며 공부하기로 유명했었다. 옆에서 이 짓을 하고 있으면 주위 친구들은 괜히 노는 것 같아 불편하지.

유흥업소 단속을 나가도 밤새 업소 운영 행태를 점검하고, 신고만 있고 단속은 안 된 업소의 112신고 이력을 확인한 후 업소에 출동했던 경찰관을 직접 불러 단속 못한 이유를 묻는 등 피곤하게 굴었다. 게다가 서장의 요청으로 지구대와 파출소마다 방문하며 직원들 상대로 형사소송법과 경찰관직무집행법을 비교 교육을 하기도 했다.

이러다 보니 '교육한다는 명목으로 매일 괴롭힌다', '수사부서도 아닌 지구대 경찰관에게 일선서처럼 수사하라고 요구한다', '인사철도 아닌데 혼자 발령받은 걸 보면 사고친 게 틀림없다'는 등의 소문이 날 만도 하다. 그 정도 소문쯤은 6개월만 같이 근무하면 다 없어질 거라 별로 신경 쓰지 않았다.

이곳은 112신고가 많은 지구대인데 특이하게 4부제가 아니라 5부제로 근무한다.

전국의 경찰관 근무는 기본적으로 4부제다. 4일을 기준으로 첫날은 오전 7시부터 오후 7시까지 12시간 주간근무, 24시간을 쉰 뒤 둘째 날은 오후 7시부터 오전 7시까지 12시간 야간근무를 한다. 셋째 날은 비번이고 넷째 날은 휴무인데 비번과 휴무는 쉰다는 점에서는 같지만, 비상근무가 있을 때 휴무자는 동원되지만 비번자는 동원되지 않는다는 차이가 있다. 이렇게 근무하면 4일간 24시간 근무이므로 하루에 6시간밖에 일하지 않는 것처럼 보이니 개꿀이라고 하겠지만 우리는 주말이 없다. 그러니 1주일 기준으로는 42시간을 근무하는 거라 일반 공무원들보다 근무시간이 오히려 2시간 많다.

그런데 우리 지구대는 5부제로 근무한다. 4부제의 주야비휴 외에 심야근무라는 게 추가된다. 심야근무는 오후 9시부터 오전 7시까지 하는 근무인데, 각 팀이 다시 두 개의 조로 나뉘어, 한 조는 "주→야→비→휴→휴"로, 다른 조는 "주→야→심→비→휴"로 로테이션을 돈다.

심야근무조가 필요하다는 것은 그만큼 지구대에 신고 사건이 많고 힘들다는 뜻이니 조금은 긴장된다.

'어쨌든 이제 나도 늙었으니 정신없이 일하는 건 근무 시간만으로 제한하고, 쉬는 날에는 취미생활도 하고, 운동도 하고, 건강도 챙기면서 인간답게 살자!'라고 생각하며 근무 준비를 하는데 17명이나 되는 우리 팀원들의 표정은 여전히 좋지 않다. 그러든 말든 내 갈 길을 가다 보면 언젠가는 진짜 고마운 상사로 기억되겠지.

근무 교대 전 출근은 몇 시까지 해왔냐고 묻자, 근무교양 및 총기, 장비 수령 등을 위해 20분 전까지 출근한다고 한다.

"10분만 더 빨리 출근하세요! 일반적인 지시내용은 카카오톡으로 발송, 중요한 지시사항이나 사건 인계, 법률교육 등에 5~10분을 사용하겠습니다."라고 말하고 커피를 한 잔 마시는데 직원들이 2~3명씩 찾아왔다. 인사하러 왔나 했더니 집이 멀어서 일찍 출근하기 어렵다거나, 요즘 젊은 사람들은 2~3년 이상 학원에서 시험공부한 경력이 있어서 팀장님 걱정처럼 법률지식이 모자라지 않다는 등의 불만이었다. 어떤 부서에 가든 처음에는 항상 이런 반응이었으니 실망하지는 않았다.

"제 경험상 신고를 받고 최초로 현장에 출동하는 지구대가 법률을 가장 많이 알아야 합니다. 사정이 있는 분들은 안 들어도 상관이 없으니, 교육 내용을 복사해서 나중에 혼자라도 읽어 보세요."라고 말했다. '내가 로스쿨 과정, 경찰대, 수사보안연구소에서도 강의했고, 경찰 내부 교육용 책도 두 차례 쓴 일이 있으니 안 들으면 손해입니다'라는 말은 속으로 삼켰다.

지구대는 급박한 현장 상황 속에서 자기 말만 하는 사람들의 엇갈리는 주장과 현장 상황 등을 보고 짧게는 몇십 초, 길게는 30여 분 안에 판단을 내려야 한다.

현장에서 즉시 조치해야 하는 무임승차, 무전취식, 교통사고, 음주운전, 무면허운전, 폭력, 상해, 협박, 업무방해, 재물손괴, 주거침입, 절도, 강도, 강간, 추행, 감금, 아동학대, 가정폭력, 스토킹, 보이스피싱, 메신저피싱 사건 등은 물론, 사기, 횡령, 배임, 개인정보보호법, 문서위조 등 고소·고발사건뿐 아니라 학교폭력, 아동학대, 실종, 자살 등 여성·청소년과 관련된 업무, 화재, 정신질환자, 성매매, 유흥업소 불법영업, 동물학대, 환경, 소음, 유치권 분쟁, 강제집행, 공사로 인한 다툼, 위험물 설치, 도로·건물의 붕괴위험, 자동차관리법, 보건복지, 식품위생법, 노숙자, 광고

물, 드론 등 각종 특별법과 관련하여 각 부처에서 처리하는 모든 사건에 대해 신고가 들어온다. 본서 수사부서 근무 경찰은 자기 분야만 제대로 알면 되지만, 지구대는 더 넓게, 많이 알아야 하니 끊임없이 공부해도 부족하지만, 직원들은 그걸 잘 모른다.

지구대 사무실 맨 뒤쪽 자리에 앉아있는데, 직원이 현장 출동 경찰관과 계속 통화한다. 가만 들어보니 분명히 현장에서 처리하기 어려운 문제가 생겼는데도 내게 묻지 않는다.

무슨 일이냐고 먼저 묻자 "세차하던 세차원이 실수로 벤츠 엠블럼을 부러뜨렸는데 세차장 주인이 배상해 주겠다고 하는데도 벤츠 주인은 금액이 마음에 들지 않는다며 사건 발생보고를 해달라고 한답니다. 형사 사건으로 처리할 일이 아닌데, 피해자는 자신이 로펌에 근무해서 법을 잘 안다면서 고집을 부리고 있습니다"라고 답한다.

전화로 해결될 일이 아니라 순찰차를 몰고 직접 신고 현장으로 출동했다.

현장에 있던 젊은 경찰관은, 장애가 있는 세차원이 벤츠 엠블럼의 물기를 닦다가 부러뜨린 것 같은데 유명 로펌에서 일한다는 피해자는 무조건 형사사건으로 처리해 달라고 주장해서 실수를 형사사건으로 처리할 수는 없다고 설득해도 말을 안 듣는다고 보고한다.

먼저 당사자들에게 인사하며 내 신분을 밝힌 후 내용을 파악했다. 세차원은 겁에 질려 벌벌 떨고 있었고, 세차장 주인은 세차원이 3개월 동안 일하면서 이런 실수는 한 번도 저지르지 않았다고 답했다. 덩치 크고 나이도 많은 피해자는 "여기 경찰은 이상해, 발생보고를 하면 보험사 통해 알아서 처리되는데 왜 발생보고를 안 해주는 거야? 내가 청문감사관실에 분명히 문제 삼을 거야!"라고 소리 지르고 있다. 세차를 맡길 때 특별히 주의를 줬냐고 묻자, "내가 분명히 말했어, 부러지지 않도록 조심하라고!"라며 크게 반말로 답한다. 우리나라 사람들은 사복 형사는 무서워하면서 제복을 입은 경찰관들은 무시하는 경향이 있다는 사실을 다시 한 번 되뇌이면서 성질을 죽였다.

"법조계에 근무하신다니 잘 아시겠지만 과실재물손괴죄는 형사처벌 대상이 아닙니다. 경찰은 처리할 수 없으니 민사소송 절차를 밟으셔야 합니다."라고 설명하자 피해자는 더 핏대를 올리고 직무유기라고 소리지르며 무조건 발생보고부터 하라고 요구한다.

"지구대 경찰관은 폭행, 절도 등 긴급사건은 피해자를 대신해서 발생보고 등을 해드리지만, 긴급성이 없고 법률상 다툼이 있는 사건은 해드릴 수 없습니다. 직접 고소장을 작성해서 경찰서에 제출하십시오."라고 말하자 "당신 형사 좀 해 봤나 본데, 구두 고소도 고소야!"라고 다시 소리친다. "예, 맞습니다, 잘 아시겠지만 형사소송법 제237조 제1항을 보면, 구두 고소는 검사나 사법경찰관에게 하게 되어있고, 제2항을 보면 구두로 고소를 받았을 때는 조서를 작성하게 되어 있습니다. 경찰서로 안내해 드릴 테니 재물손괴 전문가인 형사과로 가셔서 과실재물손괴인지 재물손괴인지 설명하고 진행하시면 됩니다. 피해자에게 '부러지지 않도록 조심'하라고 특별히 말한 이유도 설명하셔야 할 겁니다. 그리고 고소·고발 절차를 안내했으니 직무유기가 안 되는 것 아시죠? 곽경사님, 피해자분을 형사과로 모셔다 드리세요."라고 하자, 피해자는 "가만두지 않겠다!"고 큰소리치더니 그대로 낡은 벤츠를 몰고 세차장을 떠났다.

아직도 떨고 있는 세차원을 안심시키려고 했지만 경찰관 제복을 보면 더욱 떨어대 가까이 갈 수도 없었다. 세차장 주인에게 "저 사람은 일단 발생보고를 한 후 이것저것 다 고친 뒤 보험처리를 하면 보험사에서 알아서 소송으로 처리할 거라고 생각하고 저렇게 한 거니 큰 문제가 생기지 않을 겁니다."라고 설명하자, 연신 고맙다고 한다.

지구대로 돌아오자 곽 경사가 다가와 "고맙습니다, 저는 본서에서 장비지급 업무만 하다 지구대로 나와 업무를 잘 모르는데, 자신이 유명 로펌 사무장이라면서 접수를 안 하면 직무유기라고 소리를 지르는 통에 굉장히 당황했었습니다. 앞으로 많이 가르쳐 주십시오."라고 한다.

그래! 이렇게 일을 한 두 건씩 함께 처리해 나가다 보면 언젠가 모두 교육의 중요성을 깨닫고 스스로 묻고 확인하며 근무하겠지!

법률 상식

재물손괴(형법 제366조)
형법은 고의로 물건을 부순 경우만 처벌합니다. 실수로 물건을 부순 경우는 형사처벌 대상이 아니고 민사소송을 통해 손해배상을 받으면 됩니다. 이 사건의 벤츠 주인이 이미 부러졌던 엠블럼을 살짝 붙여놓은 후 세차장에 수리비를 뒤집어씌우려고 했을 가능성이 높습니다.

직무유기(형법 제122조)
공무원이 민원인의 요청을 들어주지 않는다고 해서 다 직무유기가 되는 건 아닙니다. 민원인의 요청이 정당하고, 공무원이 그 요청을 들어줄 법률적 의무가 있으며, 요청을 들어줄 수 없는 별다른 사정이 없는데도 들어주지 않는 경우에 직무유기죄가 성립될 수 있습니다.

고소, 고발 방식(형사소송법 제237조)
고소는 기본적으로 고소장을 제출하는 방식으로 해야 합니다. 만약 구두로 고소한 경우에는 경찰서 등에서 고소인 진술조서를 작성해야 유효한 고소가 됩니다.

2. 음주 뺑소니 벤츠보다 빠르게!

검찰청에서 다시 조사를 받고 야간근무를 위해 출근했다.

수사 도중에 억대가 넘는 뇌물을 수수한 사실이 밝혀진 공무원이 자살하겠다는 말을 하기에 자살을 막기 위해 긴급체포했었다. 그런데 갑자기 지휘검사가 바뀌더니 긴급체포를 불승인하고 공무원을 석방시켰다. 나는 검사 지휘로 피의자를 석방했는데 그 사람은 내 예상처럼 석방되자 자살해 버렸고 자살한 사람의 상급자인 공무원에 대해 출석을 요구하자 그 역시 자살했다. 그 후 공무원은 물론 정치권과 법조계 등에도 뇌물이 흘러갔다는 수사내용이 언론에 보도되자 수사기밀을 누설했다면서 나를 수사권한이 없는 지구대로 좌천시킨 지 4년이 넘어가고 있다. 그 기간 동안 경찰청의 감찰 조사와 수사를 받았고, 이제는 검찰 조사를 받는 중이다. 하긴 로비 리스트에 나온 사람들이 너무 쎄다 보니 이렇게 덮으려 드는 것도 이해는 간다.

검찰 조사가 경찰 조사보다 더 편하고 인간적이기는 하지만, 그래도 지난 20년 동안 내가 검찰청을 압수수색하고, 수사관들을 구속하고, 검찰의 영장기각에 대해 법원에 항고까지 하는 등 검찰과 직접적으로 부딪힌 게 한두 번이 아니라 보복이 있을지도 모른다는 걱정은 있다. 그래, 이것도 더 겸손해지라는 신의 뜻이겠지? 내가 감당해야 할 몫이다.

오늘은 무전 소리도 귀에 들리지 않고 그냥 가슴만 답답하다. 어려운 사건이나 문제가 생기면 찾아서 일은 시키지만, 해결해 주고 나면 다시 인사 조치, 감찰 조사하며 토사구팽당하는 신세.

열정적으로 수사하고, 법조문, 입법취지, 판례를 연구해서 새로운 판례를 만들고, 대기업의 잘못된 행태와 관행을 바꿀 때는 며칠씩 퇴근하지 못해도 신이 났고, 기업에서 욕하는 소리가 칭찬으로 들린 적도 있었는데... 그렇게 열심히 살 필요가 없었지 않나? '주님 저는 어떻게 살아야 합니까?' 혼자서 어두운 하늘을 바라보며 한숨만 푹푹, 담배만 뻑뻑 태우는 모습에 직원들은 눈치만 슬슬 본다.

새벽 04:10분 〈뺑소니, 벤츠 승용차가 오토바이를 추돌하고 도주〉라는 신고가 떨어지고, 10여 분 뒤 '뺑소니범이 양재역에 차량을 버리고 도주했으니 지원해달라'는 순찰차의 지원요청과 〈뺑소니범이 차량을 버리고 도망하고 있다〉는 112신고가 계속된다.

'양재역까지 4킬로미터, 그래 사이렌 키고 죽기살기로 달려보자!' 순찰차에 올라타는데 소내에 대기하던 젊은 경찰관이 따라 탄다. 경광등과 사이렌을 울리고 중앙선을 넘어 마주 오던 트럭 사이를 지그재그로 피하면서, 오늘따라 전부 적색인 사거리 신호 세 개를 모두 위반하며 질주했다. 마지막 청색 신호와 맞은편 차량들이 연신 켜대는 상향등 사이를 뚫고 2분만에 도주차량이 버려진 자리에 도착했다.

옆좌석의 경찰관은 내가 검찰 조사를 받은 후유증으로 자살충동을 느껴 그따위로 운전했다고 오해하는 것 같지만 그렇지 않다. 나는 현장에 있어야 살아있다는 느낌을 받는다.

가해자는 125CC 배달용 오토바이의 후미를 추돌한 후 500미터 정도 달아나다 인도 경계석을 충돌하자 차를 버리고 도주한 것으로, 음주운전이 명백했다. 순찰차가 사방에 출동했기 때문에 도망도 못가고 어딘가 숨어 있는 것이 분명하다. 처음 출동한 순찰차는 119구조대의 지원을 받아 오토바이 운전자를 병원으로 후송 중이고, 도주차량을 추적하며 112신고를 했던 택시기사는 가해자가 회색 양복을 입었고 약간 통통한 60대 남자라고 말한다.

112상황실에 운전자의 인상착의 등을 전파하고, 길 건너편을 관할하는 서초경찰서에도 주변 수색을 요청하라고 한 뒤 순찰차에서 내려 빌딩 주차장 등 주변을 수색하는데, 약 70미터 떨어진 건물 사이의 좁은 공간에서 작은 기침 소리가 들려 라이트를 비추자 겁을 먹고 덜덜 떨고 있는 회색 양복 입은 60대 남성이 보인다.

차적 조회 결과는 차량 소유자가 여성이었고, 대부분의 음주운전자는 운전 사실을 부인하니 처음부터 질문을 제대로 해야 한다. 이럴 때는 사고 운전자라는 사실을 기정사실로 하고 질문해야 한다. "선생님 차량이 많이 부서졌는데, 보험사는 부르셨어요?"라고 묻자, "아니요, 아직 못 불렀습니다." "사람이 많이 다친 것 같은데 보험은 가입되어 있으세요?" "예, 와이프의 차라 와이프 명의로 가입돼 있습니다, 죄송합니다."라며 운전 사실을 인정하고 술 먹은 사실이 밝혀질까 무서워서 도망쳤다면서 범죄사실도 시인한다.

음주측정 결과 0.068%가 확인되었다. 대상자가 범죄사실을 시인하고, 직업과 주거지가 확실했지만, 사고 후 도주하던 중 신병이 확보된 것이므로 계속 도주할 우려가 있다고 판단하여 특정범죄가중처벌등에관한법률위반(도주치상) 등의 현행범인으로 체포한 후 경찰서 사고조사반으로 인계하였다.

밤새 잠 한숨 못 자고 꼬박 날을 샜지만, 역시 현장에 있을 때 살아 있음을 느낀다. 그래, 수사부서는 아니지만 나는 살아있는 현장을 원했잖아. 지구대에서 마음껏 현장을 느끼면서 살아보지 뭐!

지구대로 돌아와 뒤쪽 소공원에 잠시 앉아있는데, 부팀장이 다가와 묻는다.

"팀장님, 양재역까지 2분도 안 걸려서 도착했다는 게 사실입니까? 옆에 앉아있던 박 순경이 심장이 몇 번 떨어졌다는데, 다시는 팀장님이 운전하는 순찰차 절대로 안 타겠다고도 했다는데요?"

이 놈! 젊은 놈이 나하고 단 둘이만 있었던 일을 방방곡곡 소문내다니, 이러다 제주경찰서까지 소문나겠다!

3. 보이스피싱범과 인출책을 잡아라!

　태풍처럼 휘몰아치던 112신고도 잠시 잠잠해졌다. 점심이라도 먹고 일하라는 뜻인가? 뭐 먹을까 고민하다 자리에서 일어났는데, 또 에~앵거린다. 〈강남역 ○○호텔 앞/검찰 사칭 보이스피싱/돈을 넘겨주었는데 검찰 직원이나 금융감독원 직원 같지 않다/용의자를 신고자가 잡고 있다〉라는 112신고가 CODE-0로 떨어지고, 부근에 있는 순찰차와 팀장, 지원 순찰차도 출동하라는 112상황실 지시가 내려졌다.

　순찰차에 올라 현장으로 출동하는데, 르네상스 호텔 앞부터 모든 차들이 움직이지를 않는다. 운전하는 직원이 싸이렌을 울리며 급한 신고이니 끼어들겠다고 수신호를 하는데도, 독일제 고급승용차를 운전하는 인간들은 '니들이 급하면 급하지 왜 내 앞으로 끼어들려고 그래'라고 생각했는지, 오히려 앞 차와 더 밀착해 진행하며 양보하지 않는다. 차에서 내려 호루라기를 불면서 손으로 차를 막고 순찰차를 회전구역으로 안내한 뒤 유턴하여 골목길을 통해 속도를 내며 가는데, 점심을 먹으러 나온 대부분의 회사원들은 비켜 주지만, 도로 한복판을 걸으면서 음악을 듣는지 싸이렌을 울려도 피하지 않는 사람들은 도대체 뭔가? 뒷자리에 탄 나이 든 경위가 다시 차에서 내려 호루라기로 순찰차를 안내하며 현장으로 출동하는데, 먼저 출동한 순찰차로부터 보이스피싱범을 검거했다는 무전이 온다.

뒤늦게 현장에 도착하여 피해자로부터 설명을 들었다. 피해자는 서울중앙지검 금융기업범죄 전담1부에 근무하는 김○○ 팀장이라는 사람으로부터 피해자 명의의 통장이 특급 금융범죄 사건에 연루되었다, 만약 아는 사람에게 통장을 개설해 줘서 금융범죄사건에 이용하도록 했다면 구속될 수 있다고 겁을 주면서 범인과 공범이 아니면 통장에서 6,000만원을 인출해 금융감독원 직원에게 전달해라, 그러면 수사 후 다시 돌려주겠다라는 말을 듣고, 구속을 당해서는 안 된다는 생각에 전날 은행에서 대출받아 3,800만원을 먼저 전달했다. 오늘은 2,000만원을 준비해서 안경을 쓰고 푸른색 상의에 검은색 양복바지를 입고 갈색 가방을 든 금융감독원 직원에게 주면 된다면서 강남역 ○○호텔 앞으로 가라고 해 가보니 똑같은 옷차림을 한 인출책이 나타나 현금을 넘겨줬는데, 긴장이 풀린 상태에서 휴대전화를 확인하던 중 은행으로부터 검찰, 금융감독원 직원을 사칭한 보이스피싱을 주의하라는 문자를 읽고 깜짝 놀라 돈을 받은 사람에게 "잠시만요"라고 했더니 도망가려고 하기에 주위 사람들에게 도움을 요청하여 붙잡고 있었다고 말했다.

인출책의 가방에서 피해자가 건네준 2,000만원을 확인한 후 증거물로 압수해야 하는데, 이럴 때도 현행범인체포시 범인으로부터 하는 압수인지, 범죄 장소 증거물의 긴급압수인지, 피해자가 피해금을 회수한 후 임의제출하는 것으로 볼 것인지에 따라 절차가 달라진다. 현장에 최초로 도착한 직원에게 상황을 물으니, 피해자가 피의자의 발을 잡고 있었고, 주변에는 많은 사람들이 서 있었으며, 현금이 든 가방은 2~3미터 떨어진 장소에 있었고, 피해자에게 현금을 넘겨준 장소는 약 10미터 떨어진 ○○호텔 앞이라고 하였다. 그러면 보이스피싱범은 현행범인체포로 처리하고, 가방과 현금은 범죄 현장의 긴급압수로 처리하면 된다.

우선 인출책에게 피의자의 권리를 설명하고 체포한 뒤 소지한 지갑과 가방을 확인하자 현금카드 몇 개가 확인되었다.

지구대로 신병을 인치한 후 인출책에게 범행 가담 경위를 물었다. 자신은 며칠 전 구직사이트를 통해 ○○서비스라는 업체에서 배송 아르바이트를 구했다, 11:00경 회사로부터 강남역 ○○호텔 앞에 가면 30대 초반의 남자가 현금을 줄 테니 그 돈을 받아 회사 계좌에 입금하면 된다는 지시를 받고 시키는 대로 일했을 뿐 보이스피싱이라고는 생각하지 못했다, 일하고도 알바비를 받지 못한 피해자라며 억울하다고 항변한다. 그러자 강력팀에서 나온 젊은 형사가 "야 이 양반아, 요즘 누가 현금을 사람에게 줘? 그냥 계좌로 입금하면 되지, 돈 받아서 전달하면 보이스피싱 인출책으로 구속된다는 언론보도가 한두 건이 아닌데 말이 되는 소리를 해!"라고 소리를 치자 그냥 고개를 숙이며 말을 하지 못한다.

피해자는 사회 초년생으로 미국에서 대학을 마치고 귀국하여 국내 굴지의 IT회사에 취업한지 6개월 된 사람이었다. 미국에서도 보이스피싱은 있지만 이런 방식은 몰랐고, 범인들이 검찰 수사팀을 사칭하며 계속 전화하고, 전화를 받지 않거나 조금만 늦게 받으면 지금 바로 서울중앙지검 금융기업범죄 수사팀으로 출석해라, 당장 구속시키겠다고 하기에 숨도 쉬지 못하고 시키는 대로 할 수밖에 없었다며 눈물을 흘린다.

어제 송금한 3,800만원은 다른 인출책이 인수받아 이미 중국으로 건너갔기에 회수를 기대하기는 어렵지만 오늘 건은 신고를 잘했고, 피해자의 돈이라도 범죄증거물로 이미 압수했으니 당장 돌려주지는 못하지만 검사 지휘를 받아 가환부해 줄 수 있으니 안심하라고 설명한 뒤 커피 한 잔을 건네자 한숨만 쉬며 눈물을 닦는다. 그래도 IT회사에 다닌다는 사람이 이렇게 사기꾼들에게 속아서 이미 사기를 당하고 또 속을 뻔했다는 사실에 대한 실망감, 그리고 짧은 시간이었지만 힘들고 무서웠던 기억과 아픔이 너무도 커 보였다. 그의 손을 잡고, 보이스피싱 피해자 중에는 판사도 있다며 피해자의 직업과는 관련이 없고, 이런 전화를 받으면 누구나 당황하게 된다며 위로해 줬다.

범죄의 표적이 되어 피해를 입는 경우 자신이 멍청해서 피해를 당했다는 생각에 스스로를 자책하는 피해자들이 생각보다 많다. 교활한 범죄자들의 지능적인 수법에 당하지 않는 사람들도 많지만, 나이 많은 사람이나 외국에 오래 살다 온 사람들만 피해를 입는 것은 아니다. 누구나 다 피해자가 될 수 있다. 왜 피해자들이 자신의 피해를 부끄러워해야 할까? 피해를 당한 것은 부끄러운 일이 아니다.

나쁜 놈들, 저런 짓으로 돈을 벌면 지들이 잘살 수 있다고 믿으니 하는 짓이지? 알바였다고 변명하지만 쉽게 돈을 벌려고 했던 인출책은 구속될 것이 분명하다.

2008년 사이버수사대에서 통신 대기업을 수사할 때의 기억이 떠오른다.

멀쩡한 기업을 괴롭히지 말라는 경찰청 수사부서 최고위 간부에게 직접 찾아가, 통신사가 이용자의 정보를 함부로 대부업체에 제공하는 행위는 헌법 제17조가 규정한 사생활의 비밀을 보장받아야 할 국민의 권리를 침해하는 일인데, 헌법 기본권을 침해하여 모든 국민의 정보를 함부로 돈벌이에 사용하는 행위를 수사하는 것이 어떻게 괴롭힘이 됩니까?"라고 항의하자, "니가 그렇게 연구를 많이 해? 그럼 보이스피싱을 차단할 방법이 있어? 그거 가져오면 너를 믿을께."라고 했다. 나는 그 자리에서 보이스피싱범들이 기관을 사칭하거나, 자녀납치 등으로 피해자를 협박하는 전화들은 중국 등에서 온 국제전화인데, 국제전화는 국가간 통신요금 정산을 위해 별도의 신호처리가 포함되어 있으니 이러한 신호가 있는 전화에 대해 "국제전화"라는 안내를 하면 보이스피싱이 원천차단된다고 설명했다. 그러자 바로 과·계장들을 소집한 후 경찰이 주체가 되어 청와대, 방통위, 통신사를 상대로 시스템에 대한 설명과 설득을 통해 국제전화 알림 서비스가 도입되었고, 2010년에는 전년 대비 보이스피싱이 95%나 감소되었다.

그러자 보이스피싱범들도 진화하여 이제는 국제전화 신호가 없는 인터넷전화를 이용한다. 그 모습을 보고 다시 1년간 연구하여 인터넷전화를 이용한 보이스피싱도 차단할 방법이 있다고 10년이 넘도록 설명하고 다녔지만 미래창조과학부 국장 한 사람을 제외하고는 아무도 들어주지 않았고, 그 사람마저 명퇴하고 나니 이제는 아무도 신경 쓰지 않는다.

보이스피싱 피해 신고를 받고 현장에 나가 피해자들의 아픔을 느끼면 가슴만 더욱 답답해진다. 하지만 난 최말단 부서에 근무하는 순찰팀장일 뿐이니, 피해 발생 신고를 접하면 빨리 출동해서 인출책을 검거하거나, 보이스피싱 피해를 당하지 않는 방법을 상담해주는 것 외에는 할 수 있는 일이 없다. 젊을 때 조금만 성질 죽이고 살아서 조금 더 높은 자리에 올라갔다면 보이스피싱 따위는 원천차단할 수 있었을 텐데…

4. 납치 차량을 찾아라

코로나로 신고가 많이 줄었는데도 여전히 112신고는 정신없다. 심지어 금요일도 아닌데.

팀장이 출동해야 하는 CODE-0 사건은 원래 하루 평균 3~4건을 넘지 않는데, 오늘은 자정 전에 벌써 3건이나 출동했다. 새로 들어오는 신고도 공연음란 등 술 취한 사람들이 저지른 지저분한 사건이나 병원 응급실 행패 같은 것들이라 직원들 전부 범죄예방을 위한 순찰은 엄두도 못내고 계속 현장으로 출동하고 있다.

그래 이렇게 신고로 정신없는 날도 있는 법이지라고 생각하는데, 23:49분에 비상 소리와 함께 112신고 시스템이 붉은색으로 깜빡거린다. 〈남자 한 명이 여성을 때리고 다른 한 명이 차에 있다/여성이 살려달라고 소리 지르고 신고자도 소리지르니까 때리던 사람은 신고자에게 신경쓰지 말고 가라고 하고, 가는 척하니까 여성을 차에 태워 도망갔다/차량번호는 불상이고 어두운색 K7이다〉라는 신고가 떨어졌다. 신고 내용이 너무나 구체적이라 느낌이 좋지 않다.

급히 가야겠다는 생각에 중앙선을 넘어가며 현장으로 출동했다. 3분도 걸리지 않아 신고 장소에 도착했다. 이 아파트처럼 최근에 지은 대형

단지는 차량이 지상으로는 못들어가고 지하 주차장으로만 들어갈 수 있어서 동행한 경찰관 2명에게 우선 지상을 수색하라고 했다. 나는 주변 도로를 확인했지만 현장에서는 신고자도, 범죄와 관련됐다고 의심할만한 차량도 보이지 않는다.

아파트 단지를 확인한 직원들이 특이사항이 없다고 하기에 일단 무전으로 현장 도착 보고를 한 후 신고자에게 전화했다. 범죄 목격 장소를 묻자 떨리는 목소리로 머뭇거리면서 000동 앞이라고 말하는데, 범인을 검거하고 피해자를 구하기 위해서는 정확한 진술이 필요하다고 설득하자, 아파트에서 우리 쪽으로 내려오겠다고 말하고서도 5분이 넘도록 오지 않는다. 계속 재촉 전화를 하자 10여분 뒤에 50대 초반 중년 남성과 청소년 한 명이 순찰차 쪽으로 왔는데 여전히 겁을 먹고 떨고 있는 모습을 보아 뭔가를 목격한 것은 분명해 보였다.

신고자는 청소년이었는데, 같이 온 중년 남성은 지금 한참 입시가 중요할 때인데 112신고를 했으면 됐지 이렇게 공부를 방해하면 어떻게 하느냐면서 혹시나 경찰·검찰·법원에서 출석이나 진술을 요구해 그 스트레스로 공부를 못하면 책임질 거냐고 항의한다. 하지만 신고자의 진술을 자세히 듣지 않고서는 납치 사건을 해결할 수 없기 때문에 아드님이 어떤 여성의 납치 현장을 목격했다. 납치된 여성이 어딘가로 끌려가고 있을 텐데 그 공포를 생각해 보시라고 설득했다. 그러면서 특정범죄 신고자 보호법에 의해 신고자를 보호하기 위해 가명조서를 작성하도록 되어 있으니 걱정하지 말고 범인 검거에 협조해달라고 부탁했더니 한숨을 쉬면서 아들을 불러 본 대로 이야기하라고 말한다.

아들은 남자 1명이 중형차에 타고 있었고, 다른 1명은 여성을 질질 끌어 강제로 차에 태웠으며, 목격자인 자신에게 상관하지 말라면서 태연히 출발했다고 목격 사실을 자세히 설명하지만 차량번호는 제대로 보지 못했다고 한다.

주변에서 방범용 CCTV를 찾던 중 40여 미터 떨어진 곳에서 하나를 발견하고 관제센터에 확인을 요청했다. 관제센터가 내 전화기에 보내준 영상에서는 '남성이 여성의 머리채를 휘어잡고 질질 끌고가다가 저항하는 여성에게 주먹질을 한 뒤 강제로 차에 태우는 모습' 등이 확인되었는데 아무리 봐도 단순한 치정이나 원한보다는 훨씬 심각한 문제 같았다. 하지만 브레이크 표시등의 불빛 형태로 보아 차종은 신고된 K7은 아니었다.

곧이어 도착한 강력팀에게 영상을 보여준 뒤 무전으로 지금까지 조사된 내용을 112상황실에 보고했다. 강력팀은 신고자를 상대로 추가 조사를 하고, 납치 장소 주변을 촬영한 CCTV 영상을 확보하기 위해 인근 아파트 경비실을 모두 방문했다. 하지만 차도를 촬영한 영상은 없거나 화질이 나빠 차종과 번호를 확인할 수 없었기 때문에 다시 관제센터에 연락해 현장 주변 CCTV를 모두 확보해서 휴대전화로 보내달라고 했다. 그러나 여전히 차종과 번호는 특정되지 않았다.

이런 사건은 순간의 차이로 피해자의 생명이 위험해질 수 있으니 한시라도 빨리 해결해야 한다. 절박한 심정으로 편의점 CCTV까지 확인했지만 차량이 지나가는 모습만 볼 수 있을 뿐 차량번호 등 범인들을 특정할 내용은 확인되지 않았다.

관제센터와 무전을 주고받는 와중에도 112신고는 떨어지고, 보고 요구가 계속되지만 이 사건을 최우선적으로 처리해야 한다고 생각했다. 무전기에 "특별한 사안이 아니면 무전기 사용자제, 중요사건 발생했으니 무전기 사용자제"라고 큰소리로 외치면서 무전을 계속하는데, 같은 단지에서 "엄마가 조금 전 어떤 남자의 전화를 받고 나갔는데 전화를 한 번 받더니 그 뒤로 받지 않는다"라는 112신고가 접수되었고 강력팀은 해당 여성이 납치 피해자일 수도 있다며 신고자를 만나러 갔다.

시간은 계속 흐르는데 피해자의 신원조차 알 수 없다. 이런 상황에서 지구대는 그냥 '현장 피해사실은 확인되지 않고 강력팀에게 사건인계, 순찰차는 순찰 근무로 전환'이라고 무전한 뒤 철수할 수도 있지만, 느낌이 좋지 않아 그냥 철수할 수 없었다.

그 순간 길 건너편에서 납치된 장소를 찍는 회전형 주차위반 단속용 카메라를 발견하고, 관제센터에 파견된 경찰관에게 무전 연락하여 해당 CCTV 번호를 불러주면서 범인들이 촬영되었을 가능성이 있으니 확인해 달라고 요청했다. 하지만 관제센터에선 주차위반 CCTV는 지자체 권한

이어서 확인할 방법이 없다는 답이 온다. 직접 전화하여 사건의 심각성을 설명하며 부탁하자, 3분쯤 지나 "구청 직원에게 애걸복걸하여 영상을 확인했다. 범행 시간대에 ○○○더1234로 보이는 차량 주차가 확인되니 우선 사진을 보내준다"라고 한다. 해당 차량번호를 조회하니 K7급 중형차가 아닌 소형차다.

이어 받아본 사진은 원거리에서 촬영되어 차량번호가 희미했다. 앞번호 ○○○과 뒷번호 1234는 맞는 것 같은데, 가운데 글자가 '다'인지 '더'인지 명확하지 않다. 카카오톡으로 지구대에 사진을 전송해 주며 가운데 글자를 바꾸고, 앞뒷번호도 7234 등으로 조합해 K7이 조회되는지 확인하라고 지시한 뒤 주변을 수색하는데 지구대로부터 팀장님의 판단이 필요하니 와달라는 요청이 온다. 지구대로 돌아오자 ○○○더1234는 소형차량이고 다른 조합으로는 승합차들이 나오지만, ○○○다7234로 벨로스터 준중형차가 확인된다고 보고한다. 그리고 차량 소유자의 운전면허를 조회해 면허사진을 칼라 프린트로 인쇄했고, 교통단속 프로그램으로 확인해 보니 소유자는 대전 주변에서만 단속됐음이 확인되었다고 한다. 범칙금 스티커 미납 현황이 있는지 확인하라고 하여 소유자의 휴대전화 번호도 확인할 수 있었다.

프린트된 사진을 관제센터로 보내면서 차종이 벨로스터로 확인되었으니 범죄현장 주변의 CCTV를 확인하여 해당 차종의 승차자를 확인해 달라고 요청했다. 납치 발생 30분 전 차에서 내려 담배를 태우는 모습이 확인되었다며 전송해 주는 사진을 확인해 보니 우리가 프린트한 범인과 동일인이었다.

　확인된 내용을 관제센터에 다시 알리면서 범죄 발생시간 후 주변 CCTV를 모두 확인해달라고 요청하자, 벨로스터가 강남세브란스 병원 사거리에서 우회전, 도곡동사무소 사거리에서 좌회전 후 포이동 사거리 방면으로 이동하는 모습이 확인되었다고 알려 주었다.

　경위급 직원을 모아 회의를 했다. '피해자가 누구인지 모르지만, 범인의 범칙금 발부내역으로 보아 서울에는 연고가 전혀 없는 사람들이 서울에 와서 여성을 강제로 끌고 갔다는 것은 청부 납치일 가능성이 높고, 청부폭력이나 납치는 살인으로 이어질 가능성이 높다. 범행 후 동선을 보면 양재IC에서 고속도로를 타고 대전으로 이동 중에 있는 것으로 보이니 최악의 상황이라고 가정하여 보고하는 것이 맞다고 생각한다'고 설명하자, 직원들 모두 내 생각이 맞다고 한다. 먼저 출동했던 강력팀과 112상황실에 확인된 내용을 설명하면서 '고속도로 순찰대와 대전 인근 경찰서에 공조수사를 요청하여 톨게이트를 통과하는 차량에 대한 확인 요청을 해달라고 해야 한다'라고 보고했지만 10분이 다 되도록 112상황실에서는 아무런 조치를 취하지 않는다. 다시 무전으로 범행에 이용된 차량번호, 대전에 거주하는 것으로 확인되는 용의자의 인적사항, 휴대전화번호까지 보고하면서 신속히 고속도로 순찰대 등에 공조요청을 해달라고 하였지만, 경찰서 관내 주변을 수색해 보라는 무전 지시만 있을 뿐 아무런 조치도 하지 않다가 20여분이 지나서야 서울시내 일원에 일제 수배요청을 하는 등 움직이기 시작했다.

제발 아무 일도 아니었으면 좋겠는데...

새벽 5시가 넘어서야 엄마가 전화를 받지 않는다는 두 번째 납치신고는 첫 번째 신고와 관련이 없다는 것이 확인되었다. 강력팀은 그제서야 대전으로 내려간다면서 난리가 났다.

강력팀이 전화로 확인된 자료를 보내달라고 하여 곧바로 그동안 확보된 자료를 보내준 후 피곤한 몸을 이끌고 퇴근해 쓰러져 잠이 들었는데, 강력팀으로부터 전화가 와 잠이 깼다. 내가 알려줬던 번호로 차량을 찾았고, 차량 안에 피해자의 것으로 보이는 혈흔과 피가 묻은 곡괭이, 삽, 피해자를 묶었던 것으로 보이는 케이블 타이와 테이프가 발견되었다는 내용이었다. 이후 내가 알려준 휴대전화에 대한 위치추적이 시작되고 렌트차 회사를 조사하는 등 대대적인 수사가 시작되었다.

휴대전화 위치추적을 통해 용의자들이 성남으로 이동한 사실을 확인하여 차량을 운전한 피의자부터 검거하고, 납치 공범을 체포한 뒤, 서울에서 나머지 공범들을 하나씩 검거하기 시작했다. 전날 나처럼 한숨도 자지 못하고 밤을 새우고도 범인들을 검거하기 위해 전국을 뛰어다니고 피의자들을 상대로 조사하고 있을 직원들 모습이 눈에 선하기에 커피와 케이크를 사서 강력팀에 위문을 갔다. 전부 고개를 숙이며 감사하다, 장팀장이 아니었으면 큰일 날 뻔했다라며 고마워하는 모습을 보면서 "형사는 원래 잠도 못자고 집에도 못가는거~"라고 응원해준 뒤 돌아왔다.

지금도 아쉬운 건 당사자야 그럴 의도가 아니었겠지만 두 번째 신고가 없었다면 본서와 강력팀이 우리 지구대의 보고를 좀 더 빨리 받아들여서 피해자의 생명을 구할 수도 있지 않았을까 하는 점이다. 이런 걸 생각하면, 경찰서나 소방서에 대한 장난전화는 엄벌을 해야 한다는 평소 소신이 더 굳어진다.

3일 뒤 서울지방경찰청으로부터 지구대 팀장이 범인을 그렇게 빨리 특정한다는 게 이해되지 않는다면서 지구대의 초동조치 과정을 조사하겠다는 연락이 왔다. 순간 열이 확 올라서 당시 현장 영상과 순찰차 블랙박스 등을 보내주면서 지구대가 현장 도착 30분 만에 범인을 다 특정해 주었는데 고맙다는 말은 못할 망정 조사를 하겠다니 그게 무슨 미친 소리냐라고 한바탕 난리를 떨었다. 결국 무전 내용과 당시 상황에 대한 조사를 마친 서울지방경찰청으로부터 정말 완벽을 넘어서 최고의 조치를 다해준 사실이 확인되었다면서 고맙다는 전화가 왔고 경찰서장과 112종합실장도 고맙다고 찾아왔다. 내가 고맙다는 말을 듣자고 이러는 건 아니다. 그냥 열심히 일만 한 것뿐이다. 그래도 일하고서 의심받는 건 많이 기분 나쁘네.

2. 이야기 들어주는 경찰

1. 집 안으로 들어간 경찰

　간만에 TV 영화에 빠져 낮잠도 자지 못하고, 경찰인 와이프는 토요일인데 출동을 나가 혼자 저녁 해결하고 야간근무 출근하는 길, 토요일인데 차는 왜 이렇게 밀리는 걸까? 이렇게 시끄러운 세상에 혼란스러운 수사부서에서 근무하는 것보다 지구대 근무가 오히려 하나님의 뜻일 수도 있다. 좀 더 겸손하게, 좀 더 세상을 넓게 보라는 뜻일 수도. 그래, 오늘은 다른 날보다 즐겁게, 칭찬도 많이 하면서 근무하자!

　바로 시작되는 112신고, 〈중학생 아들이 집을 나갔는데, 휴대전화도 가지고 나가지 않았다〉 주변을 수색 중이던 순찰차가 놀이터에 친구들과 모여 있던 아들을 발견하고 귀가시켰다. 19시 30분경 〈아동학대/게임 한다고 엄마가 주먹으로 폭행〉이라는 CODE-0 112신고가 들어온 직후 다른 전화번호로 〈존속폭행/아들이 엄마를 폭행〉이라는 CODE-1 신고가 왔는데 같은 곳이다.

안 봐도 뻔한 상황이지만 출동 나가면서 신고 음성 녹음을 들었다.

"엄마가 게임하지 말라며 밀어서 피하는데 주먹으로 머리를 때리면 아동학대 아닌가요?"라고 아들이 신고하는데 뒤에서 엄마가 "그래 니가 공부는 안 하고 게임만 해서 내가 공부 좀 하라고 했더니 니가 먼저 엄마를 때렸잖아, 그럼 나는 너를 존속폭행으로 신고한다, 아들에게 게임하지 말라고 했더니 손으로 밀쳐서 엄마를 넘어뜨리네, 아들이 엄마를 폭행하네."라는 엄마 목소리가 112 음성신고 시스템에 그대로 나온다.

관내에서 최고로 비싼 아파트, 내부로 들어가니 정말 넓고 잘 꾸며져 있었다.

엄마는 우리가 집에 들어가자마자 씩씩대며, "이런 놈은 필요 없어요, 처벌해 주세요!"라고 하고, 방 안에 있던 아들은 거실로 나와 "엄마를 아동학대로 처벌하고, 긴급조치도 취해 주세요, 한두 번도 아니고!"라고 한다.

이럴 땐 평화유지군으로 중간에서 해결해 줄 아빠가 필요하지만, 아빠는 주말 골프여행을 가셨다니 어떻게든 우리 선에서 처리해야 하는데… 아들과 엄마는 너무 감정적인 상태여서 바로 해결은 불가능하다. 아들이 공부 안 하고 게임만 한다고 주먹으로 한두 대 쥐어박는 걸 학대로, 거기 반항해 엄마를 밀어 넘어트린 걸 존속폭행으로 봐야 할까? 법의 잣

대로 엄격하게 적용하면 분명히 범죄가 성립하지만, 잘못하면 아들과 엄마는 영원히 회복할 수 없는 관계가 되어 가정이 해체될 수도 있다.

아들은 "엄마가 학원, 학원, 학원하는 데 지쳤고, 정말 오늘은 쉬고 싶은데 공부만 하라고 한다. 엄마는 내가 잘되기를 바라고 공부하라는 것이 아니고, 엄마의 자존심을 위해서 공부하라는 거다." 엄마는 "세상이 얼마나 무서운지 모른다, 친구들은 죽기 살기로 공부하는데, 경쟁에 뒤처지지 않기 위해서는 정말 열심히 해야 하는데, 매일 게임만 하려 들고, 싫은 소리 하면 집을 나가겠다고나 하고, 나가서 놀다 집에 오면 또 휴대전화 게임만 하는데, 나 좋자고 공부하라는 것은 아니지 않느냐?"라고 한다.

아들의 몸에 다른 상처가 있는지 확인했지만 전혀 없다. 친한 친구나 지인 같으면 해줄 말이 많지만 신고 현장에서는 말 한 마디가 조심스럽다. 나도 내 아들들은 지들 인생 지들이 알아서 개척하겠지라는 생각으로 많이 포기했지만, 아직도 녀석들에게 욕심이 남아 있는데…

이럴 때는 그냥 들어주어야 한다. 이렇게 큰소리 내는 사람들은 의외로 서로에게 원하는 마음, 이해해 주기를 바라는 마음이 크기에 원하는 대로 되지 않는 데서 상처를 입어 큰소리를 내지만 시간이 지나면 감정도 누그러들기 마련이다.

엄마는 거실로, 아들은 자기 방으로 분리시키고, 나는 거실 소파에 그냥 앉아서 눈만 감고 이야기를 듣는다. 경험 많은 경위는 엄마 말을 들어주고, 젊은 여경은 아들 녀석 말을 들어준다. 누구 잘못이다, 서로 이해해야 한다라는 말을 했다가는 감정이 수그러들지 않기 때문에 엄마의 화난 목소리를 들으며 고개만 끄덕였는데 3분도 되지 않아 엄마는 소리내어 울며 하소연한다. 아들 녀석도 5분이 넘도록 항변하다가 큰소리로 훌쩍이며, 자신이 엄마를 얼마나 사랑하는지 엄마는 모른다고 억울해 한다.

　모자의 하소연은 40분이 넘게 계속되고 무전기에서 계속 떨어지는 112신고를 듣던 아들은 바쁘신데 죄송하다면서 자기는 진짜 엄마를 사랑하고 엄마가 왜 공부하라고 하는지도 아는데 놀고 싶을 때가 있는 거라면서 푸념하고, 엄마는 아들 말도 맞지만, 세상은 사람을 평가할 때 출신 대학부터 보니 아들에게 기회를 주고 싶은 것뿐이라며 안타까워한다.

　두 분이 서로 감정이 해소됐으니 각자 112에 전화해서 순간적 감정으로 신고는 했지만 처벌은 원하지 않는다고 이야기하라고 권유했다. 그렇게 일은 해결됐지만 경찰 업무는 말만으로는 끝나지 않는다. 진술서를 내밀며 둘이 신고한 이유와 상대방에 대한 처벌을 원하지 않는다는 내용을 서면으로 기재해 달라고 요구하자, 엄마와 아들은 서로 서류를 남기면 진짜 처벌받는 거 아니냐고 두려워하며 기재를 거부하고, 다시는 신고하지 않겠다, 미안하다, 죄송하다라는 말만 반복한다.

　에휴~ 엄마와 자식 간에 상대방을 처벌해 달라고 112신고를 한 것 자체가 마음 속에 섭섭함으로 남아 있을 수밖에 없을 것이다. 조금만 참지, 왜 서로에게 상처를 주고 이렇게 후회하는 걸까? 하지만 상대방을 용서한다, 처벌을 원하지 않는다라는 말을 한 것 자체로 문제의 80%는 해결된 것이겠지? 웃으면서 "다시 서로 신고하면 그때는 원칙대로 처리합니다!"라고 인사하고 아파트를 내려와 편의점에서 2+1 커피를 사서 직원들과 마시며 하늘을 바라본다.

가족 간의 사소한 다툼까지 경찰에서 개입해야 할까? 하지만 정말 큰 사고는 사소한 다툼에서 시작되는 걸. 대한민국 사교육 1번지라는 이곳에서 어떻게 스트레스 없이 살 수 있겠는가! 앞으로 저 가정에 대화와 사랑이 넘치길 기도할 뿐이다.

2. 사랑이 끝나갈 때

시위 현장에서 부상을 당했다며 국가를 상대로 소송을 제기한 사건 소송을 담당하는 국가소송 수행자로 1년 6개월, 사기, 횡령 등 경제범죄와 사이버 금융거래 사건을 수사하는 수사관으로 7년, 기업, 공무원 범죄, 금융 범죄 등의 사건을 담당하는 지능팀, 사이버범죄수사팀, 금융범죄수사팀에서 수사관 및 팀장으로 15년을 근무했는데, 뇌물받은 공무원이 수사 도중 자살했다는 이유로 지구대로 쫓겨난지 5년이 다 되어 간다.

대기업을 수사했다고, 수사를 멈추라는 지시를 거부했다고 감찰 조사와 징계를 받고, 인사 조치를 당한 일이 한두 번도 아니었지만, 부정과 불법에 분노하고 대항하며 부끄럼 없이 살았고, 그렇게 사는 것이 자녀 앞에서 부끄럽지 않은 아빠가 되는 길이라 믿었건만. 예나 지금이나 악인이 득세하고 번영하며 영광을 누리고 살더라도 분노하거나 시기하지 말라는 성경 말씀은 이해가 되지 않는 걸 보면 내가 아직도 말씀에 대한 이해가 부족한가보다라고 고민하며 찬바람 속에 여의천을 걷다가 출근한다.

점심 먹고 얼마 되지 않은 시간 112모니터에 빨강불이 켜지며 CODE-0 〈여자친구가 칼 들고 난리쳐서 도망나왔다/여자친구는 속옷만 입고 집 안에 있다〉라는 신고가 떨어지고 112상황실에서는 출동 가능한 순찰차와 팀장까지 현장으로 출동하라고 지시한다.

현장에 도착할 때쯤 "현재 여성이 칼을 들고 있는 것은 아닙니다, 남성은 밖에 나와 있습니다"라는 보고가 들어왔지만, 그래도 직원들에게 방검복을 착용시키고 이미 겁 없이 집 안으로 들어간 젊은 경찰관과 임무교대를 지시했다. 운동을 많이 했다지만 방검복 없이 칼 든 사람을 상대하는 건 위험하다. "신고자가 이미 나왔으면 위험은 해소되었는데, 방검복도 안 입고 내부로 함부로 들어가면 안 된다고 했지? 한 방이면 천국에 갈 수도 있는데"라고 하자, "죄송합니다. 자해할지 몰라서요."라고 답한다. 현장에서는 어떤 일이 생길지 아무도 예상할 수 없으니 직원들의 안전이 걱정돼 큰소리를 칠 수밖에 없다.

신고자는 40대 초반의 남성이고 상대방은 20대 초반의 여성으로 작년부터 사귀다가 1개월 전부터 동거를 시작했단다. 남성 말로는 여성이 정신적으로 문제가 있는지 가끔 칼을 들고 행패를 부린다고 하고, 여성은 칼을 든 적이 없다고 하여 집안 내부를 확인하던 중 펫TV가 설치된 것을 발견했다. 피해자에게 녹화 영상을 요청하자 휴대전화로 신고하기 10분 전부터의 영상을 보여주는데, 둘이 다투는 모습은 있지만 칼을 든 모습은 확인되지 않는다. 신고 내용과 다르지 않냐고 묻자, 신고자는 펫TV 사각지대에서 분명히 여자가 칼을 들었다고 한다.

펫TV는 음성이 같이 녹화되니 소리를 키우라고 했다. 영상에서는 오히려 신고자가 동거녀에게 "야, 칼 들어봐, 칼 들어봐, 저기 칼 있잖아"라며 수 차례 칼을 들라고 도발하고, 동거녀는 "그냥 여기 같이 있자"라고 소리만 지른다. 신고자는 "칼을 들고 위협하는데 경찰관이 이대로 돌아가면 나를 죽일지도 모른다, 동거녀를 퇴거시켜 달라"고 요구하고, 동거녀는 "같이 구입한 집이니 퇴거할 수 없다"며 자기 주장만 반복한다. 그 얘기를 다 들어주자면 끝이 없다. 이럴 때는 차근차근 따져보는 수밖에 없다.

동거녀는 1개월 전 동거를 시작할 때 자기가 월세를 냈으니 자신에게 권리가 있다고 주장한다. 하지만 그 집은 신고자가 4년 전 보증금 5,000만원에 월 100만원으로 월세 계약을 체결하여 지금까지 살고 있었으니 신고 남성의 특유재산으로 봐야 하므로 1개월 월세를 냈다고 해서 소유권이 있는 것은 아니라고 설명하자 여성은 이해하지 못하고 "그런 법이 어디 있어요"라며 억울하다고 한다. 그래서 다른 사람이 자동차를 샀는데 내가 기름값을 한번 냈다고 해서 그 차가 내 차가 될 수 있냐고 묻자 대답은 못하고 자리에 주저앉아 울기만 한다.

신고 남성에게는 첫째, 기간이 1개월밖에 안 된다 하더라도 동거한 것은 사실인 이상 주거침입이나 퇴거불응죄가 성립하지 않고, 둘째, 동거녀에게 "칼 들어봐"라고 수 회에 걸쳐 범죄를 유도하는 발언을 한 점으로 보아 위험을 느꼈다고 보기 어려우며, 셋째, 펫TV에는 동거녀가 칼을 든 모습이 없고, 신고자도 놀라서 도망치는 게 아니라 강아지를 안고 여유있게 나오는 모습만 확인되니 범죄가 성립되지 않아 형사사건으로 처리할 수 없다고 말하자, 분명히 칼을 들었다고 우기면서 강아지를 안고 주변을 왔다갔다만 한다.

동거녀에게 계속 이렇게 살 수 있느냐, 칼을 안 들었는데도 칼을 들었다고 112신고를 할 정도면 이미 끝난 것 아니냐, 서로 정리하는 것이 좋을 것 같다고 하자 그럼 자신이 납부한 월세 100만원을 돌려주면 짐을 싸서 나가겠다고 한다. 신고자도 이제는 정리해야겠으니 짐을 싸서 집 밖으로 나가면 100만원을 이체해 주겠다고 한다.

동거녀는 짐을 싸서 나오고, 신고자가 100만원을 이체하자 어머니 집으로 가겠다며 택시를 부른다. 그녀에게 향후 남자에게 반복적으로 전화하거나 집을 찾아오는 경우 스토킹처벌법으로 처벌받을 수도 있다고 알려주자 "저는 저 새끼한테 다 빨렸어요, 제가 사기당한 돈이 얼만지 아세요"라고 소리내어 울면서 택시를 타고 떠났다.

현장은 늘 어렵다. 수사할 때는 검토할 시간과 상의할 시간, 판례를 검토하며 연구할 시간이 있지만, 현장 경찰은 짧은 시간 안에 처리 방법을 판단해야 한다.

이번 신고 사건은 제대로 처리한 걸까? 모르겠다. 내가 동거인 사이의 다툼에 함부로 개입한 걸까? 경찰관은 사랑싸움에 개입할 수 없다며 그냥 돌아왔다가 정말 칼부림이 날 수도 있지만, 두 사람을 화해시키는, 내가 모르는 방법이 있을 수도 있는데 신고자가 동거녀에 대해서 한 달 동안 112신고를 7번이나 했으니 두 사람의 관계는 끝났다고 예단을 가지고 처리한 건 아닌가? 정말 보이지 않는 곳에서 칼을 들었을 수도 있지 않나?

증거가 없다고 마음대로 판단했는데 수사를 하면 확인될 수도 있지 않았을까?

끝나지 않는 고민을 계속한다.

3. 노인의 사연

　새벽 5시 알람에 소파에서 눈을 떠보니 휑하니 춥다. 부부는 한 침대에서 같이 자야 된다는데, 와이프 손도 잡고 싶고, 머리칼도 만지고 싶고, 따뜻한 손을 가슴에 올리면 마음도 따뜻해지는 것이 정말 포근하고 행복한데... 낮과 밤이 바뀐 출근에 피곤으로 지친 아내를 깨우기 미안해 주로 소파에서 잠을 청한지 2년이 넘었다. 안방으로 들어가 깊은 잠에 빠진 와이프를 한참 동안 바라보는데, 저렇게 사랑스러운 아내가 있다는 것이 행복하다는 생각과 고생만 시켜 미안하다는 생각이 교차한다. 빵 한 조각에 우유 한 잔을 마시고 출근하는 길은 더욱 춥다.

　출근해서 커피믹스를 타서 들고 순찰차의 보고서와 처리결과를 읽으며 점심은 따뜻한 순두부를 먹을까, 육개장을 먹을까 고민하는 행복을 즐기는데, 〈무단침입한 시위자가 욕설을 하고 위협을 한다/가방에 위험한 물건이 들어 있는 것같다〉는 112신고. 순찰차 3대와 같이 현장으로 출동한다. 목적지는 ○○협회다. 지구대 근무자로부터 ○○협회에서 발송한 공문을 카톡으로 보냈다는 연락이 온다. 차는 왜 이리 밀리는지. 세상 차는 다 쏟아져나온 듯하다. 차 안에서 지구대가 보낸 문서를 확인했다.

　1) 특정 민원인이 장기간 ○○협회 임직원들을 향해 폭언, 협박 및 폭행 등을 해 어려움을 겪고 있다. 최근 해당 민원인이 사무실에 무단 침입

하여 욕설을 하고 임직원들을 위협하는 행위가 빈번해졌는데, 소지한 가방에 위험한 물건이라도 들어있으면 큰 사고로 이어질 수도 있어 임직원들이 두려움에 떨고 있다.

　2) 건물 입구에 스피드게이트를 설치하고 경비인력을 충원하는 등 보안을 강화할 계획이지만 해당 조치만으로 안전을 담보할 수 없으니 범죄예방을 위한 순찰을 강화하고, 신고시 신속한 출동을 통해 안전 확보를 위한 조치를 취해 주기 바란다.

　앞뒤가 맞지 않고 이해도 안 된다. 공문 내용대로라면 시위자는 이미 건조물침입과 폭행 등으로 처벌받았어야 하지 않나? 정보과에 전화해 1인 시위자가 건조물에 침입했다는 이유로 출동하니 현장에 나와 달라고 요청하자 "아들이 사망해 시위하는 건데 신고 내용 같은 위험성은 없습니다, 원하시면 나갈께요."라고 답한다.

　20여분만에 현장에 도착하자, 70대로 보이는 백발의 시위자가 건물 입구에 서서 먼저 도착한 경찰관에게 소리를 지르고 있고, 나이 든 경비원은 대수로운 일이 아닌 듯 건물 안쪽에 서 있다. 나를 발견한 시위자는 "여기 대통령의 지시문서가 있는데도 이행을 하지 않는다, 대법원 판결이 있는데도 모른 척 할 거냐? 왜 경찰은 ○○협회를 비호하느냐?"며 휴대용 마이크로 소리를 지른다. 무슨 일인지 이해하려고 한참 동안 이야기를 들은 후 대통령의 지시문서와 대법원 판결문을 보여 달라고 했더니 거부한다. 한참 설득한 끝에 노인이 보여주는 자료는 대통령 지시나 대법원 판결이 아니다. 그럼에도 노인은 자식이 죽은 한을 풀어달라고 마구 우기며 소리를 지르고 있다.

노인의 행동이 신고나 경찰이 받은 문서와 달라 사실을 확인하러 ○○협회에 들어갔다. 회의실로 가서 기다리자 변호사 2명이 들어와 자신들의 입장을 설명하며 시위자가 정신질환자로 위험성이 크다고 말한다.

나는 1인 시위는 기본적으로 경찰이 개입할 수 없고, 공문 주장처럼 위험성이 있다면 전문적인 경비회사와 계약을 맺어 별도 방호 요원을 고용하든가, 출입증 보유자만 통과할 수 있도록 입구에 보안 시스템을 갖추면 되지 않느냐, 경찰이 모든 국민의 사생활이나 분쟁에 다 개입할 수 없는데, 위험이 있다면서 아무런 조치도 하지 않는 것은 애초에 위험이 없다는 것을 스스로 인정하기 때문 아닌가, 그러면서 이런 공문이나 발송하고, 70대 노인의 1인 시위와 항의 방문을 무기 소지자라고 과장해서 신고하는 것은 허위신고로 경찰의 업무를 방해한 것 아니냐라고 물었는데, 말하다 보니 이 단체가 하는 행동이 너무 심하다 싶어 나도 모르게 언성이 높아졌다.

변호사들은 아무 말도 하지 못한다.

○○협회는 공공적인 성격이 있는 기관이어서 누구나 방문할 수 있는 곳이지만, 시위 노인의 방문 목적이 협회의 공공적인 성격에 어긋나면 출입하지 말라고 경고 후 제지하고, 제지에도 불구하고 계속 건물 내부로

들어온다면 그때 건조물침입으로 고소하거나 112신고를 하세요, 단순 1인 시위는 집시법 기준을 넘는 소음만 신고하셔야 합니다, 만약 다음에도 지금처럼 허위신고를 하면 신고자가 처벌받을 겁니다라고 말한 뒤 나왔다.

측은한 마음에 1인 시위를 하는 노인에게 캔커피 하나를 건네고 오늘은 날씨도 추운데 옷을 얇게 입었으니 그냥 돌아가시라고 했지만 처음으로 말을 들어주는 사람을 만난 노인은 계속 나만 따라다니며 자신이 억울해하는 이유를 설명하고 ○○협회에 대한 울분을 터뜨린다. 이럴 때는 그냥 이야기만 들어주면 된다. 하지만 1시간이 넘어가자 듣는 것만으로도 너무나 힘들고 지친다. 이 정도면 된 것 아닌가, 그래도 들어줘야 하나?

○○협회는 1인 시위 내용 자체에 대해서는 아무런 설명도 하지 않으니 누구의 말이 맞는지 모른다. 시간이 지나자 노인도 힘든지 집으로 돌아가기에 이때다 싶어 지구대로 돌아와 쉬려는데, 노인이 계속 지구대로 전화해 나만 찾는다. "나 없다고 해"라며 나만의 공간인 지구대 뒤쪽 주차장으로 가서 하늘을 보며 생각에 잠긴다. 저 노인은 정말 단체가 자식의 사망에 책임이 있다고 생각해 시위하는 걸까, 아니면 너무나 소중하고 사랑하는 아들의 죽음이 믿어지지 않아 누군가에게 그 책임을 돌리고 싶어서 시위하는 걸까?

세월이 한참 지났으니 그냥 잊을 건 잊고 묻을 건 묻으면서 살았으면 좋으련만...

4. 손 잡고 울 수밖에

　본서에 들어가기 싫은데, 격주로 하는 확대간부 회의에는 팀장도 참석해야 한다니 안 들어갈 수도 없고… 회의 마치고, 형, 동생, 친구 과장들 방마다 들러서 커피 한 잔씩 해야 하는데, 에이 모르겠다, 관두자. 지구대에나 빨리 돌아가야지. 항상 똑같은 회의지만 다행히 오늘은 칭찬도 많이 하고, 분위기가 좋았다.

　서에서 나와 지구대로 돌아가기 위해 순찰차에 탔다. 회의 중 관내는 조용했을까 걱정하며 신고 사항을 확인하려는데 〈○○**중학교 2층 복도/남학생이 여학생을 칼로 찔러/소방 공동대응**〉이라는 CODE-0 사건이 떨어진다. 설마 중학교에서 칼을? 신고 내용을 들어보니 신고한 여성의 목소리로 보아 선생님 같다.

　'청부 납치 강도살인' 사건으로 태풍이 불었던 게 불과 며칠 전인데, 이거 난리 났다! 운전석에 앉은 후 비상등을 켜고 싸이렌을 울리며 학교 앞 30킬로미터 속도제한도 필요 없다. 8차로 대로에 빨간불이 들어오면 보행자들에게 "죄송합니다, 긴급신고입니다!"라고 방송하고 창문 밖으로 손 내밀어 흔들고 고개까지 숙여가며 현장으로 출동했다. 무전에서는 "목에 칼을 맞는 등 부상이 심하여 119구조대로 ○○병원 응급실로 긴급호송합니다, 가해자는 현장에서 도주, 칼은 현장에서 확보"라고 한다. 경찰서 112상황실은 강력, 형사 당직, 여청 수사팀의 현장 도착 여부 등 관련 상황을 반복 전파하고, 지구대장은 응급실로 가라고 한다.

하필 오늘따라 가장 낡은 순찰차를 타고 나와 속도도 나지 않는데, 먼저 출동한 순찰차가 가해 남학생의 주소를 확인했다고 하니 다른 순찰차가 가해 남학생의 주거지로 출발하겠다고 무선 보고한다. "혹시 자살의 위험성이 있으니 자극하지 말고 접근하세요, 119에도 공조 요청을 하겠습니다."라는 본서 상황실 무전을 들으며 차를 돌려 남학생 주거지로 갔다. 10여 분 뒤 대형 아파트 단지에 도착해 먼저 출동한 순찰차에 무전을 했지만 받지 않는 와중에 내 차 뒤로 강력팀 차가 따라붙는다. 다행히 입구에 서 있던 경비원이 우리를 보자마자 수신호로 안내하고, 경비원들이 우르르 나와있는 걸로 보아 뭔가 일이 생긴 건 분명하다.

불안감을 누르며 현장으로 가는데, 단지 안쪽에 119구조대, 구급대, 그 옆에 우리 지구대 직원들이 있고, 주변에 사람들이 모인 것을 보고 인도를 넘어 차를 몰고 들어갔다.

아이쿠, 불안한 마음이 적중했다. 화단에 가해 남학생이 떨어져 있다. 쿵 하는 소리를 들은 청소부가 관리사무실에 연락했고, 투신 학생을 발견한 경비원들이 신고해서 119구조대와 구조대가 현장에 도착했지만, 학생은 이미 사망했으니 강력반에 현장을 인계하겠다고 한다. 현장 상황을 112상황실에 보고한 후 폴리스라인을 넓게 치고, 감식반 출동을 요청하라고 지시한 다음 병원 응급실에 있는 지구대장님에게 전화로 현장 상황을 보고하며 여학생의 상태를 묻자 응급 처치를 하고 있는데 잘 모르겠다고 한다.

아! 아직 펴보지도 못한 꽃들이 이대로 지고 마는 건가?

남학생의 집으로 올라가 봤다는 직원은 사망한 학생의 방 창문 앵글에 핏자국이 있는 것으로 보아 자기 방에서 뛰어내린 것 같다고 설명한다. 현장에는 여청수사팀과 강력반 3개 형사팀이 출동하여 현장은 경찰관으로 넘쳐났다.

집에는 할머니 한 분만 계셨다고 하는데, 손자의 사망 소식을 어떻게 알려야 할까? 노인이 충격받으실까봐 알릴 수 없다. 다시 학교에 확인하여 남학생 아버지에게 전화를 걸어 학교에서 발생한 일과 아들의 투신 사망 사실을 알리고 현장으로 오라고 했다. 전화기 너머로 "아니요, 아니요, 그럴 리가요, 아니죠? 다시 한번 확인해 주세요"라고 하다가 아들 이름을 말해주자, "으~아~악!!!" 비명소리가 들려오는데 마음만 답답하다. 아직 주민등록증도 발급받지 않은 어린 나이라 지문 확인이 불가능하기에, 부모의 DNA 채취를 통해 사망자가 아들이 맞는지 확인해야 한다.

현장으로 정신없이 뛰어오는 여성이 있었다. 어머니는 "우리 아들이 맞는지 얼굴이라도 확인해야겠다, 우리 아들이 그럴 리가 없다!"고 소리지르며 폴리스라인 앞에 서 있는 경찰관을 밀고 감식 장소로 들어가려 한다. 경찰이 제지하자 손에 들고 있던 휴대전화를 바닥에 던지며 오열하다가 다시 기어서 현장으로 들어가려고 한다. 나는 어머니를 제지하며 손을 붙잡고 함께 기도했다. 같은 부모로서 그녀의 아픔을 조금이라도 더 이해하려고 노력하지만 이해할 수 있을 리는 없다. 어머니는 점점 더 혼이 나간 듯 오열하며 "우리 아들이 왜요? 왜 죽어요?"라고 묻고, 다시 폴리스라인 안으로 뛰어드는데, 어머니를 막으면서도 차마 아들이 저지른 일은 말해주지 못하고 손을 잡은 채 같이 눈물만 흘렸다.

추가 감식팀이 도착하여 집안도 감식을 진행하고, 어머니의 남동생이 도착하여 같이 위로해 보지만 위로될 리가 없다. 차가운 물이라도 마시면 진정이 될까 하는 생각에 편의점에서 물을 사 돌아오는데, '여학생은 어떻게 되었을까?', '피해 여학생과 그 가족은 또 무슨 죄일까?' 하는 생각에 병원 응급실에서 대기 중인 순찰차에 전화하자 여학생은 위기는 면했다고 하고, 가족들도 와 있는데 자세한 내용은 조금 더 있어야 알 수 있다고 한다.

일단 여학생은 자신을, 또 가족을 위해서라도 살아나야 하는데, 그들은 이 충격을 감당할 수 있을까?

현장에는 아파트 주민들이 멀찌감치 떨어져서 비극의 현장을 바라보며 안타까워하고, 기자로 보이는 사람들도 현장에 하나둘 도착하여 접근을 시도한다. 경비원을 통해 폴리스라인보다 멀리 옆동 주민들이 있는 곳으로 안내하라고 지휘하고 있는데, 학생의 아버지가 도착했다.

　사건 경위를 설명하기 위해 한쪽으로 모시고 가자, "저기, 아들 얼굴 한 번만 보겠습니다, 진짜 제 아들이 맞는지 한 번만 보게 해주세요."라고 눈물을 흘린다. 지금 당장은 시신을 보여줄 수 없으니, 내가 할 수 있는 말은 "어머니가 너무 큰 충격을 받으셨습니다, 이럴 때일수록 아버지가 강해지셔야 합니다." 정도였다. 그는 "경찰관님이라면 이럴 때 이성적 판단이 됩니까? 한 번만 보게 해주세요, 안 보여주시면 안 되잖아요"라고 하는데 할 말이 없다.

　잠시 뒤 학생의 할아버지가 도착해 어머니를 위로해 준 뒤, 아버지 쪽으로 와 왜 손자를 볼 수 없는지 설명을 요구했다. 현재 감식이 진행 중이다, 손자의 몸에 어떤 상처가 있는지, 주변에 혹시 다른 흉기가 있는지 등도 확인 중이다, 비록 투신으로 보이지만 경찰은 타살 가능성도 생각해서 현장 감식을 하느라 시간이 걸리니 협조해 주셔야 한다고 설명했다. 할아버지는 머리로는 이해되는데 가슴은 이해되지 않는다며 다시 학생의 어머니를 위로해 주기 위해 돌아갔다.

　아버지에게 학교에서 있었던 일, 피해자가 응급실로 가 수술을 받고 있다는 사실, 일단 피해 여학생에 대한 범죄도 수사해야 한다는 사실을 설명하는데 아버지는 내 말이 들리지 않는 듯 감식 장소만 멍하니 바라본다.
　폴리스라인 앞에 가 있는데, 아버지와 할아버지가 다가왔다. 언제쯤 아이 얼굴을 볼 수 있는지 묻기에, 일단 현장 감식이 끝난 뒤 병원으로 이송되면 검시관이 사체를 상세히 검사한 후 결정하게 된다고 설명했다. 할아버지는 다시 어머니 옆으로 돌아가고, 아버지는 폴리스라인 앞에서 걸음을 떼지 못한 채 고개를 흔들며 눈물만 흘리고 있다.

병원에서 대기 중인 순찰차로부터 여학생의 생명에는 이상이 없다는 연락이 오고 잠시 뒤 운구차가 도착했고, 현장 감식도 모두 끝났다. 가족들과 주민들이 학생의 사체 옮기는 모습을 보지 못하도록 순찰차와 형사기동대 차로 주위를 막은 뒤 사체를 싣고 운구차가 출발했다. 아버지와 어머니는 차가 떠난 뒤 현장으로 뛰어왔지만 차마 사체가 발견된 장소까지는 가지 못하고 화단 밖에서 "저기가 맞나요?"라고 묻다가 그 자리에 주저앉아 버린다.

감식팀이 그들에게 다가가 DNA 검사에 필요하다며 입에서 검체를 채취하면서 사체가 있는 병원으로 갈지 묻자 가겠다고 답한다. 당연하다. 검시관과 변사사건 담당 형사에게 아버지 전화번호를 알려주면서 검시가 끝나면 전화해 달라고 부탁했다. 아버지에게 상황을 알려주면서 지금 병원에 가서 대기하면 1시간 안에는 아들을 볼 수 있을 것이라고 말하고 폴리스라인을 치웠다.

잠시 뒤 아버지가 찾아와 고개를 숙이며 고맙다고 인사한 뒤 아내, 가족들과 함께 병원으로 간다. 한 것도 없는데, 오히려 내가 현장에 있는 것이 미안할 뿐인데, 고맙다는 말을 들으니 더 괴롭다. 지구대로 돌아와 학교에서 있었던 일과 학생의 투신에 대해 각각 발생보고를 작성하라고 한 뒤 지구대 뒤편에서 커피를 마시는데 같이 출동했던 순찰차들이 하나둘 돌아온다.

그사이 들어왔던 신고는 다른 지구대가 대신 출동했다는 이야기를 듣다가 다행히 살아남은 여학생이 충격을 견디고 세상을 제대로 살아갈 수 있을까 걱정이 시작됐다. 죽은 학생과 살아남은 여학생은 무슨 이유로 칼을 휘두를 정도까지 악연이 쌓였을까? 아무리 감정이 상했어도 창창한 앞날을 두고 죽을 정도까지 극복할 수 없는 일이었을가? 목의 상처야 성형수술을 하면 된다지만 성대를 다쳤다면 목소리도 바뀌는데, 그보다 여학생은 가해자가 죽은 트라우마를 견뎌낼 수 있을까? 여학생의 부모는 이 일을 아이와 함께 어떻게 견뎌나가고 어떤 세상을 살아가게 될까?

죽은 학생의 부모와 가족들은 과연 제대로 살아갈 수 있을까? 투신한 아들로 인해 상처받은 부모를 위로해 주고 같이 아파하는 것은 성직자의 일이지 우리 경찰의 몫은 아니다. 하지만 현장에서 가장 먼저 그들의 손을 붙잡고 같이 울어주는 것 또한 우리 경찰이니 어쩌면 우리도 성직자 같은 책임감을 느끼고 일해야 하는지 모르겠다. 그러나 오열하는 그들과 같이 눈물 흘리며 손 잡고 옆에 있어 주는 것만으로 위안을 줄 수 있을까?

이런 사건은 정말 힘들고 아프다. 같은 부모이기에 더욱.

3. 지구대는 열공 중

1. 경찰을 이용하려는 간 큰 사람들

40대 때까지는 인사철만 되면 이곳저곳에서 자기들과 일하자고 전화가 왔었는데 이번에는 정보부에서만 연락이 왔다. 경찰인사 운영규정 상 진급 후 만 4년이 넘으면 경찰청 본청이나 지방경찰청에 전입할 수 없다. 고참인 내가 끼어들어서 그동안 열심히 일한 사람의 진급 TO를 차지해 버리면 기존 근무자들이 진급할 수 없기 때문이다. 난 벌써 경감 계급 단지 12년이 넘었는데 그것도 확인하지 않고 전화하다니 원~.

현관 창으로 따뜻한 햇살이 느껴진다. 와이프가 만들어 놓은 '갈빗살 카레'와 '청양고추 간장 장아찌'의 매콤한 궁합이 일품이다. 한참 동안 햇살을 즐기다가 억지로 잠을 청했는데 30분만에 깬 선잠은 다시 찾아오지 않는다. 여의천까지 걷다가 카페에서 커피 한 잔을 사서 돌아오는데 까치 울음소리만 들릴 뿐 동네가 정말 조용하다.

야간근무조지만 평소보다 조금 일찍 출근해서 낮에 취급한 사건을 확인했다. 마약을 먹여 강간한 사건 등 수사 서류가 많았다. 화요일인데 오늘따라 낮에도 신고가 많았던 것 같다.

밤 11:00경 〈유료주차장에 주차해 둔 차량을 도난당했다/포르쉐/도주방향 불상〉이라는 112신고를 받고 나간 순찰차가 30분이 지나도록 움직임도 없고 보고도 없다. 도난차량은 바로 수배해야 2차, 3차 범죄를 막을 수 있어 신속한 처리가 중요한데 긴 시간 동안 아무 조치가 없는 것으로 보아 현장에서 뭔가 문제가 생긴 것 같아 내가 먼저 전화했다. 상황을 설명하는 직원 옆에서 나이 든 목소리의 남성과 여성이 번갈아 가며 직원에게 큰소리로 폭언을 하고 있다. 아무래도 현장에 가봐야 할 것 같다.

도착하니 50대 초반으로 보이는 남성과 여성이 리스 차량을 도둑맞아서 경찰관에게 도난신고를 했는데 왜 수배를 하지 않느냐, 수배를 안 하니 차를 못 찾는다, 경찰이 직무를 유기한다며 행인들 앞에서 소리를 지르고 있었다. 출동한 직원들은 대통령 경호 부서에서 5년 이상 사격과 무술만 수련하느라 일선 근무는 처음인 유 경사와 신임 순경 둘이라 경험 부족으로 쩔쩔매고 있다.

현장에서 소리지르는 두 사람의 휴대전화로도 신고 이력이 확인되지 않아 신고자가 누구냐고 먼저 물어보니 아들을 통해 신고했다고 하고, 자동차 등록원부나 리스 계약서를 달라고 하자 모두 도난차량 안에 들어있다고 한다.

차량번호 조회를 통해 신고자의 아들이 112신고를 한 사실은 확인했지만, 해당 차량은 이틀 전에 이미 부산에서 도난 신고된 사실이 확인되었다. 이미 부산에서 도난차량으로 수배된 차를 어떻게 서울에서 다시 도난당하느냐고 물었더니 대답은 하지 않고 자기들도 이미 부산에서 수배된 사실은 알고 있다고 말한다.

두 사람에게 리스회사의 소유 차량의 점유자나 보관자도 도난신고를 할 수는 있지만, 처음 도난신고한 사람, 112신고를 한 아들, 리스회사 간의 관계가 확인되지 않아 당장은 할 수 있는 조치가 없다고 설명하는데, 한마디 할 때마다 "이 양반, 우리를 취조하는 거야?", "지금 시비 거는 거야?", "경찰관이 왜 이렇게 불친절해!"라면서 설명을 들을 생각은 안 하고 자기들 주장대로 빨리 수배해달라는 요구만 한다.

이런 경우는 동업, 담보 물건 제공, 또는 민사적 문제로 인한 소유권 다툼을 경찰을 이용해 쉽게 해결하려는 신고일 가능성이 높다. 재산권이 걸린 사건 당사자들은 자기주장만 일방적으로 하기 때문에 상대방의 주장과 증거관계를 차분히 살펴보지 않으면 속아 넘어가기 십상이다. 무조건 법원칙대로 설명해야 나중에 문제가 생기지 않고, 해결도 쉬워진다.

그래서 중간에 말을 끊고 떠들든 말든 "자동차관리법 제6조에 따라 자동차는 등록명의자를 소유자로 봅니다. 차적조회 결과 두 분은 소유자로 볼 수 없습니다. 자동차 소유권과 관련한 다툼으로 112신고를 하더라도 계약서 등이 확인되지 않으면 도난신고 자격이 있다고 인정할 수 없습니다. 이미 두 분의 신고 이틀 전에 해당 차량에 대한 도난신고가 접수돼 있습니다. 도난신고 접수는 도난차량으로 인해 발생할 추가 범죄를 예방하기 위한 경찰의 긴급조치 과정이지 형사소송법에 정해진 법률절차가 아니니 도난사실을 법적으로 주장하려면 고소하셔야 합니다. 112신고 같은 구두 신고는 법률적으로 고소라고 인정되지 않으니 정식으로 고소하려면 경찰서에 가서 고소장을 제출하셔야 합니다. 민사적 수단을 통해 차를 찾으려면 두 분이 차량을 실제로 운행하는 분을 알 테니 법원에 차량 운행정지 및 점유권 이전 청구소송을 제기하실 수 있습니다."라며 법률에 있는 대로 원칙적인 내용만 설명했다.

신고자들은 중간중간 소리를 지르며 "당신이 그렇게 똑똑해? 그래, 내가 다 녹음한다!"라고 위협하기도 하고, 억울함을 호소하기도 하면서 무조건 도난차량 수배를 요청했지만 결국은 포기하고 입을 다물었다.

신고자들이 조용해지자 최초 도난신고를 접수한 부산의 경찰서 강력팀장과 통화했다. 단순 도난신고라면 형사팀이 수사하고, 도난차량은 신고자에게 돌려주는데 강력팀이 담당하면서 차량을 경찰서에서 보관하는 것은 뭔가 수상한 배경이 있다는 뜻이다. 수배 경찰서는 차량 소유권에 분쟁이 있어서 해당 차량을 신고자에게 인계하지 않고 강력팀이 경찰서 주차장에 보관 중인데 신고자의 허위신고 가능성을 염두에 두고 위계에 의한 공무집행방해죄를 적용할지 여부를 검토 중이라고 답해왔다. 나는 그 내용을 신고자들에게 설명해 줬다.

　신고자는 자기 아들이 포르쉐를 운행하다가 강남 한복판에 있는 유료 주차장에 세워둔 것을 누군가 훔쳐갔다고 주장했는데, 리스 회사는 위치 추적 시스템을 통해 차량 위치를 알 수 있지만 일반인이 차량 위치를 알기는 어렵다. 더욱이 도난 방지 시스템이 잘되어 있는 고급승용차를 열쇠도 없이 부산까지 운행했다는 것은 상식적이지 않다. 경찰은 당연히 이러한 점에 의문을 가져야 한다. 정상적인 신고자라면 당연히 답할 수 있는 질문임에도 이 사람들은 대답은 없이 무조건 도난당했다는 주장만 반복한다.

　내 경험에 비추어 볼 때 이 사람들의 주장은 거짓말이다. 디테일을 숨기는 사람들은 거짓말을 하고 있다고 보면 된다. 신고자들은 처음에는 부산에서 신고한 사람은 모른다면서 도난 주장만 반복했지만, 사실대로 말하지 않으면 어떤 조치나 안내도 할 수 없다고 하자 결국은 부산의 신고자가 아들과 아는 사람이라는 사실까지는 인정했다. 그러더니 갑자기 극존칭을 사용하면서 "경찰관님, 저희가 리스회사와 계약을 맺어서 차량을 사용하는 사용자인데 왜 도난신고를 할 수 없나요? 부산에서는 신고를 받아주고 도난차량으로 입력도 해주었는데, 왜 서울에서는 그렇게 안 해주나요?"라고 묻는다. 이럴 때 속으면 안 된다. 갑자기 변한 어투와 질문의 의도를 볼 때 녹음을 하는 것이 분명하니, 이런 사람들에게는 법률 용어만으로 설명해야 한다.

"먼저 신고한 사람의 구체적인 신고 내용은 모릅니다. 도난차량 입력은 형사절차가 아니라 도난당한 차량이 범죄에 사용될 우려 때문에 수배를 통해 범죄를 예방하기 위해 경찰서 간에 공조하는 행정절차입니다. 아드님이 아신다는 부산의 신고자와 차량의 점유권에 대해 다툼이 있으면 법원에서 민사소송으로 해결하시고, 누군가 사업과 관련해 자녀분의 차량을 임의로 끌고갔다면 법을 잘 아는 분을 찾아가 상담한 후 고소장을 제출하시기 바랍니다. 수배된 차량을 다시 수배하는 이중 수배는 할 수 없습니다."라고 답했다. 그들은 원하는 결과를 얻을 수 없음을 깨달았는지 결국 포기하고 돌아갔다. 하지만 그 후에도 몇 번이고 지구대에 전화해서 "왜 수배해 주지 않는지? 부산에서 어떻게 신고했는지?"를 반복적으로 물어왔다.

정말로 도난당한 경우가 아니라, 소유권에 대한 다툼 때문에 다른 사람이 점유하고 있다고 확인되는 경우는 도난신고를 하더라도 수배할 수 없다. 이런 신고는 대부분 도박에 사용하기 위해 차를 담보로 돈을 빌린 경우가 많다. 신고자의 아들은 차를 담보로 돈을 빌린 채무자이고, 차를 가져간 사람은 돈을 빌려준 사채업자인데 그는 이 차를 일정 기간 보관한 후 채무자가 돈을 못갚으면 대포차로 팔아버린다. 그 과정에서 차를 사간 사람이 대금을 제대로 주지 않으면 사채업자가 허위로 도난신고를 하게 된다. 그 외에 돈을 빌린 채무자가 예비 열쇠를 이용해 담보로 제공했던 차를 끌고가는 경우도 있다. 이때도 사채업자는 도난신고를 한다.

한편 리스 차량은 리스 대금을 다 갚을 때까지는 리스회사 소유이고 계약자는 보관자에 불과해서 차를 담보로 돈을 빌리면 계약자가 횡령죄로 처벌받는다. 따라서 신고자의 아들은 형사처벌을 면하기 위해 차를 되찾으려 든다. 대포차는 온갖 교통위반 스티커가 발부되므로 위반 사실을 통지받는 리스회사가 수상하게 생각해 차량 소재를 확인하기 위해 계약자에게 연락하기 때문이다. 이런 사람들은 도박빚이 불법이라는 사실을 이용해 자기가 담보로 맡긴 차를 찾아오기 위해 도난신고를 이용한다. 직접 신고할 경우 도박 사실이 드러나기 때문에 제3자를 이용하고, 이번 경우에는 부모를 이용한 것이다.

지구대로 들어와 뒤쪽 주차장 문을 열고 나와 하늘을 보는데, 기분이 굉장히 꿀꿀하다. 112, 119는 긴급범죄를 신고하는 곳이지 범죄자들이 사리사욕을 위해 이용할 수 있는 곳이 아니다. 수사만 할 때는 몰랐는데, 이혼 소송시 근거를 남기기 위해 '가정폭력'으로 일부러 112신고를 하는 인간들부터, 자신들의 이익을 위해 공권력을 이용하려 드는 간 큰 사람들이 뜻밖에도 너무나 많다는 것을 알게 되었다. 그들이 경찰을 이용하려는 것을 우리가 실력으로 이겨내야 한다.

지구대는 신고받은 대로 처리만 해주면 된다는 생각에 함부로 도난차량으로 수배해 준다면, 차량 운전자가 억울하게 절도범으로 체포될 수 있고 수배 차량을 강제로 정차시키려다 사고가 발생할 수도 있다. 이건 경찰이 인권을 침해하는 꼴이니 그런 일이 생기지 않게 법률뿐 아니라 세상의 숨은 이치까지 항상 공부해야겠다. 학원가로 유명한 이 동네에서 제일 늦게까지 공부하는 곳이 우리 지구대이고 싶다. 잡생각 말고 공부하자!

2. 자전거와 전동자전거

지구대는 너무나 다양한 사람, 다양한 사건을 접할 수 있는 천태만상의 세상이라 공부를 해도 해도 끝이 없다.

오늘은 전자결재와 관련된 법률을 공부해야겠다는 생각으로 출근했는데, 근무교대를 하자마자 바로 민원사건이 발생했다는 공문이 뜬다. 또 무슨 민원이야? 누가 말실수했나? 어느 진상이 또 트집 잡는 거 아냐? 라는 생각으로 공문을 열어보자 제목은 〈불친절하고 직무유기를 한 경찰관을 고발합니다.〉

「밤 10시경 퇴근하기 위해 아파트로 들어가는데, 배달용 스쿠터가 횡단보도를 건너서 깜짝 놀라 차량을 세웠고, 사소한 다툼이 있었다. 그 후 스쿠터를 타고 횡단하던 운전자가 위협을 하여 불안한 생각에 112신고를 했으며, 잠시 뒤 경사 ○○○ 등이 현장에 출동했기에 사건 개요를 설명하고 법적 처리를 원한다고 하니 면허증 제시를 요구했고 피해를 입게 된 과정을 다시 설명했다. 그런데 경찰이 사람이 건너다니는 횡단보도로 운행한 스쿠터는 그냥 보내주고 오히려 피해자인 자신에게 책임이 있는 것처럼 '스쿠터를 운행하던 사람이 놀랬다고 하잖아요, 조심운전 하세요'라고 몰아부쳤다. 자신은 항상 안전운전을 해왔고 위협운전을 한 적이 없음에도 배달업체와 경찰관이 어떠한 관계에 있기에 현장에서 편파적으로 처리했는지 이해가 되지 않아 민원을 제기했다. 배달을 위해 불법 운전을 한 스쿠터 운전자에게 어떠한 처벌을 했는지 알려주시기 바란다.」는 내용. 제출된 민원의 진상을 팀장이 직접 확인해 청문감사관실에 보고하라고 한다.

경미 민원이니 팀장이 사실관계를 직접 확인해서 사과할 부분은 사과한 후 보고서를 제출하면 자신들이 직접 조사 여부를 결정하겠다는 것인데, 이런 민원을 보면 솔직히 짜증부터 난다. 현장을 보지 않았기에 단정하기는 어렵지만 경찰관이 일부러 특정인의 편을 들었을 리는 없다고 생각하기 때문이다.

하지만 일단은 선입견을 버리고 상황을 객관적으로 파악해야 하므로 112신고 시스템에서 신고내용부터 확인했다. 출동 경찰관은 모두 경사로 그 중 한 명은 실무 관련 법령은 좀 미숙하지만 정말 친절한 사람이고, 다른 한 명은 열정이 넘치는 부산 사나이라 말투가 억세서 오해를 받을 수는 있어도 말을 함부로 할 사람은 아니다.

순찰 중이던 두 사람을 들어오라고 해 민원 내용을 보여주자 "민원인은 수영장 버스를 운행하는 운전자였고, 배달원은 스쿠터가 아닌 전동자전거를 타고 있었으며, 횡단보도를 건넌 건 사실이지만 현장은 편도 1차로 도로인데 주차 차량 때문에 사람들도 차도로 걷기도 하는 곳이라 그 정도 가지고 범칙금 통지를 하는 것은 말이 안 되고 보행자도 많은 도로였던 만큼 오히려 운전자에게 주의의무가 크다고 생각해서 모두 훈방조치했습니다. 저희가 제대로 일처리를 못해 민원이 들어온 것 같습니다.

죄송합니다."라고 사과한다.

　이 해명을 근거로 내가 답변서를 써줄 수도 있지만 그래서는 아무것도 배우지 못한다.

　"민원이 발생했을 때는 원칙부터 확인한 후 상황에 따른 처분을 해야 합니다. 훈방은 각자 자신의 잘못을 인정하고 서로 문제를 삼지 않을 때 가능한 것 아니예요? 두 분이 민원답변서를 작성해 오세요."라고 하자, 작성해 보겠다고 대답은 했지만 1시간이 넘도록 끙끙거리기만 한다. 그러더니 커피를 한 잔 가져오면서, 다시는 민원이 생기지 않도록 하겠으니 답변서를 대신 써달라고 부탁한다. "왜 내가 작성해줘야 하지요?"라고 묻자, "그거야 우리 팀장님이니까요?" 하면서 웃는다.

　"사람의 기억은 한계가 있습니다. 이런 민원이 생기면 먼저 현장을 다시 가보세요. 눈으로만 보면 자기가 보고 싶은 것만 보게 되니 반드시 사진을 찍으세요, 최소한 10장은 찍어야 합니다!"라며 그들을 현장으로 보냈다.

　현장을 다녀온 부산 사나이는 "팀장님, 왜 현장에 가보라고 했는지 알겠습니다. 그 횡단보도는 보행자와 자전거가 같이 사용하는 곳이더라구요."라며 자랑스럽게 휴대전화로 찍어 온 사진을 보여준다. "음, 그러면 전동자전거에 승차해서 자전거 통행용 횡단보도로 통행할 수 있나요?"라고 묻자 두 사람은 다시 고민에 빠지면서 얼굴이 빨개진다. 너무 착하고 순진한 젊은 친구들을 그만 약 올리고 이제는 제대로 설명해 줘야지!

먼저 배달원에게 자전거의 종류와 구동 방식을 확인해서 전기로만 이동하는지 발과 전기를 같이 사용했는지 확인해 보라고 해 자전거의 모델명, 사용설명서, 품질보증서를 카톡으로 제출받았다. 그리고 두 사람에게 2년 전 내가 운동하려고 자전거를 사면서 관련 법률을 확인하다가 알게 된 자전거 이용 활성화에 관한 법률과 시행령, 시행규칙을 찾아서 조문을 보여줬다.

「배달원이 운전한 것은 스쿠터가 아니고 전기자전거이고, 민원 장소는 보행자 횡단보도와 자전거횡단도가 함께 설치된 곳이므로 전기자전거를 타고 횡단할 수 있습니다. 따라서 자전거를 타고 횡단하는 운전자를 놀라게 하는 것 역시 안전을 위협하는 행위에 해당하므로 오히려 민원인이 처벌받을 행동을 한 것이지만, 운전 과정의 사소한 실수라고 판단하여 민원인을 엄중 훈계한 후 방면하였으므로 정당한 공무수행입니다.」라고 답변서를 작성한 뒤 그 아래에 자전거 이용 활성화에 관한 법률 조문을 첨부해서 보냈다.

현장 출동 직원들이 관련 법령과 현장 상황을 충분히 숙지하고 법대로 집행했으면, 즉 민원인에게 범칙금 처분을 했다면 이런 민원이 발생하지 않았을 수도 있다. 하지만 법은 최후의 순간에 적용되어야 하는 규범이다. 무조건 원칙대로 법을 집행하면 진하게 썬팅한 차량, 택시를 잡으러 도로에 나와 있는 사람, 차로를 변경하면서 미리 방향 지시등을 켜지 않는 사람, 인도로 자전거를 운행하는 사람, 주·정차 금지 장소에 일시 정지한 차량의 운전자 등 모든 사람에게 범칙금 처분을 해야 하나? 세월이 흐르면서 우리나라 사람들의 권리의식도 높아졌다. 하지만 그만큼 이기적인 사람들도 늘어났고 어설픈 지식으로 무조건 자기만 옳다고 주장하면서 경찰관의 정상적인 직무집행을 편파적이라고 몰고가는 사람도 많아졌다. 왜 경찰을 편파적이라고 비난하는 걸까?

씁쓸한 기분을 달랠 길 없어 주차장에서 담배를 한 대 태우고 있는데 무뚝뚝한 성격으로 커피 한 잔 사달라는 말도 안 하던 부산 사나이가 유명 커피전문점 커피를 한 잔 뽑아와 건넨다.

"팀장님, 꼴통으로 소문난 것 아시죠? 그런데 정말 저희 직원들에게는 고마운 꼴통이십니다! 앞으로 팀장님 고생 안 시키도록 친절하게 말하겠습니다. 근데 잘 될지는 모르겠습니다."

"일루 와, 니가 말하는 꼴통 발에 한 대 맞아 봐라~~"

 법률 상식

> **자전거 이용 활성화에 관한 법률** 제2조에서 말하는 전기자전거란 모터가 달린 자전거 중에서 모터만으로 움직여서는 안 되고, 시속 25킬로미터를 넘을 경우 모터 작동이 정지되며, 자전거 전체 무게가 30킬로그램 미만인 자전거를 말합니다.
> 또 자전거도로는 자전거 전용도로(자전거만 갈 수 있는 도로), 자전거·보행자 겸용도로, 자전거 전용차로(차로 중에서 자전거만 갈 수 있는 도로), 자전거 우선도로(도로나 차로 중 자전거에 우선 통행권이 있는 도로)로 구분됩니다.(제3조)

3. 동거와 사실혼

새해 첫 야간근무!

팀장 중심으로 현장대응하라는 지시가 계속되고, 고향에 다녀온 사람들이 이런저런 이유로 한 잔 하고 벌어지는 사건이 많을 것 같다는 생각에 억지로 낮잠을 자고 일어나 식은 떡국을 데워 먹고 찬 바람을 맞으며 출근했다. 날씨가 추워서인지 초저녁에는 조용하던 112시스템이 21시가 넘자 분주해진다.

〈역삼동 ○○은행 앞 술에 취한 사람이 잠을 자고 있다〉라는 112신고가 CODE-2로 떨어지더니, 곧이어 〈어떤 아저씨가 차도에 쓰러져 있다/밤이라 운전자들이 못 볼 수 있다〉라며 CODE-1 신고가 울린다. 같은 내용인데, 왜 어떤 것은 CODE-1이고 어떤 것은 CODE-2일까?

매뉴얼을 찾아보니 '생명·신체의 위험이 임박·진행 중·직후이거나 현행범인인 경우'에 대한 신고는 CODE-1으로 분류하고, '생명·신체의 위험이 발생할 가능성이 있거나 범죄예방 등을 위해 필요한 경우'는 CODE-2로, '살인·강도·납치감금·성폭력·주거침입·집단범죄 등 중요범죄로 생명·신체에 대한 중대한 위험이 임박하거나 진행 중이거나 직후인 경우, 범죄는 아니지만 급박한 상황으로 피해자 구호가 필요한 경우, 구체적인 내용을 말하지 않았지만 비명소리가 들리는 경우' 등은 가장 높은 단계인 CODE-0로 분류한다. '사건발생 후 상당한 시간이 경과하여 즉각적인 조치가 필요 없는 경우'는 CODE-3, '단순히 상담이 필요한 사건 등'은 CODE-4인데, 신고자의 접수를 받는 과정에 상황실이 죄명과 신고 내용 등을 종합, 판단하여 CODE를 지정하여 출동을 지시한다.

결국 CODE는 위험의 강도와 긴급성에 따른 분류라고 볼 수 있다. 따라서 단순히 술에 취한 사람이 잠을 자고 있다는 신고는 CODE-2지만, 잠자는 장소가 도로여서 차량에 의한 사고 발생 위험성이 있는 경우는 CODE-1이 되는 것이다.

22시가 넘어서도 112신고는 계속됐다. 〈옆집에서 남자가 여자를 폭행하고 있다/여자가 살려달라고 소리친다〉는 CODE-0 신고에 팀장까지 현장에 출동하고 있는데 곧이어 〈동거하던 여자에게 퇴거를 요구하자 술을 먹고 들어와 폭행한다〉는 CODE-1 신고도 들어왔다. 같은 장소다. 출동하면서 그 동안의 신고 이력을 확인했더니 여성은 데이트폭력으로 9회에 걸쳐 신고했고, 남성은 신고한 이력이 확인되지 않았다.

현장에는 교통사고를 처리하던 순찰차가 먼저 도착해 있었다. 신고 장소로 들어가자 여자는 얼마나 울었는지 눈두덩이가 부어 있었고, 두꺼운 가운을 입고 복도에 나와서 경찰관에게 자신의 억울함을 설명하고 있다. 동거하는 남자가 자신의 짐과 물건을 모두 복도로 내놓고 집안에서 문을 잠근 채 열어주지 않는다, 그 전에도 자신을 폭행해 112신고를 했고 열흘 전에는 출동한 경찰관이 동거남을 체포해 여청수사팀에서 수사 중에 있으며, 지금 나가면 갈 곳도 없는데 어디로 가라고 하는지 모르겠다며 절대 나갈 수 없다고 한다.

경찰이 손으로 두드리며 출입문을 열라고 하자, 남자는 등과 목 등에 손톱으로 할퀸 자국을 보여준다. 자신이 피해자라면서 여자가 술에 취해 들어와 자신을 폭행했고 예전에도 여자가 폭행하고는 오히려 자신을 신고해 억울하게 체포된 적도 있어 더 이상 못참겠으니 집에서 내보내겠다고 한다.

누구의 말이 맞는지 모르겠다. 하지만 여자의 얼굴은 울어서 부어 있는 것 외에 폭행흔적이 없고, 구체적으로 어떤 폭행을 당했는지 묻는데도 답을 못하는 것으로 보아 오히려 남자가 폭행을 당한 것 같기는 하다. 하지만 이 깊은 밤중에 갈 곳 없는 여자를 그대로 집에서 내보낼 수도 없고.

동거 주택의 계약관계를 묻자, 2년 전 남자가 월세 계약을 해 거주했고, 여자는 6개월 전부터 동거를 시작했는데, 월세의 일부를 여자도 부담했던 것으로 확인되었다. 화해를 시켜보려고 노력했지만 헛수고였고, 남자는 내가 계약한 내 집인데 왜 다른 사람이 같이 살아야 하냐, 나를 체포되게까지 했고 오늘은 폭행도 당했으니 더 이상 같이 살 수 없다고 한다. 여자는 그동안 선물해준 것들을 다 내놓고, 월세 낸 것도 돌려주지 않으면 못나가겠다고 한다.

여자에게 형사 절차를 진행해야 하니 피해 진술서를 써달라고 했지만 진술서 작성은 또 거부한다. 그러면서도 추워서인지 비록 두꺼운 가운을 입었지만 연신 재채기를 해댄다. 이미 현장 도착 후 30분이 넘었는데, 한밤중에 다세대 주택에서 계속 소란을 피우며 이웃들에게 불편을 줄 수도 없고, 신고는 계속 들어오는데 두 사람의 말만 들으며 시간을 보낼 수도 없었다.

직원들을 모두 1층 현관으로 모은 후 두 사람의 관계가 사실혼과 동거 중 어떤 것으로 보이는지 묻자, 다들 동거관계라고 한다. 동거관계는 언제든지 헤어질 수 있으니 집주인이 퇴거를 요청하면 퇴거해야 하고 정당한 이유 없이 따르지 않으면 퇴거불응죄가 성립한다, 여자가 일단 찜질방이든 어디든 갔다가 다음날 아침에 남자를 만나 다시 대화해 보라고 처리하는 게 좋겠다고 설명하는데, 옆에 있던 직원이 묻는다.

"6개월간 동거하면서 여자도 월세를 일부 내왔는데, 사실혼과 동거 간에 차이가 있나요? 여자는 24살이고 남자는 39살이라 15살이나 많은데 처음에는 젊은 여자와 동거하다가 질리니까 폭행하고 내보내려는 것 아닐까요?"라며 의문을 제기한다.

사실혼은 동거만으로 인정되는 게 아니라, 두 사람이 혼인의사를 가졌는지, 자녀를 출산했는지, 단순한 월세를 넘어서 생활비를 공동으로 사용했는지, 부모님들에게 상대방을 소개하고 명절 등에 왕래를 해왔는지, 두 사람이 사용한 호칭 등을 통해 주변인들도 부부관계라고 알고 있었는지 등의 사정을 종합해서 판단해야 한다고 하자, "여자가 6개월간 월세를 몇 번 냈다고 하는데, 그러면 생활비를 공동으로 부담했다고 봐야 하는 것 아닌가요?"라면서 이런 신고가 워낙 많으니 이 기회에 정확하게 알고 싶다고 한다. 남녀가 월세를 공동 부담하며 수년간 같이 살았다면 사실혼으로 볼 소지도 있지만, 월세만으로는 불충분하다. 식비, 각종 공과금 등을 같이 부담했는지도 봐야 한다. 사실혼 관계라면 가정폭력이지만 그렇지 않다면 쌍방폭행이 된다고 설명해 줬다.

그리고는 지난번 폭행 신고 후에도 여전히 같이 거주한 것으로 보아 두 사람 간의 애증이 뿌리가 깊은 것 같은데, 계속 감정대립만 하는 것보다는 한쪽이 잠시 피했다가 감정이 가라앉은 후 다시 대화하는 것이 관계 회복에도 더 좋을 수 있다고 여자에게 설명하라고 여경을 보냈지만 거절당했다. 결국 내가 나서게 됐다.

부동산은 명의자주의라 전세든, 보증금이 있는 월세든 계약명의자가 권리를 행사할 수 있다. 당신이 월세를 일부 부담했다 하더라도 그건 명의자의 승낙 하에 일시 거주권을 얻은 것일 뿐 명의자의 의사에 반해서 거주할 권한까지 얻은 것은 아니다. 친구를 집에 데려와 같이 살다 친구가 마음에 들지 않으면 집에서 나가라고 할 권리가 있지 않느냐. 그래서 종전 신고 사건도 가정폭력이 아니라 데이트폭력으로 처리된 것이라고 설명한 후 우선 서로 떨어져 잠시 냉각기를 가진 후 다시 만나서 해결해야지, 계속 이대로 있으면 해결이 안 된다고 설득했다. 일일이 말대답하던 여자는 3분 정도 말이 없다가, 남자가 내놓지 않은 옷장 안에 두꺼운 옷이 있으니 옷이나 갈아입고 나가게 해달라고 한다. 남자는 문만 열어준 후 침대방으로 들어가고, 여자는 작은방으로 들어가 옷을 갈아입고 지갑을 챙겨 나온 뒤 조용히 집을 나갔다.

지구대로 돌아오는 길에 직원이 "팀장님, 언제부터 경찰이 개입해야만 일이 해결되는 쪽으로 세상이 바뀌었나요? 이해가 되지 않습니다."라고 투덜거린다.

저 사람들은 내일 다시 화해하고 계속 동거할까? 그리고 며칠 뒤 또 폭행 신고가 들어올까? 다시 신고하면서 저 사람들은 무슨 생각을 할까? 경찰은 가능하면 사적인 다툼에 개입하지 않는 게 좋다. 경찰이 개입하면 결국 서로에게 씻을 수 없는 상처를 입히게 되니까. 그런데도 자꾸 경찰을 부르는 심리는 뭘까?

그 와중에 또 〈아파트 공원 옆/성기를 꺼내놓고 소변을 보면서 성기를 흔드는 남성이 있다/학생들도 공원에서 놀고 있다〉라는 CODE-1, 〈○○호프 남성 2명이 종업원을 위협한다/흉기는 없지만 조폭으로 보인다/신속한 출동을 요한다〉는 CODE-0가 연속으로 들어온다. 다른 순찰차들은 전부 현장에 출동해 사건을 처리하는지 아무도 출동하겠다는 차가 없다. 어쩔 수 없이 내가 가야지. 앵~앵~앵 싸이렌을 울리며 또 현장으로 출동한다.

4. 입술 문신과 무면허 의료행위

14:00경 강남보건소 의약과 공무원들이 역삼동에 있는 미용학원에서 **<무면허 의료행위를 적발했다/경찰출동 요청한다>**라는 112신고가 들어왔다고 해 순찰차를 미용학원으로 보냈다. 미용학원에서 무면허 의료행위를 했다면 눈썹 문신일까?

현장에는 공무원증을 패용한 여성 2명이 경찰관에게 반갑게 인사하고, 그 옆에는 원장으로 보이는 여성이 서 있었다고 한다. 공무원들은 무면허 의료행위를 신고했다고 한다.

공무원이 단속을 했으면 고발해야 하지만 최근에는 현장 단속 공무원들이 고발하는 경우가 거의 없다. 원칙대로 고발하기보다는 112신고를 더 선호한다. 경찰이 일하기 싫어서가 아니라, 형사소송법 제237조에 의하면 고소, 고발은 서면으로 해야 하고, 구두로 할 경우는 진술조서를 작성해야 한다고 규정돼 있기 때문이다. 경찰수사규칙 제22조 제1항 역시 구두 고소, 고발에 대해 진술조서를 작성해야 한다는 같은 내용이다. 따라서 단속 공무원들은 서면 고발장이나 진술서를 작성해서 제출해야 하지만 언제부터인가 112신고를 하면 경찰이 모든 것을 알아서 해주는 관행이 정착하고 말았다. 그러니 단속 공무원이 귀찮은 고발장을 쓸 리가 없다.

단속 공무원들은 강남구청 홈페이지 [구청장에게 바란다]의 게시글 중 '역삼동 모 업소에서 반영구 시술이 행해지고 있다'는 민원을 보고 당일 16:20경 업소에 도착해 신분을 밝히고 내부를 확인하던 중 피의자 A가 의료용 바늘을 이용하여 참고인 B의 입술에 색소 문신을 하려는 모습을 목격한 후 112신고를 했다. 그러자 A는 문신에 사용한 의료용 바늘과 색소가 묻은 휴지를 대기실 쓰레기통에 버리기에 이 모습을 모두 촬영했다고 한다. 대기실 쓰레기통 안에서는 붉은 색소가 발라진 휴지와 의료용 바늘 7~8개가 구겨진 채 발견되었고, 학원 내부에는 의료용 침대 4대가 설치되어 있었으며 시술용 바늘이 침대마다 비치되어 있었다.

시술을 한 수강생 A는 작년 6월 미용업을 등록하였고, 평소 문신 수업은 고무판에 연습하지만 오늘은 같은 수강생인 B의 입술에 바늘로 색소 문신을 실습해 보려고 했는데, 입술에 스치기만 하였을 뿐 시술을 제대로 하지는 못했다고 변명한다. 옆에 있던 업주 C는 2019년 1월부터 업장을 운영했는데 수강생인 A와 B가 연습(입술디자인, 각도방향 체크)을 시작하려고 할 때 보건소 공무원들이 업장에 들어와 단속 및 촬영을 했다며 범죄사실을 부인한다. 문신시술 장면이 모두 촬영되어 있음에도 쓰레기통에서 발견된 도구들은 수업하면서 고무판에 연습할 때 사용했던 것이라고 우긴다. 시술을 받던 다른 손님은 아무것도 모른다며 진술을 거부하는데, 그 와중에 보건소 직원들은 담당 형사에게 제출하겠다면서 지구대 직원에게는 영상을 보여주기만 할 뿐 제출하지 않는다.

출동한 직원은 이 일을 어떻게 처리해야 할지 모르겠다며 전화해 왔다. 일단 단속 공무원의 태도가 마음에 들지 않았다. 그럼 112신고는 왜 했지? 경찰을 호구로 아나?

직접 처리해야겠다 싶어 현장에 갔다. 단속 공무원들에게 현장을 목격한 공무원의 진술과 이를 촬영한 영상은 증거법상 직접증거이니 보고서 작성을 위해서라도 증거로 제출받아야 한다, 그런데 안 낸다고 하면 우리더러 어떻게 사건을 처리하라는 거냐라고 화를 냈지만, 공무원들은 우리가 본서에 보고해서 담당 형사가 지정되면 그 형사에게 제출하겠다고 계속 우긴다. 지구대라고 무시하는 건가 싶어 순간적인 화를 참지 못하고 "이 양반들아, 증거로 제출하지도 않을 거면서 왜 신고했어!"라고 소리를 질렀지만, 위법행위를 한 사람들을 앞에 두고 단속 공무원들에게 소리를 지르는 것도 옳은 일은 아니라는 생각이 들어 참았다.

"목격한 공무원이 있고 현장을 촬영한 동영상도 있는데 무조건 부인하겠다는 건가? 과학수사팀을 불렀으니 바늘에서 사람의 혈흔이 확인되면 당신들은 끝이야, 두고 봐! 박 경사, 빨리 과수팀 불러!"라고 했으면 꼬리를 내릴 법도 한데, A는 오히려 "당신? 좋아 당신이라고 했어. 경찰은 반말해도 돼? 내가 민원을 낼 거야. 구청 직원들과 짜고 하지도 않은 일을 뒤집어씌우겠다 이거지? 그래, 내가 인터넷에도 띄울 테니 각오해!"라며 오히려 우리를 협박한다.

좋다, 원칙대로 해보자라고 마음먹고, 일단 공무원들에게 진술서를 작성하라고 한 후 과학수사팀(CSI) 지원을 요청했다. 시간이 좀 걸려서 그렇지 지원요청을 하면 항상 출동 나와주는 CSI가 바늘이나 휴지에서 사람의 DNA만 확인해 주면 끝나는 것 아닌가? 그런데 CSI가 도착하기 전까지는 억울하다며 항의하던 A와 B는 30여분 뒤 CSI 조끼를 입은 감식팀이 현장에 도착하자 덜덜 떨기 시작하더니, 쓰레기통에 들어 있던 바늘과 휴지에 대해 약품을 뿌리며 혈흔 검사를 시작하자 울먹이면서 "잘못했습니다, 용서해 주세요"라고 범죄사실을 인정하기 시작한다.

"수업시간에 고무판 연습하며 사용한 것이라고 거짓말만 하고, 시술 행위를 하지도 않았는데 무고한 사람을 범죄자로 만든다면서 인터넷에 띄우고 민원을 내겠다던 사람은 어디 가고 이제야 용서해 달라는 건가요?"라고 묻자, 고개를 숙이고 말을 하지 못한다. 화가 가라앉지 않아 "왜? 계속 부인하고 안 했다고 하지? 공무원들이 현장을 목격하고 촬영까지 했는데도 증거물을 휴지통에 버리고, 서로 말을 맞추며 증거인멸을 해댔으니 당신들은 체포 대상이야!"라고 소리를 질렀다.

왜 처음부터 잘못했다고 말하지 못할까? 누구나 자기 잘못은 부인하고 싶은 게 인지상정이지만, 양형규정을 보더라도 처음부터 잘못을 인정하는 사람은 형을 감해 주지만, 이렇게 범죄사실을 부인해 CSI까지 출동해 감식을 시작하자 마지못해 잘못을 인정하는 사람은 자신의 행위에 반성하지 않는다고 해서 처분이 달라지는데…

미용 목적으로 의료용 바늘에 색소를 발라 입술 피부에 찔러 넣어 색소를 입히는 일명 '반영구 입술 화장' 등은 의사가 아니면 시술할 수 없다. 의사 면허 없이 이런 시술을 하면 의료법위반으로 5년 이하의 징역, 5천만원 이하의 벌금으로 처벌받는다. 그리고 이런 행위를 영업적으로 하면 보건범죄 단속에 관한 특별조치법에 의해 무기, 또는 2년 이상의 징역형으로 더 중하게 처벌받는다. 미용학원에서 지속적으로 눈썹문신을 하면 보건범죄 단속에 관한 특별조치법위반이 된다.

대기실 쓰레기통에서 나온 의료용 바늘에서는 혈액 반응이 확인되었고 대상자들도 범죄사실 시인하며 단속 공무원의 진술과 경찰관이 확인한 영상 등으로 범죄사실은 모두 인정되었다. 아까 체포 대상이라고 말하기는 했어도 이미 증거가 확보되었으니 체포는 하지 않고, 검거보고서를 작성해 지능팀으로 사건을 인계했다.

아~!
22년 넘게 경찰서와 경찰청 등에서 경제계, 지능팀, 사이버수사대 등에서 근무를 했고, 해당부서의 업무에 대해 법률과 판례에 공부하고 연구하면서 전문가, 베테랑이라는 소리를 들었지만, 지구대의 업무는 한도 끝도 없다. 112신고를 통해 접수되는 사건은 수사, 형사, 지능, 경제, 교통, 여청 뿐 아니라 각종 특별법까지 모두 알아야만 제대로 처리를 할 수 있으니 열공 열공 열공만이 살 길이다.

5. 교통사고 현장의 이기주의

봄이 오는가 싶더니 시샘하는 겨울의 찬바람! 오늘도 새벽에 잠이 깼지만 입맛이 없어 라면 하나 끓여 먹고 출근길에 오르는데 주일이라 그런지 도로에 차들이 없다. 이런 날은 왠지 출근길이 더 쓸쓸하다. 80년대 유행하던 통기타 가수들의 노래를 크게 틀고 따라 부르며 운전을 하는데 세 번째 노래쯤에 벌써 사무실에 도착했다. 너무 이른 출근, 공원 주변을 20여분 걷다가 사무실에 들어가 인수인계를 받고 전입 온 직원들, 기존 직원들과 다시 파이팅을 외친 뒤 근무를 시작했다.

벌써 2월의 마지막 주일, 이제 곧 3월인데 와이프에게 예쁜 봄 자켓 하나 사줄까 찾아보기도 하고, 새로 구입한 안경이 잘 어울리는지 거울을 보기도 하는데, 일요일이라 그런지 바쁜 지구대답지 않게 무전기가 조용한 게 어색하다.

10시가 다 되어 갈 무렵 〈차량이 급발진해서 2대 이상이 충돌하였다/도로에 10여명이 나와 있다〉라는 CODE-1 신고가 오고, 곧이어 112신고 시스템이 에~앵 소리와 함께 화면이 빨강색으로 변하면서 CODE-0로 〈교통사고 현장에 화재가 발생했다〉는 신고가 떨어졌다.

에구, '조용하다'고 푸념했다가 입방정 탔나 보다. 팀장도 출동하라는 지시가 있을 것이 뻔해 대기 중이던 순찰차를 직접 운전해 먼저 출발했지만, 신호는 계속 끊기고 큰 사거리에서 차들이 꼬리를 물고 서 있어 소방차도 못움직인다. 싸이렌, 경광등, 비상등, 상향등을 전부 켜고 수신호까지 해가며 사거리를 정리해 소방차를 보내고 뒤따라 현장에 갔다. 먼저 도착한 순찰차에게 교통과 소방차를 정리하라고 지시한 후 현장을 봤다.

4중 추돌사고인데 맨 앞차로부터 7~8미터 뒤의 두 번째 차량은 70대 후반의 여성 운전자, 에어백이 터진 세 번째 차량은 어린이를 동반한 여성 운전자가 탔고, 마지막 차량에 탄 3명의 가족은 가벼운 부상이 있어 보여 모두 안전지대로 이동시킨 뒤 화재 여부를 확인했다. 세 번째 차량 엔진 부위에서 수증기가 올라오는 것일 뿐 다행히 화재는 아니라고 확인됐다.

사고 장소가 하필 매봉터널 입구라 우회 도로도 없어서 강남으로 진입하려는 차량들이 꼬리가 보이지 않을 정도로 밀렸다. 교통정리 및 신호기 작동을 위해 교통순찰차 지원을 요청한 뒤 수사 경력이 있는 직원에게 운전자들을 상대로 사고 내용을 확인하라고 했다. 두, 세 번째 차량은 거의 폐차 수준이어서 다른 직원에게 부상 정도를 확인해 후송 여부를 검토하라고 지시하고, 가입보험사 확인 및 출동 요청, 사고 현장 정리를 위한 구청 출동 요청 등 현장을 정리해 나갔다.

사고는 첫 번째 차량을 추돌한 두 번째 차량의 운전자가 놀라서 차를 뺀다는 게 후진기어를 넣고 고속후진을 하면서 뒤따라오던 세 번째 차량과 충돌하였고, 그 뒤에 오던 네 번째 차량이 급정지했지만 결국 세 번째 차량을 추돌하면서 일어났다. 두, 세 번째 차량의 여성 운전자들은 심하게 다친 것 같은데도 후송 지시를 안 따른다. 병원을 가겠다, 가족을 기다리겠다, 보험사를 기다리겠다는 등 말을 계속 바꾸고 있다.

3차로 도로 중 2차로를 통제하고 한 차로로만 통행하다 보니 교통은 꼬리가 보이지 않을 정도로 정체되어 있다. 그 모습을 보면서 마음은 급하지만 다친 사람들 앞에서 화를 내지도 못하고, 보험사에 빨리 와서 처리하라고 재촉했지만 "사고 담당 직원이 현장에 도착하여 견인 여부를 판단한 뒤, 계약된 견인차나 회사 견인차로 견인해야 하니 현장에 도착하는 직원과 이야기하라"고 답하는데, 보험사 직원이라고 이 교통체증을 뚫고 빨리 올 수단이 있을 리 없다.

112상황실은 현장을 빨리 정리하라는 교통관제센터의 요청을 전하지만 차를 뺄 방법은 없고, 주변에 몰려든 사설 견인차들로 길은 더 막혀간다. 견인차들에게 비키라고 했지만 말을 듣지 않아 "모두 도로교통법으로 처리를 하겠다!"고 소리지르자, 건너편 도로로 이동하면서 이제는 반대 차로까지 막힌다. 마침내 보험사 직원들이 도착했지만 보험사끼리 현장조사를 한 후 협의해야 한다는 모습을 보고 도저히 참지 못하고 버럭 악을 썼다. "당신들은 저 차 막히는 게 보이지도 않아? 최소한 다른 사람을 배려하는 마음은 있어야 할 거 아냐? 당신들 하고 싶은 대로 하겠다면 나도 경직법과 도로교통법에 따라 사설 견인차더러 사고 차량을 긴급 이동시키라고 할 거야! 견인비는 당신들이 견인차와 다퉈. 그리고 내 조치가 문제 있으면 나중에 보상 청구해!"

그러자 외국계 보험사의 사고 담당 직원이 따진다. "이거 보세요. 고생하는 건 알지만 우리가 안 하고 싶어서 안 합니까? 그리고 왜 우리더러 당신들이라고 해? 내가 가만 안 있을 거야! 이름과 소속이 어디야?"

나는 당당하게 이름과 소속을 밝혔다. "경찰관은 사고 현장에서 차량의 소통과 2차 사고를 방지해야 할 의무가 있고, 사고를 발생시킨 차와 운전자에게 교통안전에 필요한 지시를 할 권한이 있으며, 경범죄처벌법에는 사고 현장에서 경찰관의 도움 요청에 따르지 않는 경우도 처벌하게 되어 있는데 좋아, 법대로 당신들 처벌할게! 도로를 봐봐, 양심도 없어?" 그제야 보험사 직원들은 꼬리를 내리고 차량을 밀고 시동을 걸고 하며 겨우 터널 입구 중앙에 있는 안전지대로 차량을 옮겼다.

70대 여성과 어린아이를 안고 있는 30대 여성 운전자에게 지금은 모르지만 나중에 큰 이상이 있을 수 있으니 119로 병원에 가서 간단한 검사라도 해보자라고 말하자 처음에는 가겠다고 하더니 정작 119구조대가 현장에 도착하자 나중에 가겠다며 말을 바꾼다. 그 정도 안내했으면 나로서는 최선을 다한 것이라 더는 방법이 없다. 뒤돌아 도로를 보는데, 교통경찰관이 수신호와 신호기로 조정을 하지만 시내로 들어오는 도로는 꼬리가 보이지 않을 정도로 막혀 답이 나오지 않는다.

구청 청소차는 요청한지 30분이 넘도록 오지 않아, 손과 발로 깨진 범퍼와 자동차 조각들을 중앙선 한쪽으로 모아두고, 대기 중이던 사설 견인차를 모두 뺀 뒤 긴 숨을 쉬는데, 나이 든 선배 경찰관이 다가와 캔커피를 하나 건네며 말한다.

"팀장님, 뭐 하러 이렇게 열심히 하세요? 그렇게 화내고 소리 질러 봐야 손해 아닌가요? 그 열정이 어디서 나오나 생각하면 한편으로 부럽기도 하지만, 이제는 나이도 생각해서 그냥 직원들에게 맡기세요, 그런다고 누가 알아주나요?"

맞는 이야기지만 이 사태의 뒷맛은 별로 좋지 않다. 내가 나서는 건 젊은 친구들이 열심히 하지 않아서가 아니다. 대부분은 젊은 친구들에게 맡기지만 10% 정도의 사건은 경험에 입각한 신속하고 정확한 조치가 필요하다. 이렇게 차가 밀리고 국민들이 고통받는데, 그냥 기다리란 말인가? 하지만 내가 견인차 기사들과 보험사 직원들에게 도로교통법과 경범죄처벌법으로 처벌하겠다고 소리지르지 않았다면 현장 정리는 한두 시간은 더 걸렸을 거다. 정말 모르겠다. 경찰이 자기 좋자고 하는 지시도 아니고, 대중을 위해서 요청하면 따라줘야 하는 것 아닌가?

법률 상식

오늘 같은 교통사고의 책임은 누구에게 있을까요?

첫 번째 차량은 정차에 정당한 이유가 있다면 사고 책임이 없습니다. 하지만 뒷차를 위협하기 위해 급제동한 것이라면 교통사고를 유발한 책임을 질 수 있고, 상황에 따라 특수협박, 특수상해죄 등으로 처벌받을 수도 있습니다. 두 번째 차량은 앞차를 추돌한 교통사고, 뒷차를 후진해서 충돌한 교통사고로 처벌받지만 보험에 가입되어 있다면 처벌받지 않습니다. 사고 장소가 일반 도로가 아닌 고속도로였다면 후진으로 인한 사고도 교통사고처리특례법 제3조 제2항 단서 제2호 규정 위반으로 처벌받습니다. 세 번째 차량은 아무 처벌도 받지 않고, 네 번째 차량은 앞차와 안전거리유지의무를 어긴 데 대해 교통사고 책임을 지게 됩니다.

경범죄처벌법 제3조 제1항 제29호에 의하면 위급사고 현장에서 공무원의 도움 요청이나 현장 지휘를 따르지 않으면 10만원 이하의 벌금 등 처벌을 받습니다.

도로교통법 제58조에 따르면 경찰관은 교통의 위험 방지 등을 위하여 현장에서 자동차 운전자들에게 통행과 관련한 지시를 할 수 있고 이를 거부하면 6개월 이하의 징역이나 200만원 이하의 벌금에 처해지게 됩니다.

6. 차량 시위와 업무방해

추석 연휴 끝난 뒤 첫 출근인데, 생각보다 신고가 많지 않다. 점심 식사를 마치고 사다리 타기로 커피나 한 잔 마시려 하고 있는데 그럼 그렇지, 바쁜 지구대에 느긋하게 커피 마실 시간을 줄 리가 없지.

13:10분 〈○○아파트/주차장 입구를 가로막아 차량이 출입하지 못하도록 한다〉는 신고. 최근 아파트 주차장 업무방해 사건이 많이 발생하니 팀장도 같이 출동하라는 112상황실의 친절한 안내에 뜨거운 커피를 들고 순찰차에 탔다. 흔들리는 순찰차에서 커피를 바지에 흘려가면서 주상복합아파트 현장에 도착해 보니 차량 7대 정도가 지하주차장으로 내려가지 못하고 서 있다. 지하 1층에는 신고 내용처럼 1톤 트럭이 주차장 입구를 가로로 막고 서있어 주차장에서 나오려던 10여대 차량 운전자들이 내려서 한숨만 쉬고 있었다.

현장을 보니 이건 둘 중 한 경우일 게 틀림없다는 확신이 든다. 아파트 공사를 했지만 대금을 못받은 경우, 또는 아파트에 불법주차를 했는데 '주차위반' 딱지를 강력 접착제로 붙여놓아 항의하는 경우인데, 둘 다 법리적인 판단이 아닌 감정 싸움이라 해결하기 쉽지 않을 것임을 직감하니 한숨부터 나온다.

경비원은 이유는 모르겠고 차량 앞에 써있는 번호로 30분이나 전화했지만 받지도 않고 차도 빼주지 않는다고 한다. 우리 전화도 받지 않아 차적조회를 통해 등록지를 확인했다. 주소지 인접 지구대를 통해 차량 소유자가 인테리어 가게를 운영한다는 사실을 알고 가게 전화번호로 간신히 통화할 수 있었다.

지금 바로 차를 빼지 않으면 차는 강제 견인하고 소유자도 체포할 수 있다고 하자, 당신들이 무슨 근거로 사유재산을 함부로 이동시킨다는 거냐며 소리를 지른다. 순간 꼭지가 돌았다. 현장 주민들이 모두 나를 보고 있는데도, 오늘 아침에 직원들을 상대로 현장에서는 항상 친절해야 한다고 교양강의했던 사실도 머리에서 다 날아갔다.

"법을 알려면 똑바로 알고 큰소리 쳐! 경찰관직무집행법이란 게 있어서 경찰관은 사람의 생명, 신체, 재산에 중대한 손해가 생길 위험이 있으면 직접 조치를 취할 수 있어! 여기는 병원에 가야 하는 분들도 있고, 사업상 지방에 출장가야 하는 분들도 있는데, 내 판단으로는 병원에 가지 못하면 신체에 중대한 문제가 발생할 수 있고, 출장을 가지 못해 계약이 파기되면 재산에도 중대한 문제가 생길 수 있어서 바로 조치하겠다는 겁니다, 알겠습니까?"라고 하자, 차량 소유자는 그제야 찔끔 하더니 15분 내로 도착하겠다고 답한다. 꼭 이렇게 큰소리를 쳐야 자기 잘못을 인정하는 사람들이 있다.

현장에 도착한 남자는 실제로는 내 또래 정도였지만 세상 풍파를 모두 뒤집어썼는지 훨씬 나이 들어 보였다. 현장에 도착하면 바로 차를 뺄 줄 알았더니, 우리쪽으로 와서는 "내가 오면서 여러 군데 확인해 봤는데, 난 차 못 빼! 괜히 겁주지 마! 여기 입주자한테 공사를 해줬는데, 트집만 잡고 공사비를 안 줘서 나는 약자로서 내 권리를 행사하는 거야!"라고 큰 소리 치며 차를 안 빼겠다고 한다.

'이걸 법대로 체포하고 처벌해? 열쇠 장수를 불러서 차를 옮길까?' 또 고민하는데, "아까 나한테 전화해서 협박한 놈 누구야? 그 경찰 새끼 나오라 그래!" 소리를 지른다.

'에휴, 답답하다. 어떻게 보면 이 사람도 피해자인데, 그냥 주민들에게 사과한 후 차를 빼라고 하고 넘어갈까?' 고민하며 생각을 정리하는데, 그 사람은 또다시 "야, 그 새끼 나오라고!"라며 계속 경찰관에게 욕설을 한다. 결국 더이상은 설득을 통한 중재나 해결이 불가능하다는 결론을 내렸다.

"그래요 선생님, 제가 전화했구요. 선생님을 일반교통방해죄와 업무방해죄 현행범인으로 체포하겠습니다."라며 범죄사실과 형사소송법상 피의자 권리를 고지하자, 남자는 "피해자를 체포하겠다고? 뭐 이런 X 같은 법이 다 있어!"라고 소리 지르지만, 민사 채권이 있더라도 다른 사람들에게 불편을 주는 정도를 넘어서 업무까지 방해하는 수준이라면 경찰관이 인내하며 자발적 이행을 요청하는 데는 한계가 있다. 수많은 사람들의 피해가 늘어나기 때문에 원칙대로 법을 집행할 수밖에 없다.

체포된 남자를 태운 순찰차는 현장을 떠나고, 그로부터 건네받은 자동차 키로 차량을 아파트 주차장으로 이동시켰다.

현장 주민들이 묻는다. "방송을 보니 다른 데서는 이런 일이 났을 때 경찰이 아무런 조치도 하지 않았다고 해서 저도 분개한 적이 있기는 하지만 그래도 체포할 정도로 잘못한 건 아니지 않나요? 차량만 옮기면 되는 것 같은데요."라기에 "아닙니다. 이곳은 주상복합 아파트라서 일부 유료 이용 고객들은 주차요금을 지불해야 하는데, 아파트에서 나가는 차 정산도 못하고 새로 들어오는 고객도 받지 못하게 1시간이나 주차장 입구를 막고 있었으니 업무방해죄에 해당합니다. 또 저분이 주차장 입구를 막아서 다른 차들이 통행하지 못하게 했으니 교통방해죄로도 처벌받습니다. 시청 옆 포장마차가 차로를 점령한 행위를 교통방해죄로 처벌한 판례도 있습니다."라고 설명하자 고개를 끄덕이며 자리를 떠난다.

지구대로 돌아오는 길에 부팀장이 "법과 판례는 팀장님이 많이 아시니 할 말은 없지만, 돈을 안 준 놈이 더 나쁜 놈 아닌가요?"라며 안타까워해서 "맞습니다, 하지만 그건 일방적인 주장이고 실제로는 공사를 했는데 부실시공이 있어서 보강공사를 요구하는 과정에서 다툰 것일 수도 있어요. 또 억울하다고 다른 사람들을 볼모로 잡아 해결하려 드는 것도 잘못된 일이고, 저희가 계속 설득하며 기다려 줬는데도 말을 듣지 않으니 법대로 할 수밖에 없었습니다."라고 답했다. 하지만 방식이 좀 잘못됐어도 돈을 받지 못해 저지른 일에 대해 이번처럼 법대로 처리하는 경우는 많지 않기에 내 맘도 편하지만은 않다.

체포된 남자는 지구대에 와서도 억울하다며 소리 지르다가 제풀에 지쳐 "담배 한 대만 태우게 해주세요." 한다. 커피와 담배를 권하자 눈물을 펑펑 흘리며 자신의 인생사와 이번 공사 진행 과정에 대해 설명한다. 들으면서도 마음이 좋지 않다. 공사비를 주지 않은 사람은 오히려 히히덕거리고 있을 수도 있는데…

경찰은 법을 조금 어겼다고 무조건 법대로 집행하는 기관이 아니다. 이번처럼 다툼이 있는 사건에서 처음에 경찰 요청대로 차만 빼줬으면 담배 피면서 하소연도 듣고, 상대방을 함께 찾아가 조정을 해줄 수도 있었다. 모두 사람이 하는 일이고 법은 최후 수단인데, 결국 강제력을 사용하게 만들다니 마음이 무겁다. 자기 주장만 하면서 불법을 계속 저지르면 경찰관이 도와줄 방법은 없어지는데, 조금만 더 경찰 말을 들어주면 안 되나?

현행범인체포서를 작성해 신병을 경찰서로 인계하려다 마음이 좋지 않아 담배 한 대 더 피울 시간을 준 후 순찰차를 출발시켰다.

112상황실에서는 서울청에서도 관심이 높은 사건 유형이니 신고 내용과 처리결과를 "공사 대금을 받기 위해 주상복합 아파트 지하 주차장을 막은 피의자 1명 검거"라는 제목으로 업무보고하라고 한다.

「신속한 출동으로 주민 신뢰확보 △ 경찰, 관리사무실이 역할을 분담, 지속적 설득 △ 형식적 근무가 아닌 다른 관내 순찰차 협조를 통한 연락처 확보 등 적극적 근무 △ 국민생활 침해사범에 대해 엄격히 법률 적용하여 체포」라고 보고서를 작성해 보냈다. 서울청에서는 주민들 입장에서 잘 처리했다고 칭찬하며 반응이 좋다. 하지만 공사비도 못 받고 체포된 사람을 생각하니 마음은 여전히 뒤숭숭하다. '경찰 말 좀 믿고 들어주지. 내가 조금 더 기다려 줄 걸 그랬나? 하찮은 자존심 때문에 원칙대로 한다면서 오히려 내가 성질을 부린 건 아닐까?' 지구대 뒤편 공원을 혼자 걸으며 하늘만 바라본다.

7. 아파트 강제집행

하늘에 구멍이 뚫렸나 밤새 비가 정신없이 쏟아졌다. 아침이 되자 다시 맑아졌지만, 후텁지근한 날씨로 불쾌지수가 올라가면 사소한 짜증으로도 주먹을 휘두르고, 이상 행동을 하는 사이코들이 많아지는데…

출근하려니 다시 비가 내린다. 오늘 하루도 힘들겠다. 교통사고 현장에서 우산 쓰고 수신호를 할 수도 없고. 우비를 입으면 푹푹 찌는 습기와 푹 젖은 속옷. 생각만으로도 끔찍하다.

남편이 연락이 되지 않고 사무실에도 출근하지 않았다는 신고. 실종자의 휴대전화에 신호는 가는데 전화는 받지 않아 기지국을 확인한 후 비 맞아 가며 그 주변 모텔과 다세대 주택을 수색했지만 도저히 찾을 방법이 없다. 112신고 처리결과 안내 SMS시스템을 통해 〈귀하에 대해 실종신고가 접수되었습니다. 경찰이 휴대전화 위치추적을 하고 있으며, 주변을 수색하고 있습니다. 위급한 상황이 아니라면 전화를 받아 주시기 바랍니다.〉라는 문자를 발송한 후 3회에 걸쳐 전화하자, 남편이 전화를 받는다.

"죄송합니다, 게임 좀 하느라…"

말문이 막히지만 "실종신고는 사람을 찾는 것이 먼저니 저희가 어디

계신지는 묻지 않겠습니다, 사모님께 전화해서 안심시켜 드리세요." 5분 뒤 신고자인 부인이 남편의 무사가 확인되었다며 112신고를 취소하였다. 추리소설 같은 데서는 성인 남성의 실종은 자발적인 경우가 많다며 신고를 받아주지 않는 경찰을 욕하는 이야기가 많이 나오는데, 실제로 현실이 이렇다.

게임하는 남편 찾느라 온몸은 땀으로 범벅이 됐다. 나는 우산이라도 썼지만 젊은 경찰관 중에는 비를 다 맞아 머리부터 상하의가 홀딱 젖었으면서도 에어컨 켜놓으면 마른다며 웃는 친구도 있다.

사무실로 돌아와 얼음 띄운 커피믹스를 손에 들고 주차장에서 담배를 태우는데, 고층아파트로 출동했던 곽 경위로부터 전화가 왔다. 곽 경위는 이번이 첫 현장 근무다.

"팀장님, 법원 집행관이 강제집행을 하는데, 여기 사시는 분이 대검을 들고 소리를 지르고 있습니다."

"신고 내용은 뭐고, 현장에서는 왜 그런 다툼이 벌어졌나요?"

"거주하고 있는 분은 주거침입이라고 신고했고, 집행관은 공무집행방해라고 신고했습니다. 강제집행 결정을 받아서 딱지를 붙인다는데, 뭐가 뭔지 모르겠습니다."라고 하여 현장으로 나갔다. 옆에서 운전하는 젊은 친구는 대검도 들었다는데 강력반 출동을 요청해야 하지 않느냐며 걱정하지만 나는 말로만 듣던 최고급 아파트 안을 구경할 기회가 왔다는 생각에 그저 즐겁다.

현장 문밖에는 법원 집행관이 남자 한 명과 함께 서 있고, 열린 문 안쪽에는 화가 나서 소리를 지르는 굵은 목소리의 남성과 백 순경이 같이 있다. 이렇게 시끄러운데도 옆집은 구경하러 문을 열어보지도 않는다. 역시 이 동네는 남의 일에 관심이 없거나 참견을 싫어하나 보다.

현관 안으로 들어가자 런닝셔츠만 입은 70대 초반 남성이 항의하는 옆에서 부인이 남편을 말리고, 뒤에는 딸로 보이는 여성이 앉아 울고 있다. TV, 에어콘 등에 강제집행 딱지가 붙어 있고, 그 옆 벽에는 별 두 개 달린 육군 정복을 입고 긴 칼을 찬 남성의 사진이 걸려 있다.

일단 집행관의 이야기부터 듣기로 했다. 옆에 있는 남자가 채권자로, 어떤 여성에게 사업자금을 빌려주었는데 부도가 난 후 변제해주지 않아, 주민등록이 된 아파트에 강제집행을 한 거라고 설명한다.

이번에는 노인에게 가서 차렷 자세로 거수경례를 했다. "장군님, 제가 금일 신고 사건을 책임지는 팀장입니다."라고 하자 "지랄하지 마! 난 아무도 안 믿어! 여기 들어오려고 하면 가만 안 둬!"라고 소리를 지른다. "장군님, 퇴임 후 이런 일이 생기면 얼마나 상심이 크시겠습니까? 하지만 법을 대리하는 집행관의 업무를 방해하거나, 나중이라도 압류 표시를 떼어내면 또 처벌을 받을 수 있습니다. 어떻게 된 일인지, 장군님이 왜 이렇게 화를 내시는지 제가 알아야 해결할 수 있지 않습니까?"라고 했지만 나이 때문인지, 아니면 군에서의 명예가 더럽혀진 데 화가 난 것인지, 억울함의 절규인지, 장군님의 화는 가라앉지 않는다.

잠시 뒤 딸인 줄 알았던 여성이 울음을 멈추고 설명을 시작했다. 자신은 조카인데 사업이 부도난 뒤 힘들어하자 삼촌이 방이 남아 돈다며 집으로 오라고 해 작년부터 방만 사용하고 있는데 이런 일이 생겨 어쩔 줄을 모르겠다고 한다.

어, 뭔가 이상하다? 부동산 소유자도 아니고, 아무 권리자도 아닌 사람이 그저 살고 있다는 이유로 다른 사람 명의의 부동산에 대해 가압류를 한다고? 장군님은 이 아파트에 사신지 벌써 20년이 넘었다는데 말이다.

그 말을 듣고 집행관에게 법원 결정문과 관련 서류를 보여달라고 했다. 부도 난 조카가 10개월 전에 전입한 주민등록초본은 있지만 부동산 등기부등본은 없었다.

'이것들 봐라, 갈 곳 없는 조카를 받아 준 노인이 좋은 아파트에 사니까 압류를 하면 집안이 창피해서라도 돈을 대신 갚아줄 거라고 생각했나?' 집행관에게 혹시 법원이나 검찰에 근무했냐고 묻자 법원에서 30년간 근무하다 퇴직했다고 당당하게 말한다.

"그러면 민법을 잘 아시겠네요. 가압류는 법원이 채권자의 신청과 소명자료만으로 판단하기 때문에 채무자에게 압박을 가하여 변제를 촉구하는 수단으로 많이 사용되는데, 채무자가 아닌 다른 사람의 재산임을 알면서도 망신을 주고 압박을 가하기 위해 부당한 압류를 하면 오히려 채권자가 손해배상 책임을 져야 하지 않나요?"라고 하자, 집행관은 무슨 근거로 그런 말을 하냐, 경찰관이 법을 집행하는 집행관을 협박하는 거냐며 화를 낸다. 그에게 "채권자가 압류신청을 하면서 아파트의 부동산 등기부등본도 첨부하지 않았네요. 채무자는 고작 작년 10월에 전입했는데 저기 노인분은 20여 년 전부터 여기 살고 계셨으니 채권자는 이 아파트가 그 분의 재산임을 알면서도 압박을 가하기 위해 압류를 한 것 아닙니까? 압류를 계속하시면 저는 집주인에게 이 내용을 설명하고, 법원 집행을 빙자한 주거침입과 법원을 기망한 사기 혐의가 있는지 여부를 검토하겠습니다. 법대로 압류표시를 하려면 채무자 방에 있는 채무자 소유 물건만 하거나 그렇지 않으면 압류된 물건이 채무자의 소유라고 판단할 최소한 자료라도 있어야 하는데, 그런 자료도 없지 않습니까? 집행관님이 채권자의 담당 법무사와 어떤 관계인지 수사해보면 어떨까요?"라고 하자 집행관은 갑자기 입을 닫더니 채권자와 이야기하고, 누군가와 전화하더니 아무 말 없이 황급히 자리를 뜬다. 가면 간다고 말하고 가는 것이 예의 아닌가?

다시 노병 앞으로 가서 거수경례를 한 뒤, "장군님, 오늘은 더 이상 장군님 앞에서 무례를 범하지 않도록 조치했습니다. 일단 집행관과 조카님의 채권자가 철수했지만 압류 표시된 것을 떼면 문제가 될 수 있으니 그대로 두십시오, 저희는 물러가겠습니다!"

채무자 여성은 고맙다고 연신 고개를 숙인다.

"법무사 사무실에 가서 오늘 있었던 일을 설명하고 법원에 강제집행에 대해 이의신청을 하세요, 그래야 오늘 압류표시도 떼어낼 수 있습니다."라고 말한 다음, 그제야 비싼 아파트의 전경과 창밖의 전망을 보면서 순찰차로 내려올 수 있었다.

아파트 1층에서 캔커피를 하나 마시고 지구대로 들어오는데 직원들이 일어서서 "충성!!" 거수경례를 하며 박수를 친다. 어떤 놈이 집행관과 다투던 내용과 노병에게 예의를 갖추고 설명하는 모습을 영상으로 촬영해서 카카오톡으로 공유했다나? 짜식들!

타의에 의해 수사부서를 떠나 지구대에서 근무하지만 계속 연구하고 책을 봐야 할 것 같다. 그래야 현장에서 발생하는 어려운 사건에도 직원들이 주눅 들지 않고 팀장을 믿고 자신 있게 처리하지. 그러다 보면 이렇게 장난스럽게 경례도 받아 보고 웃을 일도 생길 것이다. 하하하!

2부 지금 우리는

1. 젊은이들의 사랑
2. 요즘 부부
3. 부모와 자식 사이
4. 이웃 사촌?
5. 술은 무죄 사람이 유죄
6. 강남의 룸살롱
7. 극한 직업... 그래도 감사한 하루

1. 젊은이들의 사랑

1. 스토킹이 사랑이라고?

'신당역 스토킹 살인사건', '데이트폭력 4년 새 두 배 증가' 등 언론은 연일 시끄럽고, 경찰청에서는 스토킹범죄와 데이트폭력 범죄에 대해 팀장이 현장에 직접 나가 적극적으로 사법처리하라고 독려한다.

나도 근무 시작 전 직원들에게 스토킹범죄에 대한 자료를 나눠주며 교육했다. 스토킹행위를 반복적, 지속적으로 해야 스토킹범죄가 된다는 차이점을 설명해 주고, 반복적, 지속적이라는 요건을 갖추지 못하면 스토킹범죄가 안 된다고 포기하지 말고, 경범죄처벌법상 불안감 조성 등으로도 처벌할 수 있다, 위험한 물건을 휴대한 스토킹범죄는 가중처벌되는데 만약 스토킹이라고 보기 어려우면 폭력행위등 처벌에 관한 법률의 우범자 조항으로 입건할 수 있다고 알려줬다.

하지만 현장의 상황은 법률만으로 해결되지 않는다. 스토킹범죄 신고로 출동했는데, 스토킹도 아니고 피해자가 처벌을 원하지도 않아 철수했지만 나중에 상대방이 신고에 대해 보복할 경우에도 비난은 경찰에게 돌아온다. 하지만 경찰은 슈퍼맨이 아니고, 이런 경우를 해결할 수는 없다. 우리 관내에는 이런 사건이 발생하지 않기만 기도할 뿐이다.

22:26경 〈남자 친구가 집에 들어와 폭행한다〉는 신고가 119를 거쳐 경찰로 통보됐다. '고급아파트 단지라 뭔 일이라도 생기면 언론에서 또 난리가 날 텐데'라는 생각에 2분 30초만에 현장에 도착해 1층 현관에서 초인종을 눌렀지만 내부에서는 아무 대답이 없다. 뒤이어 다른 순찰차가 도착하고 112상황실은 〈신고자가 119에 다시 전화하여 '남자친구는 이미 집을 나갔고, 아까는 무서워서 신고했지만 지금은 괜찮다'라며, 신고를 취소〉했다고 한다.

'뭔가 이상하다, 112가 아니라 119에 신고했다면 누군가 다쳤다는 건데, 이런 느낌은 틀린 적이 없는데…'

지구대에 그동안의 112와 119신고 이력을 확인해 보라고 하자, 신고자가 2개월 전 데이트폭력으로 신고한 이력이 있고 그때 상대방 남성을 체포했다고 한다. 이럴 때는 신고를 취소했더라도 일단 신고자를 만나봐야 한다!

112신고에 대한 보복으로 침입했을 수도 있다고 생각해 관리사무실로 뛰어갔다. 경비원의 협조를 받아 신고 아파트로 올라가 출입문을 두드리자 피해자가 나와서 무서워 신고했지만 오늘 폭행당한 사실은 없다고 한다. 하지만 눈을 마주치지 못하는 것으로 보아 분명히 뭔가 있다. 경찰이 빨리 도착했기 때문에 상대방이 도망칠 시간 여유는 없었다. 부하 직원은 아무 일 없다니 철수하자고 하지만, 일단 출입문 안쪽에 여경을 배치하면서 "뭔가 있으니 계속 말을 시켜보고 질문해 봐, 질문할 거 없으면 오늘 출근한 시간과 퇴근한 시간, 그동안 한 일이라도 물어 보며 시간을 끌어!"라고 지시한 뒤 1층으로 내려가 함께 출동한 직원들에게 내 의견을 제시했다.

"119에 신고했다는 것은 사람이 다쳤다는 거잖아요? 무서워서 신고한 것이지 〈오늘〉 폭행당하지는 않았다는 말은 집안에 누군가가 있어서 뭔가 겁먹을 행동을 하고 있다는 뜻이니 요즘같이 예민한 시기에 내부를 확인해 봐야 하지 않을까요?" 팀장이 문제점을 지적하니 모두 동의하여 다시 신고자의 집으로 이동했다.

신고자에게 "119신고는 부상을 입었다는 이야기이고, 신고에서 남자친구에게 폭행을 당했다고 스스로 말씀하셨고, 〈오늘은〉 폭행당하지 않았다는 것은 그동안 상습적으로 폭행 또는 협박을 당해 왔다는 뜻으로 판단됩니다. 〈오늘은〉이라는 말로 보아 내부에서 누군가 신고자에게 겁을 주는 것으로 보이는데, 경찰이 이런 사정을 확인도 안 하고 그대로 철수하면 직무유기가 됩니다."라고 설득하자, 여성은 한숨을 쉬며 수색에 동의했다.

내부를 확인하며 속으로 '집 크다, 여기 살면 우리 아들 녀석들한테 큰 방을 줄 수 있겠다.' 속물 같은 생각을 하며 장롱문도 열어보고 방마다 일일이 확인하다가, 맨 마지막 안방 화장실에 숨어있던 젊은 남자를 발견했다. 끝방으로 데려가 그동안 피해자를 왜 괴롭혔는지 물었지만 입을 꼭 다문 채 아무 말도 하지 않는다. 신고 여성 역시 아무 진술도 하지 않는다는 보고를 받고 보니 일이 쉽게 해결될 것 같지 않다.

피해자에게 가서 "〈오늘은〉 폭행당한 것이 없다고 했는데, 그렇다면 그동안 얼마나 피해를 입으셨습니까? 저희가 미리 예방을 했어야 하는데 죄송합니다. 그동안 많이 힘드셨죠? 가장 힘든 일은 뭐였죠?"라고 부드럽게 묻자 갑자기 눈물을 흘리기 시작한다.

두 사람은 3년 전 채팅어플(틴더)을 통해 만나 알게 된 명문대학교 선·후배 사이로, 연상인 피해자가 헤어지자고 했다는 이유로 남자가 1년 전부터 폭행을 계속했고, 외국계 회사인 피해자의 직장과 집을 찾아가거나, 피해자 가족들에게 2년간 문자를 50여회 발송하여 불안하게 만드는 등 스토킹범죄를 해왔다고 한다. 보름 전에는 피해자가 만나주지 않는다는 이유로 '섹스의 노예가 되어 직장 상사인 외국인과 바람 피운 것을 직장에 알리겠다'라는 문자를 발송하고, 그 후에도 "네가 죽는 것을 상상한다"

고 말하는 등 피해자를 협박했다는 진술을 확보한 후 곧바로 남자를 현행범인으로 체포해 지구대로 신병을 인계하였다.

하지만 언제든지 바뀔 수 있는 진술은 증거가 될 수 없어 최소한 자필 진술서와 협박문자 등 증거를 확보해야 해서 피해자에게 진술서 작성을 요구했다. 그러나 피해자는 손만 떨지 글을 쓰지 못한다. 왜 피해자가 눈물을 흘리고 손을 떨어야 하는 걸까?

"저 친구가 지금까지 처벌받은 경험이 없어서 계속 괴롭히는 겁니다. 한 번만 용기를 내주시면 다시는 그런 일이 생기지 않습니다. 스토킹 처벌법은 반의사 불벌죄이기 때문에 1심 재판이 선고되기 전까지 처벌불원서를 제출하면 처벌받지 않습니다. 사랑하는 마음을 악용해 사람을 괴롭히는 친구는 인생을 잘못 배운 것이니 선생님이 용기를 내 올바른 길을 가르쳐줘야 합니다. 힘드시겠지만 조금만 용기를 내주세요."라고 20여분간 설득하자 마침내 그녀는 진술서를 작성하기 시작했다.

가해자가 모든 사실을 부인하고 있어도 피해자 말이 사실이라고 믿고 수사해야 하는 상황이기는 하지만, 그래도 최소한의 증거가 필요하기에 문자 확인을 요청했다. 그녀가 보여준 휴대전화에서는 피해자가 충분히 공포를 느낄만한 문자가 확인되었다.

피해자 입장에서만 적극적으로 일을 처리하려다가는 엉뚱한 사람의 인권을 침해할 수도 있고, 피해자의 진술에 일관성이 없다고 의심만 하면 진실을 발견할 수 없다. 피해자는 상대방과의 관계가 외부로 알려지는데 두려움을 느껴 고민할 수 있고, 당황하면 일관된 진술이 어려울 수도 있다. 이렇듯 혼란스러운 상황에서 현장에서 급박하게 벌어지는 사건을 현장도착 후 2,30분 안에 판단하기는 정말 어렵다. 아무 일도 없다는 피해자 말만 듣고 그대로 나왔다가 더 큰 사고가 발생할지도 몰랐지만 그렇다고 피해자가 반대하는데 무작정 집안에 들어갈 수도 없다. 다행히 피해자를 잘 설득해 2년간 쌓여온 피해를 밝힐 수 있었던 것은 다행이지만 설득하지 못했을 때 경찰이 할 수 있는 일은 없다. 하지만 사고가 터지면 결국 비난은 경찰의 몫이다.

　지구대로 데려온 가해자와 커피 한 잔을 마시며 한참 동안 대화했다. 이 사람도 명문대를 다닐 정도의 지성인이고 인성이 나쁜 사람도 아니었다. 오히려 수년간 한눈팔지 않고 피해자만 사랑해 왔다. 다만 사랑은 상대방을 자유롭게 하는 것이지 속박하는 것이 아님을 몰랐을까? 자기 몰래 휴대전화 문자를 삭제하는 모습을 몇 번 보면서 바람을 피운다고 의심해 몇 번 다투었고, 오늘도 자기 몰래 카톡 문자 지우는 것을 보고 다투다가 밀었을 뿐이라고 말한다. '너 전에도 폭행했잖아? 니 남편이냐? 설사 니 마누라라도 문자를 지우든 말든 니가 무슨 상관이야? 넌 그따위를 사랑이라고 변명하는 거냐?'라고 소리치고 싶지만 참았다. 하긴 사랑이 지나치면 소유욕이 되는 거니까.

이렇게 고민고민하면서 사건을 처리해도, 뻔한 결과가 반복될 확률이 90% 이상이다. 이렇게 관계가 오래된 사람들은 길어야 2~3주 안에 처벌불원서를 작성해서 제출한다. 그리고 서로 미워하고 사랑하기를 반복한다.

2. 한 번은 스토킹이 아니잖아요?

코로나로 줄어들었던 신고가 다시 늘기 시작한다. 보름 전 관내에서 발생했던 청부납치 강도살인 사건으로 들썩이던 언론사들도 살인을 청부했던 부부가 송치되자 조용해졌다. 10시가 넘어서 이번 사건을 담당했던 강력팀의 베테랑 경위가 술에 취해 전화한다. "계장님, 고맙습니다. 형님이 아니었으면 이번에 우리 다 죽었습니다. 그런데 왜 지구대에 계십니까? 다시 수사하시면 안 됩니까? 계장님이 일 다 해 놓고도 조용히 계시니 후배들은 제가 왜 형님한테 꼼짝 못하는지 알겠다고..." "야, 형님이면 형님이고, 계장님이면 계장님이지, 호칭 하나로 통일해. 니가 이제는 살만한가 보구나?" 하자, "예, 보름간 집에도 못가고 잠도 제대로 못잤습니다, 호칭이 뭐가 중요해요?" 한다. "그래, 알아주니 고맙다. 내가 해줄 수 있는 건 고생했다는 말밖에 없다. 나는 그냥 가만히 내버려 두면 알아서 잘 하는데 꼭 우리에 넣고 가두려고, 길들이려고 드니 문제지. 지금 신고 많이 떨어지니까 나중에 전화하자."라고 전화를 끊고 나만의 공간인 지구대 뒤쪽 주차장으로 커피를 한 잔 타들고 나가 하늘을 바라보며 조용히 담배 한 대를 태운다.

신이 주신 내 달란트는 여기까지인지도 모르지. 이젠 나이 들고 체력도, 열정도 떨어진 늙은 경찰일 뿐이니... 혼자만의 시간을 즐기는데 전화벨이 울린다. 시보 기간이 조금 지나 열정과 질문이 넘치는 유 순경의 전화다.

"팀장님! 하나만 여쭈어 보겠습니다. 112신고를 받고 왔는데, 1년간 사귀던 남자친구에게 오늘 아침 헤어지자고 했더니 술을 먹고 집으로 찾아와서 만나주지 않으면 죽어버리겠다고 소리를 지르고 행패를 부려서 여자가 무섭다고 신고했습니다. 현장에 도착해 보니 신고자의 집은 출입문이 두 개인데, 첫 번째 문은 통제장치 없이 그냥 손으로 밀면 열리는 문으로 안으로 들어가면 작은 로비가 있고, 로비를 지나면 출입문이 또 있는데 여기는 호수와 비밀번호를 눌러야 열립니다. 남자는 첫 번째 출입문을 통과해 두 번째 출입문 앞에 서 있어서 밖으로 나오라고 하자 내가 무슨 잘못을 했느냐, 내가 왜 나가야 하느냐, 안 나갈 거다, 당신들이나 나가라면서 거부하고, 이름과 전화번호를 알려달라고 해도 안 알려주면서 스토킹법으로 처벌하려면 반복적으로 찾아와야 하는데 나는 오늘 처음 찾아왔으니 죄도 안 되는데 왜 내 이름과 전화번호를 알려고 하느냐, 경찰들은 법도 모르냐, 그렇게 무식하니 대접을 못받는 거라면서 비아냥거립니다. 저는 주거침입죄로 체포하고 싶은데, 조장님은 참으라고만 하니 어떻게 해야 하죠?"

 언제나 현장의 의견이 우선이라는 것이 내 소신이지만, 이렇게 현장 출동 경찰관끼리 의견에 다툼이 있을 때는 내가 직접 현장을 보고 판단하는 것이 옳다. 현장에 갔더니, 출입문 안에서 남자는 제발 나오라는 경찰관의 사정에도 나오지 않고 버티고 있었다.

 조장인 부산 사나이 김 경사에게 "저런 식으로 계속해서 버티며 신분증 제시를 거부하고 있으면 주거침입으로 체포할 수 있지 않느냐?"라고 묻자 "공동주택의 공동현관에 출입하는 경우에도 거주자가 비밀번호를 출입문에 입력하여야만 출입할 수 있거나, 외부인의 출입을 통제하기 위해 경비원이나 관리인이 있는 등 사정이 존재해야 주거침입이 될 수 있다는 판례도 있고, 현관 출입문 하나만 열고 들어갔는데 주거침입으로 체포하면 젊은 친구 인생이 어떻게 되겠습니까? 실제로 아직 아파트 안으로 들어간 것도 아니고..."라고 머뭇거린다. 심야시간인데 해결이 안 되면 저렇게 계속 둘 거냐고 묻자 그래도 젊은 친구를 체포하는 것은 부담스럽다고 한다.

전화했던 유 순경은 반대 의견이다. 남자가 술은 먹었지만 오늘 처음 찾아왔으니 스토킹범죄도 아니라고 소리치고, 이름과 전화번호를 알려달라고 해도 경찰들은 법도 모르냐면서 경찰의 조치에 불응하며 버티니 원칙대로 처벌하는 것이 맞다는 의견이다.

김 경사가 인용한 취지의 대법원 판례도 있기는 하니 완전히 틀렸다고 말할 수는 없지만, 경찰관이 출동해서 신고 내용을 조사하는데 신분조차 밝히기를 거부하며 심야시간에 여러 세대가 거주하는 곳에서 소란 피우는 모습을 그대로 놓아둘 수도 없다. 하지만 이 사태를 내가 직접 처리하면 김 경사의 유 순경에 대한 선배로서의 자존심이 무너질 수도 있으니 그것도 배려해야 한다.

김 경사를 조용히 한쪽으로 불러 하나의 판례만 보지 말라고 말했다. 공동주택 주차장을 이용할 수 있다고 허락받은 사람이 관리인의 지시에 따르지 않아 주차장 출입이 금지되자 이에 반발해서 주차장에 들어간 행위에 대해 건조물침입죄를 인정한 대법원 판례와 다른 주택을 방문하면서 인근 공동주택 주차장에 차를 세워둔 후 이동주차하라는 연락을 받고도 이동하지 않은 데 대해 건조물침입죄를 인정한 판례를 보여주었다. 심야시간인 점, 방문 목적이 스토킹인 점 등을 종합하면 건조물침입죄로 체포는 할 수 있다. 하지만 마음이 그렇게 안 좋으면 좀 가볍게 경범죄처벌법 불안감조성으로도 체포할 수 있지 않느냐? 경미사건이기는 해도 인적사항과 주거지를 밝히지 않으니 형사소송법 제214조에 따라 체포는 가능하고, 나중에 지구대에서 신분을 밝히면 그때 가서 석방하고 즉결심판을 청구하면 된다고 말하자 김 경사는 고개를 끄덕인다.

김 경사가 남자 앞으로 가서 건조물침입죄가 되는 이유와 헤어지자고 했는데 이렇게 집 앞에 와서 소란행위를 피우는 등 불안감을 주는 행위에 대해 현행범인으로 체포될 수 있다고 고지했지만 젊은이는 계속 소리만 지른다. 김 경사는 더 이상 참지 못하고 경범죄처벌법상 불안감 조성과 건조물침입죄 범죄사실 및 변호사 선임권 등 피의자의 권리를 고지하고 저항하는 젊은이를 체포했다. 지구대로 연행된 남자는 끝까지 신분을 밝히지 않고, 누군가에게 전화해 상황을 설명한다. 30여 분 뒤 지구대 앞에 차가 하나 선 후 안으로 들어온 형으로 보이는 남성은 아무 말 없이 김 경사의 설명을 듣더니 바로 고개를 숙이며 "선생님 한 번만 살려주십시오.

이 놈이 철이 없어서 그렇습니다."라고 용서를 빈다. 계속해서 큰소리만 치던 젊은이는 그제서야 조용해지면서 자기 신분증과 휴대전화를 내놓는다. 형은 제발 형사처벌을 받지 않도록 해달라고 용서를 빌면서 눈물까지 보인다.

김 경사는 나와 그 형을 번갈아 보면서 어쩔 줄을 몰라해, 내가 형을 내 자리로 불러 젊은이와의 관계를 물었다. 형처럼 보이던 사람은 작은 아버지였다. 젊은이는 아버지가 돌아가시고 홀어머니와 사는 대학원생이라고 했다. 일단 신분을 밝히지 않아 체포되었지만, 전과가 없고 지금이라도 신분을 밝혔으니 바로 석방하겠다, 하지만 범죄사실을 인정해야 하고, 오늘이 처음이기 때문에 스토킹범죄는 되지 않지만 다시는 피해자를 스토킹하지 않겠다는 반성문을 쓰고, 신고자로부터 처벌을 원하지 않는다는 처벌불원서를 받으면 경미하게 처벌받을 수 있다. 경미범죄심사위원회라고 경미한 범죄에 대해 심판하는 내부절차가 있으니 이 절차를 이용하면 전과가 남지 않을 수 있다고 설명해 주니, 고맙다고 크게 허리까지 숙이며 인사를 한다.

그제서야 젊은이도 눈물을 흘리며 "죄송합니다, 잘못했습니다, 너무 사랑하는데 왜 저를 갑자기 떠나는지 이해가 되지 않아 제가 모든 것을 고칠 테니 제발 옆에만 있어 달라고 사정하러 갔었습니다, 계속 괴롭힌 것이 아니라 이렇게 처벌받을 줄은 몰랐습니다."라면서 용서를 빈다.

하지만 일단 현행범인으로 체포하겠다고 고지하고 체포한 것은 법률 절차에 따라 강제수사에 착수하여 대상자의 자유를 빼앗은 것이므로 취소할 수 없고, 체포된 사람을 석방하는 경우 검사에게 보고하여야 한다. 예외적으로 체포된 사람에 대해 즉결심판을 청구할 수 있지만 범죄사실을 인정하는 등 다툼이 없어야 하고 선고형이 20만원 이하의 경미한 범죄에 한하며, 이 역시 즉결심판 청구서를 첨부하여 검사에게 보고하여야 한다. 즉 체포도 함부로 할 수 없지만 일단 체포한 뒤에는 뒤처리도 함부로 할 수 없다.

현장에서 경찰관의 요청에 따라 줬으면 좋았을 텐데, 왜 사람들은 경찰이 현장에서 설명하면 듣지 않을까? 하긴 법원에서 판결한 것도 항소하고 대법원까지 가서 유죄가 선고돼도 억울하다고 말하는 사람들이 많은 나라니까. 경미범죄심사제도도 재범의 우려가 있는 스토킹에는 해당되지 않고, 경범죄는 벌금이 작아도 전과로 남는데…

석방된 젊은이는 또 여자친구를 원망하겠지? 별일도 아닌데 애인이었던 사람을 신고까지 할 수 있냐고 원망하면 안 되는데, 이런저런 고민을 계속하고 있는데 김 경사가 커피 두 잔을 타서 옆으로 온다.

"팀장님 죄송합니다, 제가 바로 체포했으면 신경 쓰지 않으셔도 됐을 텐데."라며 얼굴을 바라보지 못한다. "야! 커피는 진작 타왔어야지! 그래도 당신같이 현장에서 젊은 친구의 인생을 고민하는 사람이 있다는 것이

고마워! 요즘 지구대는 검거실적 따지지 않는데 사람들은 우리가 실적이나 올리려고 체포하는 줄 알지, 이렇게 고민하는지는 모르잖아!"

3. 근육질의 남자

원하는 인사가 되지 않았다고 기가 죽어 있는 직원, 원하는 대로 가게 되었다고 좋아하는 직원, 수사하던 사건에 대한 미숙한 대처가 언론에 보도되자 팀이 공중분해되면서 원하지도 않는 지구대로 강제 발령 났지만 인사에 대한 불만조차 표현 못하고 침묵하는 직원들까지 이번 인사에 대한 희비는 다른 어느 때보다도 분명해 보인다.

원하지 않은 발령을 받은 직원들은 "팀장님! 그냥 봉급쟁이니까, 정말 봉급 받는 만큼만 일하란 뜻인가요?"라고 하소연하고, 나름대로 열심히 일했지만 상사와의 다툼 때문에 발령이 난 직원은 "그릇 닦는 놈이 그릇도 깨는 건데... 봉급 받는 수준을 넘어 너무 설치면 징계를 받는다는 우스갯소리도 있는데 그래도 징계는 안 받고 지구대로 나왔습니다."라며 씩씩하게 인사한다. 그런 친구들을 위로해주다 보니 예전에 감찰 조사와 수사를 받던 때가 생각나 그들의 아픔이 더 잘 이해된다.

그냥 재미있게 근무하자~ 파이팅! 하루 지나면 많지는 않아도 봉급이 나오고 명세표에 찍힌 금액을 보며 또 한 달을 기다리면서 60세까지 근무하는 재미도 있다.

오늘은 일요일이니 조용하겠지~ 기대가 물 건너갔다는 것은 초저녁부터 떨어지는 112신고와 택시기사가 지구대에 내려놓고 가는 만취자 숫자에서 확인된다.

23시가 넘고 찬바람이 불기 시작하면서 112신고도 뜸해지는 것으로 보아 오늘도 무사히 끝나는구나 생각했는데 00:02경 위~잉 소리와 함께 112신고 시스템에 빨간불이 깜빡거린다. CODE-0 사건으로 〈골목길에서 사람을 때리고 있는 것 같다/남녀가 싸우는 것 같다/여성을 심하게 때리고 있다〉라는 신고가 떨어지고, 계속하여 〈남성이 여성의 상체를 벗기고 때리는 것 같다/둘 다 검은 옷을 입었는데 많이 취해있다/남성은 다른 곳으로 이동하려고 한다〉는 신고가 접수되면서 112상황실부터 난리가 났다.

주변에 있던 순찰차 2대가 먼저 출동하는 와중에 허위신고 아닐까 싶어 신고자에게 전화해 보니 젊은 남성이 내용을 명확히 설명하는 것을 보니 빨리 출동해야 할 사건이다. 싸이렌을 울리며 정신없이 달려 현장에 도착하는데 상황실에서 순찰차 뒤쪽 골목이 현장이라는 신고가 들어왔다는 연락이 온다. 하지만 뒤쪽 골목이 한두 개도 아니고 어디인지 알 수 없다. 순찰차마다 구역을 나누어 주변 골목, 빌딩, 다세대 주택 뒷공간과 계단을 수색시켰지만 싸우는 남녀나, 상의가 벗겨진 여성은 발견되지 않는다. 신고자에게 다시 전화하니 가해자는 검정색 배낭을 메고 빵모자를 착용했다고 한다. 일부는 도보로, 1대는 큰길을 진행하며 다시 수색했지만 발견되지 않는다.

여성을 상의까지 벗겨가며 폭행했다면 반드시 찾아야 하는데 강력반, 여청팀까지 현장에 출동해 수색하는데도 20여분이 넘도록 발견되지 않으니 불안감이 든다.

그때 순찰차로 주변을 수색하던 직원들로부터 큰길 옆 편의점으로 와달라는 무전이 왔다. 편의점에는 긴 머리에 검정색 오리털 파카를 입은 여성과 검정색 배낭에 빵모자를 쓴 근육질의 남성이 앉아 있다. 분리조사를 했으나, 피해자로 추정되는 여성은 아무 말도 하지 않고, 근육질의 남성은 둘이 동거하는데 생활비 문제로 다투었을 뿐이라고 한다. 하지만 목격자는 여성의 상의가 벗겨진 채로 폭행을 당했다고 하고 피해자가 진술을 하지 않는 상황에서 남성의 진술만으로 종결할 수는 없어 신분증 제시를 요구했다. 신분증을 소지하지 않은 피해자는 주민등록번호를 불러주어 확인했지만 남성은 신분증 제시를 완강하게 거부한다. 의심이 커지면서 남성에게 그렇게 되면 폭행죄의 현행범인으로 체포하겠다고 고지했다. 남성이 2~3분간 소리를 지르며 저항하다가 결국 제시한 운전면허증을 본 순간 우리는 충격을 받았다.

근육질 남성의 주민등록 뒷번호가 2자로 시작되고 있었기 때문이다.

잠시 생각을 정리해 보자. 일단 인상착의가 동일한 것으로 보아 분명히 이 사람들이 맞는데, 남성이 여성을 폭행한 것이 아니라 여성이 여성을 폭행했다면 여성 피해자의 옷을 벗겼다는 신고는 어떻게 된 것일까?

두 사람을 분리해 신고 내용을 설명하면서, 왜 옷을 벗기고 폭행했는지 묻자 근육질의 여성은 자신은 운동을 하면서 근육을 키우기 위해 호르몬 주사를 맞고 있을 뿐 여성이 분명하고, 둘이 서로 사랑해 동거하는 사이다, 같이 술을 마신 뒤 생활비 문제로 다투다 화를 참지 못해 스스로 상의를 벗어 바닥에 던졌을 뿐, 상대방의 옷을 벗긴 적이 없다고 말한다. 피해자 여성의 말도 동일한데다 몸에 상처도 없고, 옷에 아무런 손상도 없는 것을 보니 사실인 듯하다.

짧은 머리에 빵모자를 쓴 근육질 여성을 가로등 불빛 아래에서는 남성으로 착각할 수도 있고, 스스로 옷을 벗어 던진 것을 옷을 벗기며 폭행하는 것으로 오해할 수도 있겠다 싶었다. 두 사람에게 심야 시간에 소리 지르며 싸우면 경범죄처벌법으로 처벌받을 수 있고, 상처가 없더라도 폭행죄는 가능하다고 설명했다. 두 사람은 설명을 들으면서도 자신들은 서로 사랑하는 사이로 처벌을 원하지 않는다며 손을 꼭 잡고 붙어 있다.

세대차이인지 나는 동성간의 사랑이 아직 익숙하지 않다. 저 사람들은 가족, 친구들, 세상의 시선을 극복하기 쉽지 않을 텐데... 출동한 강력팀 형사들도 나와 비슷한 충격을 받은 듯하다. 그래도 남성이 여성을 폭행하며 옷을 벗긴 사건이 아닌 것은 다행이다.

4. 몰카를 찾아라!

　더운데 날씨는 흐리고, 내일부터 전국적으로 비가 온다는 예보 때문인지 불쾌지수가 높다. 청에서는 팀장 중심으로 모든 사건을 처리하라고 하지만, 정작 팀장이 현장에 출동해 사건을 지휘하려 하면 일일이 무전으로 물어보며 간섭한다. 거기 대꾸하다 보면 상황 처리는 맥이 끊기고 현장 보안도 이루어지지 않는다. 현장에서 수사를 제대로 해본 것도 아니고 법률을 정확히 아는 것도 아니면, 현장을 믿고 맡겨둬야지 왜 자꾸 간섭인지 모르겠다. 상황보고가 늦어지는 건 나름대로 이유가 있어서라고 믿고 기다려줘야 하는데 현장 상황은 모르면서 대본대로 매뉴얼만 읽으면서 보고만 독촉하니 사건이 제대로 처리될 수 있을까? 예전 같으면 상소리가 나왔겠지만 그래도 이제는 무전으로 뭐라고 떠들든 말든, 큰 잘못만 아니면 그냥 몇 번까지는 참는 내 모습을 보면서 나도 뒤늦게 성숙해지는 것인가 하고 스스로를 위안한다.

　23:10경 지구대 건너편 모텔촌 안의 모텔에서 〈몰카를 신고한다/상대가 찍고 있다/폭행은 당하지 않았다〉는 112신고가 문자로 접수되었는데, 통화를 못하는 걸 보면 급박한 상황일 수도 있다는 CODE-0 사건이 발생해 현장에 출동했다.

　객실 방문을 두드리자 남자 하나가 잠시 기다리라고 하더니 옷을 입고 문을 열어준다. 신고자로 추정되는 여자는 침대 한쪽에 앉아 있다. 여자는 화교인데 두 사람은 채팅 어플로 만나 저녁을 먹은 뒤 마음이 맞아 성관계를 하기로 하고 모텔로 갔다고 한다. 여자가 샤워를 하고 나오다 느낌이 이상해 쳐다보니 벽 구석 실내등 쪽에 남자가 휴대전화를 올려놓고 자신이 샤워하고 나오는 모습을 찍고 있었고, 성관계 모습도 찍으려고 했던 것 같다. 영상을 인터넷으로 유포하면 어떻게 하나 걱정이 되어 신고했다면서도 여자에게서 무서워하거나 걱정하는 표정은 전혀 없다. 어쩐지 선수 같다는 느낌이 든다. 반면 남자는 집이나 친구, 동료들로부터 전화가 올 수도 있어 휴대전화를 침대 끝 쪽에 올려놓은 것은 사실이지만 동영상 촬영 사실은 없다고 부인한다.

몰카 신고는 영상이 확인되지 않는 이상 모두 부인하니 전화기부터 확인해야 한다. 남자의 동의를 받아 확인한 전화기에 동영상은 전혀 없었고, 카카오톡 등으로 동영상을 전송한 내역도 확인되지 않았다. 다른 휴대전화가 있을지 모른다고 의심했지만 가방은 물론 방 안팎을 다 뒤져도 다른 전화기는 없었다.

그냥 마음이 맞았다는 진술과 달리 대가성 성매매였는지는 나중에 수사해도 될 문제이지만 몰카 신고는 현장에서 증거를 찾아내지 못하면 그냥 끝이다. 하지만 채팅사이트에서 만나 성관계를 위해 모텔로 왔다는 변명은 거의 확실한 거짓말이니 성매매로 처벌받을 수도 있는 상황에서 신고를 했다면 틀림없이 무언가를 봤기 때문이지 근거가 없지는 않을 것이라는 생각에 다시 출입구부터 순서대로 뒤지기 시작했다. 방 한쪽 구석에 있는 옷걸이를 치우자 그 뒤쪽 방바닥이 불룩하게 튀어나와 있다. 들춰보니 휴대전화가 있다. 남자는 채팅 전용으로 사용하는 전화기인데 창피해서 숨겨두었다고 말한다. 비밀번호를 풀고 전화기를 열어 검색했지만 동영상은 발견되지 않는다. 그러나 전화기 휴지통을 열어보니 삭제된 동영상과 사진 파일이 들어있다.

복원된 동영상은 신고 내용과 같이 샤워하고 나오는 모습을 몰래 촬영한 영상이었다. 그 외에도 수많은 사진과 영상이 확인되는데 열어보니 다운받은 것이 아니라 모두 남자가 직접 찍은 것들이다. 남자는 일단 카메라이용촬영죄의 현행범인으로 체포하고, 휴대전화는 피의자가 확인해보라며 임의제출한 것이니 임의제출물로 압수했다. 이럴 때 법을 몰라 제대로 된 압수절차를 밟지 않으면 휴대전화를 증거로 쓸 수 없는 사태가 벌어질 수 있으니 조심해야 한다.

지구대로 돌아와 사진과 영상을 일일이 확인하니, 각기 다른 여성과 성관계하는 장면을 촬영한 영상만 10개가 넘고, 사진은 2,000장이 넘는다. 남자는 기념으로 촬영했을 뿐 인터넷을 통해 유포한 적은 없다고 변명하지만, 촬영용 휴대전화를 별도로 준비해 구석에 몰래 숨겨놓고 영상을 촬영한 걸 보면 변명을 믿어주기는 어렵다. 현행범인으로 체포된 범죄사실은 오늘 촬영한 사실 뿐이므로 영상 10개 중 오늘 촬영된 영상만 증거로 쓸 수 있다. 나머지 영상과 사진은 피의자가 자발적으로 제출하면 증거로 쓸 수 있지만 그럴 가능성은 없다. 사건을 넘겨받은 수사팀이 다시 압수영장을 발부받아 내용을 확인하고 수사를 확대하지 않는 한 지구대에서 내가 할 수 있는 일은 없다. 남자는 휴대전화를 돌려달라고 요구하는데, 수많은 여성이 피해를 입은 것이 분명한 사건에서 1건만 처벌하겠다며 휴대전화를 돌려 주면 즉시 나머지 증거는 인멸될 것이 뻔하다. 형사소송법을 그대로 적용하면 영장이든, 임의제출이든 압수 목적이 달성된 후에는 압수물을 돌려줘야 하고, 체포와 관련된 영상 외의 다른 영상은 압수하거나 증거로 사용할 수 없다.

하지만, 임의제출물이라 해도 압수된 물건은 피해자의 물건이 아니면 검사의 지휘를 받아야 하기 때문에 반환해 주지 않았고, 피의자의 휴대전화에서 다른 영상들이 발견되니 사후영장을 신청하여 휴대전화에 들어있는 영상을 확인하고 포르노 사이트 유포 등에 대해 추가 수사할 필요가 있다는 내용을 수사보고서로 작성하여 수사팀이 보게 한 후 본서로 증거물을 인계했다. 법 절차는 모두 지켜야 하지만, 그러다가 조금만 실수하면 불법 압수수색이 되어 증거를 모두 잃어버릴 수도 있으니 어렵다, 어려워!

뭐 이렇게 압수 절차를 복잡하게 만들어 놨는지 모르겠다. 현행 압수 절차는 폭력 사건의 흉기, 절도죄의 범행도구, 피해품 같은 전통적 범죄에 대해서는 명확히 적용이 가능하지만 과학의 발전에 따라 쉴 새 없이 신종 수법이 출현하는 정보통신이나 금융산업 분야의 보이스피싱, 성폭력, 카메라이용촬영죄 등에서 영상정보, 휴대전화, 컴퓨터 등 증거물의 압수 절차는 일반적인 절차와 달라 잠시라도 공부를 쉬면 새로운 해석과 판례를 따라가기 어렵다. 압수물에 문제가 생기지 않도록 형사소송법과 판례 공부를 꾸준히 해야겠다.

5. 라이브 성추행 방송

어제까지 비가 종일 왔으니 오늘은 조용하겠지?

주간근무라서 아침 일찍 출근했다. 강남 한복판에 있는 지구대의 특징상 소유권과 점유권, 권리의 목적이 된 물건에 대한 다툼으로 인한 신고가 많기 때문에 근무 전에 시간을 내서 재물손괴죄와 권리행사방해죄에서 타인의 점유, 권리의 목적물, 취거, 은닉, 손괴, 기타의 방법의 의미를 설명한 대법원 판례를 정리하고 일선에서 자주 발생하는 신고 사건에 대한 사례별 대응방법을 교육자료로 만들어야겠다는 생각으로 대법원 판례를 열심히 정리하다가 근무를 교대한 순간 "에~앵"거리며 112시스템이 요란을 떨고 모니터에 빨간 불이 켜지면서, CODE-0로 〈**여성이 감금/정확한 장소는 모른다. 2층 아니면 3층/성추행도 당했다**〉라는 신고가 떨어졌다.

최근 묻지마 사건이 자주 일어나 근무의 긴장도가 높아졌고 역삼동에서 청부납치로 인한 강도살인사건도 있었기 때문에 112상황실은 팀장이 출동해서 현장지휘를 하라고 하면서, 강력팀, 여성·청소년팀도 즉시 출동하라고 지시했다.

신고현장 주변에 있던 순찰차 2대를 먼저 출동시키고, 나도 순찰차를 몰고 지구대를 나섰다. 하지만 급한 마음과 달리 출근시간의 도로는 길을 열어주지 않는다. 할 수 없이 늘 하듯이 동승한 직원더러 도로를 정리하라고 해 이면도로로 들어선 후 일방통행로를 역주행하며 현장을 향해 달려갔다. 늘 그렇지만 직원들은 내 운전에 별로 마음이 편하지 않은 모습이다. 조수석 손잡이를 꽉 붙잡고 있는 손에 핏줄이 올라있는 채로 "팀장님, 이렇게 일방통행로를 거꾸로 달리다 갑자기 튀어나오는 차라도 있으면 팀장님이 사고를 책임져야 합니다. 좀 천천히 가면 안 될까요?" 하며 내 안전을 걱정해 준다. 목소리가 살짝 떨리는 듯도 하지만 너도 현장에 급히 가고 싶은 마음이 나와 같아서 그런 거겠지 하는 생각에 "몇 분, 아니 몇십 초 차이로 우리가 피해자를 구할 수도 있는 거니까 좀 빨리 가자."라고 답해준다.

신고현장은 다세대 주택 밀집 지역이라 기지국만으로는 현장을 찾기 어려워 이미 도착한 순찰차는 주택을 일일이 확인하고 있었다. 잠시 후 현장을 찾아내서 출동 경찰관 6명이 3층으로 올라가 초인종을 눌렀다. 헐렁한 반바지와 티셔츠를 입은 여성이 문을 열어주며, 자기가 추행을 당했다고 신고했고 남자에게 휴대전화를 빼앗기고 감금당했다고 말한다. 추행도 당하고 휴대전화도 빼앗겼다는데 어떻게 신고를 했다는 건지, 감금당한 사람이 문은 어떻게 열 수 있었는지 좀 이상했다.

집 안으로 들어가자 탁자 위에는 불어터진 라면이 든 냄비와 빈 소주병 2병, 맥주병 1병이 있고 남자 한 명이 그 옆 보조 의자에 앉아 있다.

신고자는 순찰차로 보내 피해 경위에 대해 진술을 청취하도록 하고, 남자에게는 신고자를 알게 된 경위와 다세대 주택으로 온 과정 등을 물었다. 남자는 친구와 함께 신사동 클럽에 갔다가 신고 여성을 포함한 여성 3명과 만나 2차, 3차까지 술을 마셨고, 자신이 인터넷 방송의 유명 BJ라고 하자 신고자가 방송을 구경하고 출연도 하고 싶다면서 제 발로 집에 온 것이라고 말한다. 감금이나 추행한 사실은 없고 둘이 방 안에 있는 상황을 그대로 인터넷으로 방송했다면서, 신고자가 오히려 또라이라고 말한다.

남자가 보여준 인터넷 방송 영상에서 신고자는 우리에게 출입문을 열어줄 때의 입었던 옷을 그대로 입은 채 남자와 포옹이나 키스, 애무 등을 하면서 애정을 표현하고 있었다.

남자를 놔두고 다시 신고자에게 가서 방송 내용을 알려주면서 신고 현장으로 간 경위를 물었다.

신고자는 술에 취해 정신이 없는 상태에서 남자가 휴대전화를 빼앗더니 그냥 자기 집으로 끌고갔다, 무슨 일이 있었는지 정확히 기억나지는 않지만 입고 있는 옷도 내 옷이 아닌데 남자가 갈아입힌 것 같다고 말한다. 하지만 영상에서는 남자가 "자기야 가지 말고 여기 있자"라고 말하며 팔을 잡아끄는 정도지 별다르게 강압적인 행동을 하는 장면은 보이지 않는다.

두 사람 모두 진술서를 쓰게 한 후 현장 부근 편의점 앞에 서서 회의를 했다. 나와 같이 영상을 봤던 직원들은 모두 2시간 이상 방송된 내용을 보니 감금죄나 추행죄가 되기는 어렵다는 의견이었다. 그런데 뒤늦게 도착한 순찰차의 직원이 요즘 여성들과 관련된 사건은 웬만하면 피해자 관점에서 처리해야 하는데, 죄가 안 된다고 하면 민원을 제출하고 난리가 날 수도 있으니 웬만하면 발생 보고는 해 보자는 의견을 냈다. '너도 영상 봤으면 그런 얘기 못할 걸?'이라고 말하려다가 혹시 내가 판단을 잘못했을 수도 있다는 생각에 영상을 다시 꼼꼼히 확인하기로 했다.

우선 남자의 동의를 얻어 임의동행 형식으로 지구대로 데려왔다. 지구대에서 영상을 다시 자세히 보니 112신고 30여 분 전부터 촬영하던 카메라가 다른 방향으로 돌아가 있기도 하고, 영상이 편집한 것처럼 연결이 매끄럽지 않은 사실이 발견됐다.

신고자에게 갔다.

"경찰관이 최초 수사를 시작할 때는 피해자의 입장에서 출발하니 피해자의 주장을 정확하게 파악해야 합니다. 신고자께서는 처음부터 남자가 휴대전화를 빼앗고 끌고 왔다, 성추행을 당했다고 하지만 영상을 보면 카메라를 바라보면서 서로 끌어안고 농담도 하고, 키스하거나 몸을 만지는 등 애정 표현하는 모습이 있는데 신고자가 판사님이라면 이런 모습을 보고 추행이라고 할 수 있을까요? 본인의 감정이나 느낌 말고 실제로 있었던 일 중 정확하게 기억나는 것만 솔직하게 말씀해 주세요, 그래야 저희가 나쁜 놈을 제대로 혼낼 수 있잖아요."라고 말했다.

신고자는 울면서 "어떻게 이 집으로 왔는지는 정확하게 기억이 나지 않고요. 휴대전화는 감췄다가 돌려줬고, 문을 잠그지는 않았지만 집에 가지 말라면서 옷을 갈아입으려는 저를 말리다가 강제로 끌어안고 키스를 해서 제가 화를 내기도 했는데 이런 게 추행이나 감금죄가 안된다는 건가요?"라고 묻는다.

그러니까 실제로 있었던 일을 정확히 알아야 한다고 말하면서 카메라가 돌아가 있는 부분부터 영상이 끝날 때까지 보여주고 언제 집에 가고 싶다고 말했는지 물었다. "계속 제 몸을 만지는 게 기분 나빠서 9시쯤 집에 가겠다고 했더니 다시 휴대전화를 감추면서 집에 가지 말고 더 있자며 제 몸을 강제로 만졌는데, 휴대전화 없이는 집에 갈 수도 없어서 참다가 112신고를 했습니다."라고 말한다. 신고자가 말한 아침 9시는 112신고를 하기 약 20분 전이었다.

화면이 돌아가 있는 부분을 보여주면서 집에 가겠다고 한 것이 이때냐고 묻자 "이때는 싫다고 피하는 저를 끌어안고 몸을 만질 때인 것 같아요"라고 하고, 영상이 끊어져 있는 부분을 보여주자 "제가 집에 가겠다고 하자 휴대전화를 안 주면서 싫다는 저를 껴안고 몸을 만졌습니다."라고 말한다.

촬영이 되지 않은 사이에 어떤 일이 발생했는지 나로서는 알 수 없다. 피해자가 피해를 입었다고 주장하는 시간대에 하필 영상이 끊어졌다는 사실은 피해자 주장이 맞을 가능성이 크다는 뜻이다. 하지만 서로 합의하에 집으로 들어가서 키스와 애무를 하며 애정을 표현하는 영상도 존재한다. 이 영상은 피해자의 주장이 사실이 아니라는 증거다. 영상이 끊어진 사이에 피해자의 진술과 같은 상황이 있었다는 것을 증명할 수 있을까?

길이나 대중교통에서 벌어지는 기습추행, 처음부터 싫다고 거부하는데도 추행하는 행위는 쉽게 처벌할 수 있다. 하지만 비록 술에 취했다고 하더라도 자발적으로 애정 표현을 하다가 갑자기 중단하고 집에 가겠다고 하는 상대방에게 가지 말라고 말하며 애무를 계속하는 것까지 추행으로 봐야 할까?

법원의 판례를 검색하다가 〈욕조 안에서 나체 상태로 甲의 얼굴과 어깨, 음부와 유두 등을 촬영하던 중 침대에서 쉬고 있는 甲에게 다가가 이불 속으로 손을 집어넣어 甲의 허리를 만지다가 이불 속으로 들어가 甲의 등, 허리, 배와 허벅지 안쪽 음부 부근까지 만지고, 甲이 "하지 말라."라며 거부하자 이불 밖으로 나와 다시 甲의 입술을 손으로 어루만지다가 혀를 끄집어내어 빠는 등의 방법으로 甲을 강제로 추행하였다〉라는 내용으로 기소된 사안에 대해 법원에서 유죄를 선고한 사례가 확인되었다.

이게 유죄라면 영상이 끊어졌을 때 피해자가 어떤 말을 했는지 확인하면 되겠다. 이럴 때 질문하는 방법이 있지.

　남자에게 방송을 왜 끊었는지 물어봤다. 집에 가겠다는 여성을 못 가게 하려고 출입문을 잠그는 등의 행위가 인터넷에 나올까봐 방송을 끊은 것 아니냐, 휴대전화와 옷을 감춘 이유는 무엇이냐고 묻자, "아닙니다. 집에 가겠다고 하고 나서 방송이 그대로 끊어지면 이상하지 않습니까?, 그래서 잠시 영상을 정지시킨 후 시청자들에게 인사나 하고 가라고 말한 것뿐이지 집에 못 가게 출입문을 잠그거나 한 일은 없습니다. 휴대전화는 충전 중이었지 숨기지 않았고, 여성이 갈아입은 옷을 넣어두었던 옷장은 제 뒤에 있었는데 비키라기에 인사하면 비켜주겠다고 했을 뿐 감추거나 하지 않았습니다"라고 답한다,

　그러면 감금도 안 했는데 피해자가 112신고를 한 이유는 뭐냐고 묻자 "저 년은 술집에 다녀요. 방송으로 생긴 수익을 나눠달라기에 제가 거절했더니 그때부터 방송 안 하고 가겠다길래 방송을 계속하기 위해서 그러지 말라고 달래면서 좀 안아주고 했던 겁니다. 그래도 안 달래지길래 인사나 하고 가라고 했지 감금한 적은 없습니다."라며 내가 원래 확인하고 싶었던 내용을 솔직하게 말해준다. 감금 사실을 부정하려다가 추행 사실을 인정한 꼴이다. 미국 같으면 이럴 때 변호인선임권을 먼저 고지해줘야 한다. 변호인선임권 고지 없이 받은 자백은 증거가 될 수 없으니 미국에서는 불법수집증거가 되지만 우리나라 법에서는 그렇지 않다. 만약 옆에 변호사가 있었으면 이런 대답은 하지 말라고 말렸겠지. 아예 조사에 불응

하라고 조언했을 수도 있다.

　　남자에게 "신고자가 처음에 술에 취해서 집으로 왔고, 방송이 신기해서 그 과정에서 애정표현을 했을지는 모르지만, 그 후에 방송하는 것이 싫고 집에 가겠다고 말하는 사람에게 가지 말라며 계속 몸을 만졌다면 감금죄는 안 돼도 추행죄는 성립할 수 있다"라고 설명해 줬다. 지금 여기서 진술서를 쓰고 귀가해도 되지만, 피해자는 경찰서 여성청소년과에서 진술할 텐데, 같이 가서 본인의 입장을 적극적으로 항변할 수도 있다고 설명해주니 경찰서에 가서 당시 있었던 일을 진술하겠다고 한다.

　　두 사람의 진술을 듣고, 2시간짜리 동영상을 앞뒤로 돌려보는 데 1시간이나 걸렸지만 그래도 놓친 부분이 있었다. 한 번 더 확인해 보자는 직원의 건의에 동영상을 다시 분석하며 보다가 영상이 끊어진 부위를 발견했고, 그 뒤 법령과 판례를 검토하면서 추가 조사까지 마치는데 1시간 30분이나 걸렸다.

　　같이 출동했던 변 경사는 "이래서 팀장님이 필요해~ 방송 끊어진 것을 찾아내다니~"라고 흥얼거리지만 솔직히 은밀한 곳에서 벌어지는 성과 관련된 신고사건 처리는 정말 어렵다. 일단은 피해자의 말이 맞다는 전제 하에 생각하고 현장 조사를 시작하면서도, 증거와 진술은 객관적으로 분석하고 판단하려고 애쓰지만, 모든 사람은 다 자기에게 유리하게만 말하기 때문이다.

범죄혐의점, 양쪽 진술과 현장에서 확인된 내용 등에 대해 임의동행 보고서를 작성한 후 두 사람을 경찰서로 보냈다.

여성·청소년 수사팀이 이 보고서를 받으면 "당신들이 수사 다 하고 판례 만드세요, 이런 꼴통 팀장 같으니라구!"라고 욕할 거라고 생각하면서도 어쩔 수 없지, 난 나대로 최선을 다했으니까 하고 있는데, 남자와 수사서류를 경찰서로 인계한 이 경사가 도착해서 "팀장님! 여성·청소년팀에서 서류를 한참 보더니 상황으로 봐서 일반적으로는 범죄가 성립되지 않을 것 같은데, 다른 분도 아닌 장 팀장님이 범죄가 성립한다고 작성했으면 이유가 있을 것 같으니 알겠다면서 그대로 서류를 받았습니다."라고 보고한다.

2. 요즘 부부

1. 아내를 찾습니다

22:30경 〈아내가 5년 전부터 우울증 치료를 받고 있다. 가족들로 인한 스트레스가 심한 것 같아 별거하고 있었다. 그런데 전화도 받지 않고 오피스텔 안에서 아무런 반응이 없는 것으로 보아 극단적 선택을 한 것 같다〉는 112신고.

아내가 살고 있다는 오피스텔로 출동했지만 우울증 치료를 위해 별거 중에 있다는 말이 이해되지 않는다. 상식적으로는 있을 수 없는 이야기라서 쉽게 믿기 어려웠지만 그런 의심만으로 출동을 주저하기에는 자살 기도일지 모른다는 신고 내용의 무거움이 더 컸다. 자살 기도의 경우 신속한 구조가 최우선이기 때문이다.

현장에 도착해 출입문을 두들기며 문을 열어달라고 했지만 아무런 반응이 없고, 번개탄 냄새 등 특별한 정황이 발견되지 않았다. 휴대전화의 위치도 오피스텔로 나오는 것으로 보아 내부에 있다고 판단되지만 한밤중에 신고자와 오피스텔 거주자가 정말 부부관계인지 확인할 방법도 없다.

일단 112시스템을 통해 여성의 휴대전화로 〈신병이 위급하다는 신고가 접수되었으니 전화라도 받아주세요, 받지 않으시면 출입문을 강제로 개방하겠습니다.〉라는 문자를 2회 발송했지만 아무런 반응이 없다. 휴대전화 위치추적을 요청하면 마지막 사용 기지국 위치에서 통화했는지, 문자를 보냈는지 확인되니 우선 통화이력부터 확인했다. 신고 1시간 전에 문자를 전송한 내역이 확인되었다.

112시스템을 통해 문자를 전송하면 대부분 전화를 받기 마련인데 전화는 계속 안 받고, 1시간 전에 휴대전화로 문자를 발송한 것으로 보아 내부에 있는 것은 분명해 보이는데 아무런 반응이 없으니 걱정하지 않을 수 없다. 자살 기도? 감금? 걱정만 하면서 기다리고 있을 수는 없다. 강제 개방을 할 수밖에.

119구조대의 지원으로 출입문을 강제로 개방했더니 세상에! 아이고, 전화라도 받아주지!

아내의 침대 옆에는 조카뻘의 젊은 남성이 고개를 숙이고 서 있었고, 여성은 경찰관과 소방관을 보자마자 이불을 뒤집어쓴다. 짧은 순간 남편은 이단 옆차기와 주먹을 날리고...

남자가 화장하고 향수 뿌리는 것이 문제될 일은 아니지만 나이, 헤어 스타일, 화장, 향수 냄새 등으로 보아 젊은 남자가 무슨 일을 하는지 대충 짐작이 간다. 오피스텔 안에서 어떤 일이 있었는지도 상상은 되지만 우리가 관여할 수 있는 일은 아니고. 신고 내용이나 당시 상황으로 봐 아내가 극단적 선택을 했을 수도 있다는 의심은 가기에 출입문을 강제로 개방할 수밖에 없었지만 아무래도 남편이 아내의 외도 현장을 잡기 위해 112신고를 악용한 것 같다. 하지만 증거도 없고 남편을 처벌할 근거도 없다.

두들겨 맞은 놈은 도의적으로 나쁜 짓을 했으니 문제 삼지 않겠지? 그렇지는 않다. 이런 경우에도 적반하장으로 고소하는 사람들이 많다. 문제 삼으면 남편을 입건하면 그뿐이다.

경찰이 현장에 출동했을 때 전화를 받아줬으면 좋았을 것을, 이런 신고가 들어왔을 때 그냥 출입문을 열어야 하는 건지, 현장에서 어떤 판단이 더 바람직한 것인지 모르겠다. 하지만 사람의 생명, 신체에 급박한 위험이 있다는 신고를 받고 출동한 경우, 조금이라도 그럴 가능성이 있다면 경찰관으로서는 강제로 개방하는 외에 다른 선택지가 없다. 내 선택이 옳기만을 기원할 뿐이다.

2. 남편이 제 차를 훔쳐갔어요

　코로나 이후 확실히 112신고 사건이 많이 줄어들었다. 전에는 주간 신고만 100건이 넘을 때도 있었는데, 예전 신고의 50% 수준밖에 안 되니 연구할 사건도 없고 별로 재미도 없어진다.

　지구대에는 공부할 일이 없다는 오해가 있다. 하지만 수사부서에 있을 때는 오늘 결론을 내지 못하면 내일 결론 내도 되고, 법률과 판례를 검토하며 법률전문가들의 의견을 들을 시간도 있는 반면, 현장에서는 2~30분 안에 사건 실체를 파악하고 조치하지 않으면 증거가 인멸되는 사건들이 이어진다. 폭행, 사기, 다단계 사기, 보이스피싱, 유치권 분쟁, 동거·혼인관계의 폭력, 스토킹, 아동학대, 무전취식, 소음, 자살자 구조, 실종자 수색, 신용카드 불법사용, 음주운전, 교통사고 등 형사팀, 경제팀, 지능팀, 여청팀, 생활질서, 교통사고조사 등 경찰의 모든 업무를 다뤄야 한다. 층간소음, 주차 다툼, 마스크 미착용, 동물학대, 승차거부, 무허가 영업, 외국인 고용, 환경오염, 불법광고물 부착, 소비자 보호업무 등은 형사이자 민사분쟁이면서 다른 행정기관 업무의 초동조치이기도 하다. 늘 공부하고 연구하지 않으면 그 모든 업무를 어떻게 할 수 있겠는가?

　20년 넘게 수사부서에서 각종 대형사건을 수사해 왔어도, 실무에서는 문제가 생기기 전에 해결방법을 찾기 위한 연구를 먼저 하지는 않는다. 질서계장 근무도 재미있었지만 새로 접하는 사건 연구가 재미있어서 2년

만에 다시 지구대로 나온 건데 나와보니 신고 사건도, 복잡한 사건도 많이 줄었다. 에휴~ 괜히 나왔나?

밤 10시, 부촌인 도곡동을 관할하는 순찰차에서 전화가 왔다. 신고자는 자기 차를 남편이 훔쳐갔다고 하는데, 뭔가 문제가 있는 것 같지만 내용이 복잡해 이해하기 어렵다며 지원을 요청한다. 부촌에서 일어난 일이니 변호사 자문을 받고 한 행동일 텐데, 이혼 소송 등이 복잡하게 연루된 사건일 것 같다. 출동하며 신고 이력을 검색해 보니 112신고만 10건이 넘고, 대부분 남편과의 분쟁에 대한 신고다. 이혼 과정의 분쟁이 분명하다.

현장에 도착하니 순찰차 옆에서 어떤 여성이 경찰관을 향해 소리를 지르고, 우리 직원은 가만히 듣고만 있다. 신고자가 나를 발견하고는 다가와 남편이 차를 훔쳐갔는데 왜 수배를 안 하냐고 항의한다. 이럴 때면 늘 나오는 직무유기 주장도 빠지지 않는다. 출동 직원은 교육받은 대로 수배 전에 조회부터 해봤더니 소유자가 신고자가 아니라 캐피탈 회사라고 보고한다. 차량 소유자가 캐피탈 회사인 경우는 리스와 성격이 좀 다르다. 신차를 출고해 명의를 캐피탈 회사로 바꿔 차를 담보로 넣고, 캐피탈로부터 구입대금을 대출받은 뒤 대출금을 할부 변제하는 형태로 구입하는 것이다. 신고자에게 차량 대금을 낸 영수증이 있는가 물었지만 여자는 캐피탈 회사에 납부한 영수증 등이 차 안에 들어 있으니 무조건 수배부터 하라고 요구한다. 사실관계가 불명확해 신고자의 말만 믿고 수배할 수는 없다. 형사계에 모셔드릴테니 관련 자료를 첨부해 수배를 요청하라고 안내하자 이름이 뭐냐, 국민신문고에 올리겠다는 등 큰소리를 냈지만 순찰차에 본서로 호송하라고 지시하고 현장에서 철수하려고 하자 팔을 붙잡고 사정한다. 사실 이 차는 부산에 근무하면서 주말에만 올라오는 ○○캐피탈 지점장인 남편이 자신더러 서울에서 쓰라고 3년 전에 사준 차인데, 남편이 바람을 피우고 자신을 때려서 현재 이혼소송 중이다. 이혼 후 생계를 대비해 친구와 학원을 같이 하기로 했는데 차 안에는 월요일에 꼭 써야 할 자료가 모두 들어있으니 제발 도와달라는 하소연이다.

"그런 사정이 있으면 경찰관에게 사실대로 말해야지 그렇게 소리만 지르면 경찰이 어떻게 도와줍니까?"라고 말했지만 부동산과 마찬가지로 자동차는 명의자가 누구인지 알아보고 소유권을 따져야 한다. 남편이 아내에게 자동차를 증여한 것으로 봐야 할지, 차의 권리자는 누구인지, 아내가 이혼하고 혼자 사업하려는 걸 방해하려고 아내의 재물이 든 가방을 훔쳐가려고 했는지 다 따져야 한다. 부부 사이에는 친족상도례라는 게 있어서 절도, 사기, 횡령 등 모든 재산범죄를 처벌할 수 없다.

에이, 일단 남편과 통화하다 보면 답이 나오겠지. "남편 전화번호 좀 알려주세요."

남편이 전화를 받지 않아 '112신고 사건 처리결과 알림 문자'를 통해 전화 받기를 요청하는 문자를 전송하자 전화가 왔다. 아내가 들을 수 없는 곳에서 신고 내용을 설명하자 변호사 자문을 다 받았다면서 이 차는 자신이 회사 명의로 구입해서 아내에게 사용하라고 줬지만 이혼하겠다고 하니 회수해 가는 것이라 아무 문제가 없다고 주장한다.

"예, 알겠습니다. 차량에 자동차 등록증과 리스 계약서가 있는 것 같은데 이쪽으로 와서 보여주시겠습니까?"라고 물었지만 거절한다. "선생님은 ○○캐피탈사의 지점장이고, 사모님이 운행하는 차량은 선생님이 캐피탈리스 형식으로 약정을 맺어서 운행하도록 한 것 아닌가요? 해당 차량은 캐피탈사의 소유이고, 사모님이 3년 가까이 운행한 걸 보니 캐피탈리스계약의 명의자는 사모님일 것 같습니다. 아무리 선생님이 캐피탈 지점장이라도 계약자가 ○○캐피탈과 사모님이라면 선생님은 지점장으로서 계약자를 유치하는 업무를 한 것이라 아무 권한이 없습니다. 그렇다면 제3자로서 아무런 권한이 없는 선생님이 임의로 차량을 끌고가는 것은 절도죄가 성립할 수 있습니다. 선생님이 캐피탈사의 위임을 받아서 사모님이 점유하는 물건을 발견하기 어렵게 '은닉'하는 행위는 권리행사방해죄나 재물손괴죄로도 처벌이 가능합니다. 늦은 시간이지만 변호사님에게 물어보세요. 그러니 일단 차량을 확인해 보는 것이 좋지 않을까요?"라고 하자, "잠시만요, 그렇게 마음대로 갖다 붙이면 죄가 안되는 것이 뭐가 있나요, 저도 확인해 보겠습니다."라고 하더니 10여분 후 "제가 어떻게 하면 되겠습니까?"라며 풀이 죽은 목소리로 전화를 걸어왔다.

캐피탈 명의로 차량을 등록했다는 것은 캐피탈 회사 소유라는 것인데 회사 차를 아내에게 사용하라고 줬다면 업무상횡령죄도 적용될 수 있다고 설명하면서 신고자인 아내에게 차 안에 들어 있는 각종 계약서류 등이 필요하다는 사실을 알려줬다. 남편은 차 안의 물건은 하나도 손대지 않았다며, 차는 돌려주겠지만 경찰이 자신을 체포할지도 모르니 다른 곳에 세워두고 아내에게 연락해 돌려주겠다고 한다. 부부 사이의 재산권 관련 사건은 경찰이 체포하지 않는다고 설명했지만 처음 통화 때 큰소리를 지르던 것과 달리 남편은 확연히 겁을 먹고 있다.

20여분 뒤 신고자가 남편으로부터 발렛 파킹하는 곳에 차를 맡겨 두었으니 찾아가라는 연락을 받았다며 연신 고개를 숙이며 고맙다고 인사한다.

이 사건은 당사자들을 설득하려고 간단히 설명했지만, 실제로는 굉장히 복잡한 사건이다. 이혼소송 중이지만 아직 부부이니 친족상도례 때문에 재산범죄는 처벌할 수 없지만, 아내의 물건을 버리거나 찢어버리는 경우 친족상도례가 적용되지 않는 재물손괴죄로는 처벌 할 수 있다. 차는 신고자와 ○○캐피탈 사이의 계약관계를 확인해야 누구에게 정당한 사용권이 있는지 알 수 있다. 경우에 따라 권리행사방해죄가 성립될 수도 있는데 이건 남편과 캐피탈 간의 관계를 따져봐야 한다. 남편의 설명으로 봐서 부인에게 차량 사용권이 있는 것 같은데 남편이 캐피탈 회사의 위임을 받아 차를 찾아가려는 거라면 권리행사방해죄가, 회사의 위임이 없었다면 절도죄가 인정될 수 있지만 수사해 보지 않고 지구대 차원에서는 결론을 내릴 수 없다.

지원요청을 했던 김 경사는 또 하나 배웠다면서 믹스커피 한 잔을 가지고 온다.

관점에 따라서는 내가 절도죄로 처벌할 수 있었는데 봐준 것일 수도 있고, 범죄가 성립되지도 않는데 겁을 준 것일 수도 있다. 하지만 현장의 나로서는 최선을 다한 결론이었다. 신고자의 주장이 사실인지 확인하기 위해 차량을 가지고 오라고 했더니 남편이 스스로 반환한 것이다. 누구보다 캐피탈리스 관련 법령에 대해 잘 알고 있는 캐피탈사 지점장이 내가 공갈을 쳐서 차량을 아내에게 넘겨줬다고 하지는 못하겠지?

3. 부부 관계

오후에 비가 오더니 갑자기 기온이 뚝 떨어져 추워진다. 밤늦게 눈이라도 오려나? 이렇게 갑자기 추워지는 날에는 사람들이 술도 덜 마실 테고, 덕분에 오늘 야간근무는 조용히 지나가겠지?

웬걸, 근무교대한 지 1시간도 되지 않은 19:50경 112신고 시스템이 울리면서 CODE-1 〈남성이 여성의 머리를 엄청 때리고 있다/젊은 남녀인데 남성이 여성을 때리며 강제로 끌고가려고 한다〉는 신고가 연속 2건 떨어지고, 책임순찰차 외에 다른 순찰차가 지원출동하고, 팀장도 출동하여 현장을 책임지고 처리하라는 112상황실 지시가 내려온다.

거리는 2킬로미터도 되지 않지만 퇴근시간대 교통지옥으로 유명한 강남세브란스 병원 쪽을 뚫고 논현로를 지나야 한다. 본인은 잘한다고 생각하지만 내가 볼 땐 아직 운전이 미숙한 젊은 순경에게 "내가 운전할게. 지금 내가 하는 운전은 여성이 끌려간다고 하니 어쩔 수 없이 하는 거니 따라 하지는 마"라고 한 뒤 운전석에 앉았다. 싸이렌, 경광등, 비상등, 상향등을 모두 켜고 긴급출동이라는 방송까지 해가면서 반대차로가 적신호일 때 중앙선을 넘어 달려갔다. 맞은편에서 오던 오토바이가 다른 차량을 막으며 사고 현장까지 안내해줘서 3분만에 현장에 도착했다.

신고 장소는 강남 오피스텔이고 피해자는 건물 옆 계단에 앉아 울고 있다. 가해자는 씩씩대며 아직도 흥분상태에서 소리를 지르고 있었다.

가해자에게 다가가 "선생님이 여성을 너무 심하게 때린다는 112신고가 있어서 출동했습니다."라고 하자 "내가 내 마누라 패든 말든 경찰이 왜 간섭이야? 미친 놈들, 할 일 없으니까 남의 가정사까지 끼어들고 지랄이야!"라고 소리를 지르더니 경찰관을 밀치고 현장을 벗어나려고 한다. 가해자를 붙잡자, "지금 나를 체포하는 거야?"라고 소리 지르기에 "체포가 아니고 제지라고 하는 겁니다, 경찰관은 범죄예방을 위해 행위자를 제지할 수 있다고 법에 명시되어 있습니다"라고 했다.

가해자는 그 말을 듣더니 피해자 여성에게 "야, 우리 부부관계 맞지? 부부관계라고 말해!"라고 소리친다. 피해자는 계속 얼굴을 양손으로 가린 채 "예, 저희는 부부관계입니다. 가정 문제이니 그냥 돌아가 주세요."라고 말하는데, 가정폭력이라면 피해자가 원하지 않는 한 상담소나 임시숙소 등 보호시설로 인도할 수도 없고, 처벌을 원하지 않는다는 적극적인 의사표시가 있으니 현행범인체포도 어렵지만, 피해 정도에 따라 긴급치료의 필요성이 있다고 판단되면 병원에 후송할 의무가 있다. 그래서 부상 정도를 확인하겠다고 했지만 피해자는 어깨를 덜덜 떨면서 끝까지 고개를 들지 않는다.

가해자는 기고만장해서 "나도 당신들만큼 법을 아는데, 내가 마누라를 조금 때리기는 했어도 폭행죄에 대해 처벌의사가 없다는데 남의 가정사에 간섭하는 건 직권남용 아니야? 야, 너 먼저 집에 가 있어."라고 소리를 지르면서도 부부임을 확인하게 신분증을 보여달라는 요구는 거부한다. 뭔가 느낌이 좀 이상하다.

일반적으로 가족 구성원 간의 폭행은 10분 이상 진행되는 경우가 드물다. 그리고 화가 난 상태에서도 여자의 이름, 혹은 여보, 마누라, 아무개 엄마 등이라고 부르지 부부관계라는 표현을 쓰는 경우는 거의 없다. 이상하다는 생각에 두 사람을 분리시킨 뒤 피해자에게 갔다. 정말 부부라면 두 분이 같은 주소에 살아야 하지 않겠냐고 하면서 폭행당한 이유와 정도를 말하라고 설득했음에도 피해자는 흐느끼기만 한다. 따뜻한 캔커피를 하나 건네면서 계속 설득하자 마침내 큰소리로 울더니 보복이 두려워 진술할 수 없으니 그냥 돌아가라고 오히려 나에게 사과한다. 좀 더 설득하자 피해자는 커피를 한 모금 마시고 가해자를 처벌해 달라면서 고개를 드는데 얼굴을 보니 가해자보다 적어도 열 살은 많아 보였다. 정확한 관계는 알 수 없지만 부부도, 동거 관계도 아니라는 사실을 확인한 후 피해자가 처벌을 원하고, 가해자는 출동 경찰관을 밀치며 도망가려고 했으며, 부부라고 거짓말한 사실을 근거로 폭행죄의 현행범인으로 체포하겠다고 고지하고 피의자의 권리를 설명하자, 가해자는 불법체포라고 소리를 지르며 경찰관을 발로 걷어찬다. 공무집행방해죄도 추가하겠다고 알려줬다.

가해자를 체포해 지구대로 돌아와 피해 경위 등을 조사하다 충격을 받았다. 피해자는 가해자를 몇 차례 만난 적은 있지만, 오늘 15시경 가해자와 처음으로 술을 마시게 되었는데 계속 같이 있자는 요구를 거절하고 19시경 집에 가야 한다고 했더니 남자가 아무 이유 없이 욕하며 때렸다고 한다. 그동안 서너 차례 만나면서 연인처럼 손을 잡거나, 같이 교외로 여행을 가서 음식을 먹고, 서로 안고 있는 사진을 휴대전화로 찍었는데 이것을 남편과 자녀의 SNS에 올리겠다고 협박했다고도 한다.

가해자는 지구대에 오자 태도를 바꿔 피해자와는 깊은 관계가 아니고 술에 취해 실수했다면서 선처해 달라고 눈물까지 흘리는 등 생쑈를 하는데, 공무집행방해죄로도 입건되었기 때문에 피해자가 폭행죄에 대해 처벌을 원하지 않아도 풀어줄 수는 없다고 하자 다시 소리소리 지르며 인권위원회에 제소하겠다는 등 난리다. 이런 상황에서는 그냥 아무 대꾸도 하지 않는 게 최선이라 무시하고, 피해자만 진술서를 받은 후 귀가시켰다.

피해자의 얼굴과 팔 등의 심한 상처는 눈으로도 확인할 수 있다. 다른 상처도 많을 텐데 집에 가서 남편과 아이들에겐 뭐라고 설명할까? 답답한 마음도 들지만 자신의 선택이었으니 스스로 감당할 몫이 아닐까라고 생각하며 또 오지랖 넓게 고민하다가, 이번에는 '자살기도'라는 112신고가 떨어져 현장으로 정신없이 출동했다.

4. 접근 금지

　오랜만에 늦잠을 자고 일어나 환한 대낮에 아점으로 라면을 하나 먹고 여유롭게 여의천 주변을 걸어본다. 시끄러운 세상사와 직장 일은 잊고 조용히 걸으며 겨우내 얼었던 개천 속을 보니, 피라미부터 덩치 큰 잉어까지 수많은 생명들이 열심히 꿈틀거린다. 느긋한 산책을 마치고 돌아오는 길, 커피점에서 커피 한 잔 마시는 여유까지 누리며 파란 하늘과 청계산을 바라보니 정신없이 앞만 보고 뛰다 여행도 제대로 못다니고, 취미도 운동도 제대로 해 보지 못한 채 늙어버린 내 모습이 돌아다 보인다. 그래, 오늘부터 골프라도 배워볼까? 하지만 장비부터 레슨비까지 너무 비싸다. 다시 포기, 출근이나 하자. 월요일이니 조용한 야간근무가 되겠지?

　범죄예방과 제지, 위험발생 방지를 위해 주거에 출입할 수 있는 법적 근거와 판례의 입장 등을 우리 팀 직원들에게 설명하고 내려오자, 이번에 우리 팀으로 발령난 직원들이 자리에 찾아와 쉴 새 없이 질문한다. 그래, 저렇게 열정 있는 친구들이 있으니 나쁜 놈들로부터 국민을 잘 보호할 수 있을 것 같다! 더 신나게 근무하자!

　112신고 시스템에 빨간불이 켜지면서 CODE-0로 〈**접근금지된 남편이 집안에 들어와 안 나가고/욕설 및 위협적인 행동/경찰에 112신고하니 나간다/법원의 접근금지 확정판결**〉이라는 신고가 떨어졌다. 접근금지는 가정폭력에 대해 법원이 내리는 결정인데, 법원 결정을 어기며 집에 들어가 신고와 같은 행동을 했다는 것은 단순한 일이 아니다. 신고 장소는 최고 부유층들이 살고 있는 곳. 직업이 뭘까? 가정폭력이니 흥분한 사람들을 상대로 말실수라도 하면 안 되는데…

현장에 도착하니 먼저 도착한 순찰차가 주차장에서 나가려는 남편의 차량을 가로막고, 접근금지 결정을 아는지, 신고처럼 아내가 사는 집에 들어갔는지 등에 대해 질문하고 있다. 같이 간 직원들에게 아내로부터 남편에 대한 접근금지처분 결정문을 확보하고 남편이 한 행동을 확인하라고 지시했다.

남편은 교포인지 한국말이 어눌한데 자신은 억울하다며 아내가 들어오라고 하여 들어간 것이라 허위신고라고 주장한다. 하지만 대법원 판례는 피해자의 양해만으로 접근금지 결정된 사항의 위반이 허용된다면 개인의 의사에 의해 법원 결정이 무효화됨으로써 법적 안정성을 훼손할 우려도 있다고 하여 이런 경우 역시 유죄라고 판결하였고, 피해자가 112신고를 했기 때문에 남편의 변명만 믿고 사건을 종결할 수는 없다.

남편에게 이런 설명을 하자 휴대전화를 꺼내 다시 말하라며 대화 내용을 녹음하더니 내가 예전에도 경찰에게 당했는데 두 번은 당하지 않는다, 협박하지 말라고 소리 지른다. 이혼 소송 중이면 변호사가 있을 테니 전화를 바꿔달라고 했지만 자기는 변호사가 없고 대리인이나 법을 아는 사람도 없다면서 아내가 집으로 오라고 해서 간 것이니 자기는 죄가 없다는 주장만 계속한다.

　아내에게 갔던 경찰관은 서울가정법원의 접근금지 결정이 있고 기간이 연장까지 됐음을 확인했다. 피해자가 집에 들어오지 말라고 했는데도 남편이 집에 들어와 소리를 지르며 협박했다고 진술한다고 보고했다. 남편은 여전히 자기 주장만 고집하면서 낮에 딸과 놀았던 증거라며 녹음을 들어주고, 아내는 접근금지 결정을 위반한 남편을 처벌하여 달라고 하니 누구의 말이 맞는지 알 수가 없다. 하지만, 판례의 입장을 보면 분명 유죄는 유죄다.

　현장에 도착한 여청수사팀은, 남편이 낮부터 딸과 같이 있었고, 허락을 받았으니 죄가 안 된다는 의견이지만 그건 틀린 이야기일 뿐 아니라 그렇게 믿을 증거도 부족하다. 게다가 피해자는 오늘 심야 비행기를 타고 미국으로 출국할 예정이라 곧 공항으로 출발해야 한다니 지금 당장 현장에서 정확하게 판단하지 않으면 안 된다.

　피해자 편에서 생각하고 수사하되 증거에 의해서 판단하는 것이 맞지만, 피해자는 미국으로 출국 후 3개월이 지나야 귀국한다고 하니 수사팀에서는 대질조사나 피해자에 대한 재조사도 할 수 없다. 일단은 사건을 종결하고 나중에 고소하라고 할 수도 있지만, 피해자가 귀국했다가 보복범죄라도 발생하면 처음 신고했을 때 출동한 경찰관이 현장 조치를 해주지 않아 보복범죄가 발생했다고 덤터기를 씌울 수도 있으니 어떻게 할까 고민에 빠졌다. 쉽게 답이 나오지는 않지만, 이런 때일수록 원칙대로 하는 것이 맞다. 대신 인권침해 주장을 하지 못하도록 동의를 받아서 진행하면 된다고 판단했다. 남편에게 당시 상황을 진술서로 써달라고 요구했지만 자신은 한국말도 잘 못하는데 한글 진술서를 쓰는 것은 불가능하다고 답한다. 그사이 부부간의 대화는 어떻게 했는지 모르겠다.

현장인 초고층 고급 아파트 앞에는 수많은 사람들이 오가고, 경찰이 오자 무슨 일인지 궁금해하는 사람들이 모여 웅성거리고 있으니 이대로 놔두면 오히려 남편의 명예가 훼손될 수도 있는 불리한 상황이다. 이럴 때는 경찰관직무집행법 대로 임의동행을 요구하는 게 낫지만 남편은 모든 대화를 녹음하면서 나중에 또 트집을 잡을 가능성이 크다.

고민하다가 권리의식이 강한 재미교포니 인권보호를 위해 통역관을 부르자고 설득하기로 했다. 통역관을 불러줄 테니 통역관에게 하고 싶은 말을 충분히 설명하면 통역관이 진술서를 대신 작성해 주는 제도가 있다, 나중에는 상황이 기억나지 않을 수도 있는데 지금 기억나는 사실을 제대로 기재해 수사에 반영되도록 하는 것이 더 좋지 않겠냐고 통역서비스 제도를 설명하자 남편은 좋다며 자발적으로 지구대로 동행했다.

1시간 정도 지나 통역관이 도착해 미리 작성해 둔 질문사항을 물으면 남편이 대답하고 통역관이 대필하는 방식으로 진술서를 작성했는데, 남편은 아내가 정신질환자라고 주장한다.

남편에게 네 가지를 물었다.

낮에 자녀들과 함께 놀았다면 차를 어디에 세운 뒤 자녀들을 내려 주었나요? - 지하주차장에 세웠다.

아내가 살고 있는 집에 아이들과 같이 들어갔나요? - 아이들은 먼저 올라가고 자신이 뒤따라 올라가자 딸이 문을 열어 주었다.

아내가 집으로 오라고 했다면 지하주차장에 차를 세운 후 아이들과 같이 엘리베이터를 타고 올라가야 하는 것 아닌가요? - 렌트카를 빌렸기에 차를 반납한 뒤 혼자 집에 올라갔다. 여기부터 좀 수상했다. 렌트카를 반납했으면 처음 우리를 만났을 때 타고 떠나려던 차는 뭔가 싶어서였다.

아내가 집으로 오라고 한 통화내역을 제출할 수 있나요?

그동안은 당당하게 대답하던 사람이 이 질문에는 제대로 답하지 못하고 영어와 한국어를 섞어가면서 렌트카를 반납하고 왔는데 자기 차는 지하 주차장에 따로 세워놨다는 엉뚱한 이야기만 횡설수설한다. 통역관에게 아이들과 노는 것까지 녹음했던 피의자가 왜 통화내역은 제출하지 못하는지 다시 물으라고 했지만 그는 끝까지 대답하지 못한다.

1년 6개월이 넘도록 수 차례에 걸쳐 남편의 접근금지를 신청해 오다 간신히 법원 결정을 받아냈던 아내가 남편을 집에 들어오게 할 리도 없는데다가, 112신고 내용이 구체적인 점, 기타 질문에 답변을 못하는 점 등으로 보아 남편이 거짓말을 한다고 판단해 임의동행 보고서를 작성하여 본서로 발송했다.

남편은 정말 억울했던 걸까?

〈가정폭력범죄의 처벌 등에 관한 특례법〉은 가정폭력으로부터 가족들의 인권을 보호하는 게 목적이지만, 평화롭고 건강한 가정을 만들자는 목적도 있는데 경찰이 형사처벌을 위해 지나치게 개입하는 것은 가정 파괴에 앞장서는 것 아닐까? 하지만, 이미 발생한 가정폭력으로 법원이 접근금지처분을 내렸고 이를 계속 연장하고 있다는 것은 아이들은 몰라도 배우자 사이에서는 평화롭고 안정된 가정을 꾸리기 어렵다는 판단이 내려진 것이니 국가의 적극적인 개입은 당연한 결론 아닐까?

가정폭력 사건을 대할 때면 나의 개입으로 가정이 더욱 회복할 수 없는 지경에 이르게 되는 것 아닐지 신중하게 고민하게 된다. 그렇지만, 이렇게 피해자가 법원에 접근금지 신청까지 한 사건은 내가 해결할 수 있는 범위 밖의 일이니 법과 원칙대로 할 수밖에 없다.

각자의 사정과 입장이 있는데, 그런 걸 종합적으로 판단해서 결정하는 과정은 너무나 힘들다. 나만 힘들고 어려운 걸까? 너무 생각을 많이 하지 말라고 하지만 생각 없이 업무를 할 수도 없고, 생각이 너무 많으면 결정하기 어렵고...

모르겠다. 난 그냥 오늘도 최선을 다해서 근무하고 있다.

5. 도끼 든 남편

유난히 현장 출동이 많은 날이다.

16:10경 바로 옆 지구대 관할 아파트에서 〈가정폭력/남편이 때리고 난리가 났다, 흉기도 있다/도끼를 들고 있다고/현관 앞에 있다고/작은 도끼/집안에 아들과 문을 잠그고 있다〉는 112신고가 CODE-0로 떨어지고 모든 순찰차에 강력팀, 여청 수사팀까지 출동하는 소란이 벌어졌다.

무전 내용을 듣던 우리 직원은 "와우~ 고생 좀 하겠는데, 진짜 도끼 들었으면 우리도 지원 갈까요? 뺑이치겠는데요."라고 한다. 순찰차와 강력팀은 신고자는 만났는데 남편을 못 찾았으니 주변을 수색해라, 지하 주차장 확인 중이다 등 무전이 정신없다. 잠시 뒤 여청 수사팀으로부터 "남편은 도끼가 아니라 망치를 잠시 들었다가 바로 내려놓고 집을 나갔다, 남편과 아내의 말다툼이 있었고 아들이 말려서 폭행은 없었다, 남편이 교회를 불 지르겠다고 했는데 확인되지 않는다."는 보고가 있었다.

또 과장신고인가 싶었는데, 16:35경 〈가정폭력 피의자가 교회를 불 싸지른다며 나갔다/제 정신이 아니다〉라는 CODE-0 신고가 떨어진다. 교회가 우리 관내다. 순찰차 3대가 현장으로 출동했다.

교회에 신고 내용을 설명한 후 주차차단기 입구에 순찰차 1대를 배치하고, 다른 2대는 후문과 도보 계단 쪽에 배치한 다음 입구를 통해서만 출입하도록 협조를 요청했다. 대기하고 있는데 남편의 벤츠 차 번호를 알려주면서 〈아들과 남편이 통화되었는데 아파트 문을 열지 않으면 부숴버리겠다/아내가 다니는 교회를 홧김에 불 지르겠다고 했다〉는 신고가 계속된다. 112상황실은 차량의 인화물질 유무를 확인하고, 가정에서도 망치를 들었던 만큼 위해 발생 가능성이 있으니 방호 장구를 착용하고 철저히 대비하라는 지시가 있었다. 잠시 후 소방차와 강력팀 차량도 지원 배치되었다.

2월 초순인데도 저녁이 되니 더 춥다. 아니 이런 신고가 있는 날은 이상하게 더 춥다.

교회 주차장 앞에서 근무하던 실습 여경 백 순경이 묻는다. "남편을 잡으려면 경광등을 끄고 보이지 않도록 해야 하는 것 아닌가요?" 지구대 경찰관은 진압경찰이 아니라 예방경찰이다. 제복을 입고 순찰차를 타고 근무하는 모습을 보여줌으로써 경찰이 대비 중이니 범죄를 포기하라는 경고 메시지를 주기 위한 것이라고 설명했다.

"그럼 남편이 탄 벤츠를 발견했을 때, 차에 인화물질이 있는지 불심검문으로 확인할 수는 없지 않나요? 상황실에서는 인화물질을 확인하라고 했는데 법적 근거는 있나요?" 경찰관직무집행법 제5조 위험발생의 방지, 제6조 범죄의 예방과 제지 규정에 경찰관은 필요한 조치를 할 권한이 있고, 재난 및 안전관리기본법상 화재는 사회재난으로 분류되니까 재난을 예방하고 피해를 최소화하기 위해 적극적으로 예방 및 진압 활동을 하는 차원에서 검문할 수 있다고 상세히 가르쳐주자 존경 어린 눈초리로 계속 쫓아다니면서 하나라도 더 배우려 든다. 잠시 후 백 순경이 교회 앞 카페에서 따뜻한 커피를 한 잔 뽑아와 권한다. 나는 "커피 한 잔 사면서 나중에 갑질했다고 진정하려고?"라고 농담을 했지만 배우려는 자세에 기분은 좋다.

저녁 시간은 다가오고 춥고 배도 고팠는데, 따뜻한 커피 한 잔에 몸도 마음도 풀어진다.

교회에 불 싸지른다던 불같은 남편은 1시간이 넘도록 나타나지 않아 소방차도 철수를 준비한다. 다른 112신고가 떨어져 우리도 순찰차 1대를 뺐는데, 옆 관할 경찰서에서 남편의 차를 발견했고 전화 통화를 해 보니 주차 장소 인근에서 술을 마시고 있다고 한다. 다행이다.

순찰차는 1대만 남기고 2대는 철수시킨 뒤 야간근무자에게 상황을 설명하며 야간조와 현장에서 교대 근무하도록 했다. 날씨는 춥고 남편은 술을 마시지만, 설사 통화가 되었다 하더라도 방화할 생각이 없거나 방화를 포기한 사실이 확인되기 전까지는 1%의 가능성을 막기 위해 근무를 계속해야 한다. 그 1%가 대형 재난이 될 수 있으니까.
남편의 불같은 마음이 무사히 달래졌다는 보고를 기다리며 경찰들은 묵묵히 차가운 바람 속에서 교회 앞을 지키고 서 있었다.

3. 부모와 자식 사이

1. 며느리가 손자 납치?

 야간근무를 마치고 아침 퇴근하는 길에 샌드위치를 하나 사서 먹고 집에 와 바로 곯아떨어졌다. 2시에 일어나니 밥 먹기도 귀찮고 뜨거운 국물 있는 뭔가가 먹고 싶어 청양고추를 썰어 넣고 라면을 하나 끓여 점심을 해결했다. 휑하니 텅 빈 아파트를 나와 여의천을 걷는데, 가을을 타는지 가슴 한쪽이 뻥 뚫린 것만 같다.

 혼자서 커피 한 잔 들고 걷는 것도 괜찮아 보였는데 잔이 금세 비어 결국 고독을 다시 씹으러 편의점에 가 캔커피를 또 샀다. 아파트 주변이 가을 정취로 가득하다는 것을 처음 깨달았다. 심야근무를 위해서 지금이라도 자야 하는데 잠은 오지 않아 영화 한 편 틀어 놓고 다시 커피를 타 마셨다. 혼자 저녁 먹기도 왠지 처량해 심야근무인데도 4시간 일찍 출근했다. 커피믹스 한 잔에 담배 한 개피를 들고 지구대 뒤편 주차장을 걸으니 오늘만 커피가 벌써 네 잔째다. 커피, 라면, 담배는 내 경찰 생활의 3대

필수품이다. 아마 많은 경찰관들이 나와 같겠지.

17:30경 순찰차 1대가 싸이렌을 울리며 주차된 차량 틈을 뚫고 출동을 나간다. 무슨 신고인가 궁금해 지구대로 들어가 신고현황판을 봤다. 〈납치/○○○어린이집/아들과 이혼소송 중에 있는 며느리가 손자를 납치했다〉 현장에 도착한 순찰차는 친모가 판결문에 따라 아이를 데려가려는 것으로, 시어머니가 신고했지만 납치는 아니라고 확인되었다고 1차 보고를 한다.

근무 중인 팀장이 순찰차와 통화 후 이혼한 어머니가 키우던 아들을 아버지가 유인하여 데리고 간 데 대해 1심 법원에서 유죄가 선고되었고, 가정법원도 양육권이 어머니에게 있다고 판결했는데, 어머니가 판결문대로 아들을 데려가려 하니까 할머니가 손자를 빼앗기기 싫다며 납치라고 신고하고 며느리를 폭행까지 한 것이 확인되었다며 범죄가 성립되지 않는다고 자신있게 말한다.

주간 근무 팀장은 20여 년 전 내가 데리고 있던 직원이다. 하지만 지금은 같은 팀장이니 틀린 부분을 지적했다가 자존심에 상처라도 주면 어떡하나 잠시 고민했다. 하지만 그래도 틀린 건 끝까지 설명하고 알려 주는 게 내 캐릭터인 걸. 팀장에게 잠시만 자리 좀 빌려달라고 한 뒤, 팀장 자리에서 약취유인죄 법조문과 판례를 프린트했다.

"친권자라도 양육과 보호를 강제로 벗어나게 하면 약취유인죄가 될 수 있지요? 아버지도 어머니의 보호·감독을 받는 아들을 속여서 데려가서 유인죄로 처벌받은 것이고, 오늘 신고 내용은 현재 아버지와 시어머니가 아이를 보호 중인데 어머니가 유치원으로 찾아와 아이를 데려가려 하니까 유치원에서 시어머니에게 전화했고, 시어머니가 며느리의 차를 가로막고 손자를 돌려달라고 하는데도 거부하니 112신고를 했다는 것이죠? 여기 대법원 판결을 보세요. 이렇게 시어머니의 양육·보호를 받고 있는 아동을 시어머니 동의 없이 며느리가 데려가려고 하는 것도 유인죄가 성립될 가능성이 있으니 현장에 나가 상황을 정확하게 판단하고, 강력팀과 여청수사팀에도 지원요청하는 것이 좋을 겁니다."라고 설명하자 팀장은 허둥지둥 현장으로 출동한다.

20여분 뒤 팀장으로부터 다시 전화가 왔다.

"계장님." 이 친구는 같은 팀장이면서도 여전히 과거 부하직원 때처럼 나를 계장이라고 부른다. "어머니가 가정법원에서 친권자 지정을 받았다고 판결문을 보여주는데, 판결이 있으니 어머니가 친권자 아닌가요?"라고 묻는다. "그건 1심 판결일뿐이고 항소심이 진행되고 있을 가능성이 있으니 항소했는지 확정됐는지 확인해 보세요, 이유야 어찌 되었든 아동을 인도명령 없이 자력으로 옮기려고 하면 문제될 수 있습니다."라고 설명하자, 무전으로 강력팀과 여청수사팀에 대해 지원을 요청한다.

30여분 뒤 지구대로 돌아오는 팀장의 손에는 비싼 커피가 한 잔 들려 있었다. 다섯 잔째 커피를 공손하게 나에게 주면서 "계장님, 고맙습니다, 팀장, 계장만 23년을 넘게 하셨는데도 매일 법률과 판례를 보시는 이유를 알겠습니다, 많이 가르쳐 주십시오."라고 말하더니 내가 프린트해준 자료를 주머니에 넣는다.

예전에는 그렇지 않았는데, 요즘은 선후배 관계도 무너진 지 오래됐다. 모두 똑똑하니 다른 사람 말은 잘 들으려 하지 않고 불쾌한 표정을 숨기지 않는다. 그래서 다른 팀이 틀린 부분이 있더라도 묻기 전에 먼저 나서서 설명해 주기 어렵다. 하지만 이 친구는 예전에는 부하 직원이었지만 이제는 같은 팀장이고, 나와 나이 차이도 얼마 나지 않으며 업무도 늘 자신만만하게 잘 처리해온 사람이라 말을 꺼내기 어려웠는데 이렇게 순수하게 고맙다고 해주니 기분이 좋다.

나중에 들어보니 아이 아버지까지 현장에 도착해 소란이 더욱 커졌고, 현장에 도착한 강력팀과 여청팀은 뒤에서 지켜보고만 있었다고 한다. 팀장은 현장에서 내가 알려준 내용대로 지구대는 현재의 증거만으로 체포하거나 현장 조치를 할 수 없으니 전문 경찰인 강력팀과 여청팀에서 사실관계를 조사한 후 판단할 것이라고 말하고 상황실에도 같은 내용을 무전으로 보고한 뒤 순찰차를 모두 철수시켰다. 현장에 남은 여청팀과 강력팀은 머리를 맞대고 한참 고민하다 결국은 나와 같은 결론을 내렸고, 어머니 역시 그 설명을 수긍했다고 한다.

일단 지구대에서 사건화가 되고 나면 되돌릴 수 없어진다. 지구대도 일을 신중하게 처리해야 한다는 뜻이다. 이번 일에서 가정법원 판결문만 믿고 아이를 어머니에게 넘겨줬다면 나중에 아버지와 시어머니가 대법원 판례를 들이대면서 아이를 잃어버린 책임이 경찰관에게 있다고 했을 거다. 어머니는 경찰이 아이를 넘겨줘서 데려온 거라면서 책임을 떠넘겼을 거고. 결국 애먼 경찰관만 사이에 껴서 진정, 고소를 당했을 텐데 팀장은 얼마나 고생했을까, 등골이 서늘하다.

가족 간의 재판이 난무해서 그런지 오늘은 그냥 더 가을을 타고 싶다. 휴대전화로 레옹 주제가를 틀어놓고 사랑하는 사람에게서 문자가 왔는지 몇 번이고 확인하면서. 끝내 오지 않은 문자는 "당신을 사랑해요"

2. 초등학생의 가출

영하 2도밖에 안 되는데 오늘은 왠지 더 춥다.

한 해가 끝난다는 감상에 젖을 틈도 없이 〈엄마랑 싸웠다/청소년 쉼터가 전화를 안 받는다/남자, 초등학교 6학년/청소년 쉼터에 가고 싶다〉는 112신고.

아이가 112 접수요원에게 엄마랑 싸워서 청소년 쉼터에 가고 싶다고 하여, 그러면 안 된다, 엄마랑 화해하고 집으로 들어가라, 엄마가 싫은 것은 아니지 않느냐며 몇 분 동안 설득을 해도 아이는 앳된 목소리로 자신의 주장을 계속한다. 신고한 어린이에게 전화하여 경찰 아저씨가 도와줄 테니 조금만 기다리라고 한 뒤 경찰을 출동시켰다.

잠시 후, 지구대로 들어오는 앳된 모습의 초등학생. 코코아 한 잔과 곡물 크래커에 "고맙습니다."라고 말하는 목소리와 자세로 보아 문제가 있어 보이는 아이는 아니다. 늙고 덩치 큰 경찰은 무서워할 수 있어 신임 여경에게 "많이 추웠지? 저녁은 먹었어? 엄마가 보고 싶을 텐데 계속 집에 안 들어갈 거야?" 3가지만 순서대로 묻고 "그랬구나. 응."하면서 맞장구 쳐 주라고 알려줬다. 여경의 따뜻한 말에 감동받았는지 아이는 눈물 콧물을 흘리며 30분 넘게 하소연한다.

"제가 엄마가 시키는 대로 안 하고, 학원에 안 가고 PC방에 간 건 잘 못이라고 생각해요. 그래도 전 어린이잖아요. 그럼 가끔씩 PC방에 가고 싶을 수 있는데, 열심히 할 테니까 가끔은 저를 풀어주면 좋겠어요. 엄마를 사랑하지 않는 것은 아니지만 엄마가 '학원도 안 가고 거짓말하며 PC방 가는 아들은 필요 없어, 집에서 나가!'라고 소리를 치고 화를 내는데…… 엉엉엉."

아빠와 엄마를 사랑하고 부모님을 위해서라도 공부를 열심히 해야 한다는 기특한 생각을 가진 녀석의 사고방식이 마음에 들었다.

그런데 아들이 집을 나갔으면 걱정되고 찾아보기라도 할 텐데 1시간이 넘도록 어머니로부터 연락도, 신고도 없다. 먼저 전화라도 하고 싶은데 녀석은 엄마의 번호를 알려주지 않는다. 날씨는 점점 추워지는데 집에서 나가라고 한 뒤 찾지도 않으면 아이는 엄마에게 애정이 없다고 믿게 된다. 아이보다 자기 체면이 더 중요한 사람인가?

지구대에서 잘 보호하고 있으니 걱정 마시라, 지금 반성하고 있다, 엄마가 용서하고 받아준다면 지금이라도 집에 들어가고 싶어한다는 녀석의 마음을 전해 주면 좋을 텐데... 하지만 연락이 없는 어머니를 한없이 기다리고만 있을 수도 없어 사는 곳을 물었다.

"아저씨 순찰차가 집으로 가면 이웃 사람들도 모두 볼 텐데, 그럼 엄마는 절 절대로 용서하지 않을 거예요."라는 답을 들으니 애는 속이 꽉 찼다는 생각이 든다. 어머니는 왜 아들을 찾지 않는 걸까?

아이를 계속 설득해 결국 어머니 전화번호를 알아내, 최 경위가 전화했다. 그런데 어머니는 뜻밖에도 "그 녀석은 추운데 좀 더 고생해야 해요! 집에 들어오기 싫으면 오지 말라고 하세요!"라며 큰소리를 친다. 아이가 지금 반성하고 있다고 한참 설명하면서, 일단 아들에게 보이지 않도록 지구대 뒤편 공원에서 만나자고 하는데도 어머니는 계속하여 "난 그런 아들 낳은 적 없어요!"라며 거절한다. 결국 최 경위도 화가 나서 초등학생이 아무리 말을 안 들어도 추운 겨울에 집에서 쫓아내고 찾지도 않는 것은 방임이고 아동학대라고 큰소리로 다툰다. 내가 전화기를 빼앗아 다시 전화하겠다고 말한 뒤 전화를 끊었지만, 이미 아이는 통화 내용을 다 듣고 소리내어 울고 있다.

아이를 다시 한참 설득해서 아버지 번호를 알아내 전화했다.

"난 지금 지방에서 일하니까 바빠서 못가. 당신들 마음대로 해! 그냥 집에 데려다 주지 요즘 경찰들 할 일도 드럽게 없나 보네."라는 예상외의 반응에 흥분한 최 경위가 "이거 보세요, 사모님이 이 추위에 아드님을 쫓아내서 경찰이 보호하고 있는데 무슨 말씀을 그렇게 하세요!"라고 항의하는데도 아버지는 "에이 쓰레기 새끼들!"하면서 전화를 끊어버린다.

"집안 꼴이 이 모양이니 애가 집에 가고 싶겠어? 에이씨!"라며 최 경위가 문을 걷어차고 나가 주차장에서 줄담배를 태우더니 들어와 "팀장님, 저 학생 어머니를 아동복지법으로 입건하겠습니다. 아니, 이 추운 겨울에 아들을 집 밖으로 쫓아낸 것 자체가 학대 아닙니까?"라고 소리를 지른다.

"그래서 어떻게 학대했다고 하실 건데요?"라고 묻자, 최 경위는 내가 입건에 반대한다고 생각했는지 "이 추운 겨울에 집에서 쫓아내고, 찾으러도 안 오고, 이게 정서적 학대 아닙니까?"라고 소리를 지른다.

아이 부모의 대응이 흥분할 만한 일이었던 건 맞지만, 이런 사건은 흥분한 김에 감정적으로 처리해서는 안 된다. 머릿속으로는 일단 감정을 가라앉히고 차분하게 처리해야 한다고 생각했지만 부모들 때문에 격앙된 분위기 때문에 내 입에서도 나도 모르게 큰소리가 나왔다.

"내가 처벌하지 말라고 한 것도 아닌데, 왜 나한테 큰소리야? 당신이 화나면 보고서 작성해서 형사처벌 요청하고, 당신 말 들으면 죄가 돼도 훈방이야? 어머니를 입건해 봐. 그럼 모자 사이가 어떻게 되겠어? 평소에는 사이좋던 모자래잖아? 아들이 PC방 가고 공부 안 하니 엄마가 홧김에 큰소리치며 나가라고 했어도, 아들은 엄마랑 화해하고 집에 들어가겠다니 서로 사과만 하면 금방 회복될 거 아냐?" 소리치면서 미리 뽑아둔 대법원 판례 하나를 내던졌다. "이거 읽어봐! 신체적, 정서적 학대가 어떤 건지!"

우리 둘이 너무 큰소리로 다투자 주변의 나이 든 경위들이 나를 말리고, 뜨거운 믹스커피를 타오며 최 경위 대신 사과한다. 자기들 잘못도 아닌데, 왜 이 분들이 나한테 용서해 달라지?

잠시 후 아버지에게서 다시 전화가 왔다. 이번에는 내가 직접 전화를 받았다. 최 경위에게 들었던 것과 다르게 아버지는 다소 사무적이기는 했어도 공손한 말투였다.

"죄송합니다, 보이스피싱인 줄 알았습니다. 조금 전 집에 통화했습니다. 그런데 저는 지금 지방에 있고, 정말 자리를 비울 수 없는 상황인데 어떻게 해야 하죠? 형님이 같은 아파트 단지에 사시는데 형님을 보내드리면 안될까요?"라고 해서, "지금 저희 직원이 어머니를 아동학대로 입건하겠다고 하는데 어머니 좀 보내 주시면 안될까요?"라고 물으니 "애들 엄마가 둘째 애를 잃고 나서 치료를 받고 있습니다. 평상시에는 괜찮은데 가끔 감정의 기복이 심해서 그러니 용서해 주세요."라고 한다.

직원들과 상의했지만, 어머니 아닌 큰아버지가 아동의 신병을 인수하겠다는 상황이 이해되지 않아, 다시 아버지에게 전화했다.

"애 엄마는 아프고, 제 직장이 지방이라 아이가 큰집에 많이 있었습니다. 큰형님이 아파트 바로 옆동에 사시고 제가 막내다 보니 우리 아이를 아버지처럼 돌봐주십니다."라고 말하는 사이 어떤 남성이 지구대 출입문을 두들긴다. 아이가 반기며 뛰어가는 것으로 보아 큰아버지가 맞고, 인계해도 문제가 없을 것 같아 신병인수증을 받고 아이를 넘겨주었다.

큰아버지는 아이 엄마가 평소에는 괜찮은데 공부 안 하고 실망을 주면 가끔 저런 증상이 나올 뿐 폭력적이지는 않고, 그럴 때는 늘 조카가 자기 집으로 왔는데 오늘은 왜 112신고를 했는지 모르겠다며 연신 죄송하다고 허리를 숙인다.

아무리 화가 난 어머니라도 추운 겨울에 자녀가 집을 나갔다면 전화라도 한 번 하는 것이 모성애 아닌가? 정신이 아무리 아파도 그럴 수 있을까? 잘 모르겠다. 가정폭력이나 아동학대죄 같은 걸 너무 적극적으로 의율하면 가정이 파괴될 수 있고, 그렇다고 소극적으로 대응하다 문제가 생기면 비난의 화살은 경찰에게 쏟아진다. 자녀를 쫓아낸 것이 아니라 아이 스스로 집을 나왔고, 폭력성이 있는 것도 아니고, 집 나온지 한참 되었는데도 찾지 않는다면 방임이 맞지만 가끔 증상이 나타나는 정신적 문제 때문에 관심을 못가지는 것까지 방임이라고 하기는 또 곤란하다. 게다가 법대로 학대죄로 처리하면 모자 관계는 영원히 끊어질 수도 있으니 경찰이 섣불리 나설 일이 아니다. 이건 어떻게 처리했어야 하는 걸까? 나중에 아버지를 한번 만나 봐야겠다!

법률 상식

방임(대법원 2022도11548) 방임행위는 유기나 신체적·정서적 학대행위와 비슷한 수준으로 평가될 정도의 행위여야 하고, 아동에게 보호·양육·치료 및 교육이 필요하다는 사실을 인식하면서도 필요한 조치를 하지 않는다는 고의가 있어야 합니다.

정서적 학대행위(헌법재판소 2014헌바266) 정서적 학대행위는 교육적 목적으로 이루어지는 정상적인 훈육과는 구별되는 것으로 헌법재판소는 폭언과 위협, 잠을 재우지 않는 행위, 벌거벗겨 내쫓는 행위, 억지로 음식을 먹게 하는 행위, 특정 아동을 차별하는 행위, 방 안에 가두어 두는 행위, 아이를 오랜 시간 벌을 세우고 방치하는 행위, 찬물로 목욕시키고 밖에서 잠을 자게 하는 행위, 음란물이나 폭력물을 강제로 시청하게 하는 행위 등이 이에 해당된다고 판단합니다.

3. 우리 딸이 자살하려고 했다고요?

날씨가 따뜻해지자 사건도 늘어난다. 학업 스트레스 때문에 학생들이 높은 곳에서 뛰어내리는 사건이 늘고, 그런 모습을 유튜브로 중계하는 일까지 생겼다.

에휴~ 한참 피어날 시기에, 조금만 참고 노력하면 멋진 인생을 즐길 수도 있는데. 힘든 일을 상의할 사람이나, 믿고 의지할 가족이 없어서일까? 학생뿐 아니라 젊은이들의 자살 사건이 최근 들어 늘어나, 그 모습을 보고 돌아오면 며칠 동안 가슴이 먹먹해진다.

1시간 30분만 지나면 퇴근이다. 그때까지 제발 별 사건 없기를 기대하는 순간 112화면에 빨간불이 켜지고 〈딸이 고등학생인데 자살 메시지를 보내왔다/강남역 쪽으로 이동하는 것 같다〉

또 학생 자살이라니!

신고자인 엄마와 통화하니, 딸이 학업 문제로 아버지와 관계가 좋지 않아 정신과 치료를 받고 있고, 오늘도 학원에 가지 않아 아버지가 혼을 내자 자살하겠다는 문자를 보내왔다며 입고 있는 옷까지 정확하게 설명한다.

순찰차 2대가 먼저 주변을 수색하여 곧바로 학생을 찾았다. 어머니에게 전화하여 아이를 인계받아달라고 했더니 자신은 공무원이라 30분 뒤에나 출발이 가능하다고 하여 우선 아버지부터 지구대에 먼저 오게 해달라고 한 후 보호를 위해 학생을 지구대로 데리고 왔다.

순하게 생긴 아이가 긴장해서 눈치만 보는 모습을 보니 그동안 겪은 마음고생이 보여 따뜻한 차를 권했지만 마시지는 못하고 긴장한 상태다. 단순히 아버지의 꾸중으로 자살 충동이 생겼다기보다는 다른 사연이 있어 보인다. 막내 여경과 지구대 뒤쪽 공원을 산책하라고 내보내고 30분쯤 뒤 중년 남성이 기분 나쁜 모습으로 지구대 문을 벌컥 열어젖힌다. 신고 내용을 알리며 딸이 죽고 싶다고 말했다고 설명하자, "걔가 죽으려고 했다고요, 어떻게 죽겠다고 했는데요? 말 말고 죽으려고 진짜 무슨 행동이라도 했다던가요?"라고 따지기에 일단 자리에 앉으라고 했다. 아버지가 도착했다는 말을 들은 딸은 떨면서 지구대로 들어오지 않으려고 한다.

일반적인 아버지는 딸이 괜찮은지, 다친 곳은 없는지 묻는 등 걱정부터 하기 마련인데 그런 모습은 없고, 딸은 아버지라는 말만 들어도 두려워하는 모습을 보면 아무래도 정상적인 가정은 아니었다. 무조건 경찰이 개입하다가 가정을 붕괴시킬 수도 있지만, 뭔가 숨은 사연이 있을 수 있어 모르는 척하기도 어려웠다. 어머니가 온 후 가족들의 말을 전부 들어봐야 개입 여부를 판단할 수 있을 것 같다. 아버지에게 딸이 아버지가 오셨다는 말에 더 떨고 있으니 어머니가 올 때까지 조금만 기다려 달라고 했다. 그러자 "아니 그럼 나는 왜 불렀습니까? 내 딸이니 내가 데리고 가겠습니다."라고 소리를 지른다.

이러지도 저러지도 못하는 상황에서 어머니에게 전화하여 언제쯤 도착하는지 물으면서 왜 딸이 아버지가 도착했다는 말을 듣고 두려워하는지 등을 묻자 어머니는 성적 문제 때문에 많이 혼나서 아버지를 무서워하는 거고, 성적이 더 떨어져서 회초리를 맞았더니 딸이 자살하겠다는 말을 한 것 같다고 말한다.

아동복지법상 학대란 아동의 건강 등을 해치거나 정상적 발달을 저해할 수 있는 신체적·정신적·성적 폭력이나 가혹행위, 보호자의 아동 유기, 방임을 말한다. 아버지에게 얼마 전에 딸을 회초리로 때린 적이 있냐고 물었다. 아버지는 딸의 인생을 위해서 관심을 갖고 성적을 챙긴 게 왜 문제냐고 반문하기에 아동복지법 조문 출력한 것을 읽어보라고 줬다. 조문을 읽고, 또 읽던 아버지는 "아니 부모는 무조건 죄인이네요, 훈계도 하지 못하고. 잘못하는 일에 훈육하면 모두 처벌하겠다는 건데, 그럼 저도 처벌되는 건가요?"라고 묻는다.

부모자식의 관계나 교육 방법에 대한 인식에는 세대차이가 있다. 자녀들이 부모의 폭행이나 훈계에 대해 112로 신고하여 처벌해달라고 하는 경우도 있다. 아버지가 자녀를 위해 훈계한다고 하지만 자녀가 못견디고 자살을 결심할 정도라면 그건 훈계 수준을 넘어선 것일 수 있지 않느냐,

아이들에게는 아이들의 인생이 있다는 등의 이야기를 하면서 나와 우리 아이들의 경험을 예로 들자 그의 눈에서 눈물이 나기 시작한다. 아버지는 대학교 교수였는데, 자신은 꼭 공부만 강요한 것이 아니라 세상에 흥미를 갖고 스스로 미래를 설계하며 도전하는 모습을 보고 싶었던 것인데 딸이 아무 데도 흥미를 보이지 않아 실망했고, 그렇다면 공부라도 잘해야 자신이 죽은 뒤 험난한 이 세상을 혼자 살아남을 수 있지 않겠나 하는 생각에 자극이라도 줘볼까 하다가 결국 순간적인 화를 참지 못하고 최근 몇 차례 회초리를 들었다며 한숨을 쉰다.

어머니가 도착하자 딸은 어머니 옆으로 가 팔짱을 끼고 앉아 머리를 어깨에 기댄다.

근무교대 시간이 되어 다른 팀이 들어오는데, 이 가족의 아픔을 한 사람이라도 더 알게 되는 것 자체가 피해가 될 것 같다는 생각에 어머니와 딸을 지구대 뒤편 공원으로 나오라고 해서 아버지가 눈물 흘린 이야기를 전해준 후 그들의 말을 들었다. 성격 급한 아버지, 딸에 대한 사랑은 많지만 자기 뜻대로 되지 않으면 화부터 내다가 사랑까지도 잃어버린 아버지. 어머니도 아버지의 편을 들지만 딸은 아무런 대꾸도 하지 않는다. 여고 1학년의 가슴에는 너무 큰 상처가 들어 있는 것 같다.

대화하면서 계속 고민했다. 회초리는 아동학대가 맞지만 보고서를 작성하면 긴급임시조치 등의 절차를 밟고, 별도의 행정보고까지 해야 하는데 그 과정에서 대학교수가 딸을 학대했다는 보고서가 언론에 유출될 가능성이 높다. 그리고 아버지와 딸의 관계는 영원히 회복되지 않을 것이 뻔하다. 그렇다고 아버지의 학대로 자살까지 생각한 사건을 모른 척할 수도 없다. 어떻게 해야 하나?

공직자인 어머니에게 까놓고 얘기해 보기로 했다. 딸에게 벤치에서 잠시 기다리라고 한 후 아버지에게 보여줬던 법조문을 어머니에게도 보여주며, 자살하려고 한다는 신고가 있었고, 학대가 있었던 것도 사실이기 때문에 자살 기도 이유가 학대에 있는 것은 아닌지 수사할 필요성은 있지만, 그랬다가 가정이 붕괴될 수도 있어 고민하는 중이라고 말했다. 어머니도 한숨을 쉬면서 아무 말도 못하다가 딸하고 이야기 좀 해보겠다고 한다.

'내가 괜히 가정 붕괴라는 표현을 썼나? 어머니가 딸에게 그 말을 쓰면 일단 설득은 되겠지만 그랬다가 또 똑같은 일이 반복되면 진짜 자살할 수도 있는데 괜히 말했나?'라며 걱정하고 있는데, 3분도 되지 않아 어머니가 다가왔다.

"딸이 그러네요. 자기 잘못도 큰데 아버지를 처벌하면 어머니와의 관계까지 이상해질 수 있으니 처벌까지는 원하지 않는다, 하지만 자신이 좋아하는 일을 찾을 때까지 아버지가 인근 할아버지 집에 가 계셨으면 좋을 것 같다고요. 남편하고 이야기할 테니 시간을 좀 주세요."

부부는 지구대 옆에 있는 커피숍으로 이동하고, 퇴근 못하고 기다리던 직원들 중 담당 2명을 제외한 나머지는 퇴근시켰다. 딸에게 혼자 생각할 시간을 주기 위해 나는 그 옆 벤치에 혼자 앉아 있었다.

20분쯤 흘렀을까, 아버지가 다가와 조용히 "죄송합니다, 이렇게 신경 쓰게 해드려서. 제가 당분간 본가에 가 있겠습니다. 딸이 이 정도로 상처를 입었을 줄은 몰랐습니다. 정신과 진료를 받았다는 것도 오늘 처음 알았습니다."라는데, 그의 처진 어깨에서 진심이 느껴진다.

딸과 어머니에게 갔다. 어머니는 "남편이 할아버지 집에 당분간 가 있기로 했습니다, 선처해 주세요."라고 하지만, 딸은 "엄마, 말만 그렇지 또 아빠가 집에 와서 화내면 어떻게 해?" 걱정한다.

"그럼 참지 말고 지구대로 와서 예전에 장 팀장님이 똑같은 일이 생기면 찾아오라고 해서 왔다며 나에게 연락해달라고 해, 그럼 아저씨가 와서 원칙대로 아빠 처벌하고, 접근금지 조치까지 해줄게. 아빠를 처벌하려면 네 진술이 필요하니 그때는 네가 제대로 진술해줘야 해."라고 하자, 나를 한번 바라보고는 "처벌까지 원하는 것은 아닌데…"라고 하는 말에 여러 가지 의미가 들어 있다.

다시 아버지에게 가서 "딸이 아버지의 처벌을 원하지는 않는다고 계속해서 말하는데, 딸을 정말 사랑하면 사랑한다는 말 좀 해주시고, 사모님한테는 이렇게 지구대까지 오게 한 것 자체가 미안한 일이니 미안하다고 한번 말해주시는 것이 어떨까요?"라고 했다. 아버지는 한동안 머리를 긁적거리며 서 있다가 어머니와 딸에게 다가가서 사랑한다, 가족에게 상처를 줘서 미안하다고 말한다.

딸의 신병인수증에 서명을 받으며 "아버님, 무관심해 보일 수도 있지만 믿는다는 건 관심을 조금 덜 가져 주는 것일 수도 있다는 것 아시죠?"라고 하자, 나를 보며 처음으로 고맙다고 웃는 모습에서 아버지의 고뇌도 읽힌다.

이게 내가 선택한 최선의 결론이다. 어떻게 해야 제대로 처리하는 것일지 계속 고민하지만 무엇이 더 나은 것이었는지 여전히 잘 모르겠다. 그냥 법과 원칙대로 했어야 했나? 최선의 결정인지는 모르겠지만 내가 할 수 있는 최선을 다한 결정이다. 며칠 후 딸에게 전화해서 만나보기라도 해야겠다.

지구대 문을 열고 나갔던 어머니가 다시 들어와 고맙다고 인사하고 돌아서는데, 어깨가 무거워 보였다.

4. 끝내 알 수 없는 엄마의 마음

와이프는 새로 바뀐 부서 업무에 적응하느라 집에만 오면 기절하듯 쓰러진다. 나는 눈 뜨자마자 간단히 아침을 해결하고, 엊저녁 못한 설거지를 마친 뒤 잠들어 있는 그녀의 얼굴을 보다 집을 나선다. 출근길에도 차가운 기운이 느껴지지 않는 것으로 보아 드디어 기다리던 봄이 다가오고 있나 보다.

금요일은 주간에도 신고가 많을 때가 있고, 따뜻한 바람이 불며 계절이 바뀌면 이상한 신고가 늘어나기도 하지만 오늘은 조용하리라고 기대해 본다.

일찍 출근해 원두커피 한 잔 하며 전일 있었던 악성신고를 인계받고, 직원들에게 판례를 중심으로 한 교육을 마친 뒤 근무를 시작했다. 역시 임용된 지 얼마 안 된 순경들의 질문이 많아 반갑다. 형사소송법상 수색과 경찰관직무집행법상 위험방지의 의미에 대해 설명해 주고 '경찰관의 제지 조치가 적법한지 아닌지는 제지 조치 당시의 구체적 상황을 기초로 판단하여야 하고 사후적으로 순수한 객관적 기준에서 판단할 것은 아니다'라는 대법원 판례의 의미와 인명·신체 또는 재산에 대한 위해가 절박한 때에 그 위해를 방지하거나 피해자를 구조하기 위한 경찰관의 활동에는 한계가 있을 수 없으나, 그렇게 판단할 수밖에 없었는지에 대해서는 늘 스스로 질문하고, 상의해서 결정해야 하는 이유에 대해 설명하자 고맙다며 또 커피 한 잔을 타다 준다.

교통사고나 업무방해 등 신고가 몇 건 없어 오늘은 조용히 지나가는구나 하고 있는데, 점심시간이 지나자 양재대로 교차로 2군데에서 신호기 고장으로 차량이 밀린다는 신고를 시작으로, 호텔 전 지배인이 호텔 직원들을 폭행하고 있다는 신고, 보이스피싱범에게 어제 3,000만원을 넘겨주었는데 오늘 또 만나기로 했다는 신고, 병원은 환자가 업무를 방해한다고 하고 환자는 병원이 자기를 감금했다는 신고, 술 마신 사람이 식당에 들어와 행패를 부린다는 신고, 지하철역 입구에서 전단지를 나누어주는 사람이 행인들의 팔을 강제로 잡아당기며 통행을 방해한다는 신고, 예전 애인이 계속 선물을 보내며 괴롭힌다는 스토킹 신고, 아들이 연락 안 된다는 실종신고, 짐을 내리는데 승용차가 엉덩이를 부딪치고 그대로 가버렸다는 신고 등으로 정신이 없고 출동할 순찰차도 없어 다른 지역 순찰차의 지원을 받으며 사건을 처리하고 있는데, 〈아파트에서 **사람이 떨어졌다**〉는 119 공동출동 요청 신고가 들어왔다.

아파트에서 사람이 떨어지면 자살일 가능성도 있지만 범죄 피해자일 수도 있기에 신고 처리 중인 순찰차 가운데 경미범죄를 처리하는 순찰차에 출동지시를 하고, 폭행 피의자를 체포하여 돌아온 순찰차의 열쇠를 넘겨받아 소내 근무 중인 여경과 함께 경광등 켜고 싸이렌 울리며 오늘도 또 동승자 심장 떨어뜨리는 운전으로 출동했다.

현장에는 속옷만 입은 50대 여성이 머리에 피를 흘린 채 쓰러져 있었고, 119구조대 대원들이 심폐소생술과 휴대용 전기충격기를 사용했지만 이미 사망한 상태였다. 아파트를 보니 창문이 열려 있는 곳은 한 층밖에 없어 뒤이어 도착한 순찰차에게 해당 층을 확인해 보라고 한 뒤 구경하는 주민들과 차량을 정리했다. 119구조대는 호흡을 하지 않으니 가장 가까운 대학병원으로 후송해야 할 것 같다고 하여, 순찰차로 구급차 앞에서 차량을 정리해줬다. 응급실에 도착해 의사와 간호사 5명이 달라붙어 심폐소생술을 실시했지만 여전히 심정지 상태였고 20여분 뒤 사망선고가 내려졌다.

아파트에서 투신했으니 거주자일 텐데 속옷만 입고 투신하는 경우가 이례적이다. 다시 현장에 연락했다. 창문이 열린 집을 확인해 보라는 지시를 받았던 경찰관이 해당 호실의 거주자가 맞는 것 같다, 관리사무소에 등록된 집주인은 50대 중반의 남성이다, 아들이 한 명 같이 살고 여성이 처이자 투신자로 판단된다고 보고해왔다. 옆집 사람 진술로는 투신자는 하루 종일 집에만 있었는데 우울증 환자 같아 보였다고 한다. 지구대에 나이와 주거지가 일치하는 사람을 조회하라고 지시하고 형사과에 감식팀 출동을 요청하는 와중에 병원에서는 사망자 인적사항 확인을 계속 요청한다.

관리사무실, 경비실, 동대표 등을 통해 확인된 남편과 아들의 번호로 전화했지만 10여회가 넘도록 전화를 받지 않는다. 112시스템을 통해서

〈경찰입니다, 집에서 사고가 발생했으니 전화를 받아주세요〉라는 문자를 5회 발송했지만 아무런 답변도 없다. 투신자의 남편과 아들이 똑같이 전화를 받지 않는다? 투신자가 남편과 아들을 살해하고 투신했나? 아니면 남편과 아들이 투신자를? 별의별 생각을 다 하고 있는데, 현장에 있던 박 경사에게서 전화가 왔다.

"오늘 아침 교육하신 것처럼 투신하신 분의 가족들이 위험에 처했을 수도 있으니 112에 위치추적을 요청하겠습니다."라고 보고하고 5분 뒤 "아들의 휴대전화 위치가 아파트로 확인됩니다. 전화해 보니 집안에서 소리가 납니다."라고 한다. 남편은 서초동에 있다고 조회된다는 말을 들으면서 급히 병원을 나서 현장으로 다시 갔다.

둘 중 하나다. 아들의 생명이 위험한 상태이거나, 아들이 어머니를 살해한 경우. 만약 후자라면 경찰 진입시 또 투신할 수도 있다.

일단 119에 공동출동과 투신을 대비한 에어매트 설치를 요청했다. 119구조대와 구급대, 에어매트 설치 차량, 현장지휘차량이 모두 도착했지만 나뭇가지 때문에 에어매트를 설치할 자리가 없어 망설인다. 긴급상황에서 주민 보호를 위한 에어매트를 설치하기 위해 나뭇가지를 자르는 것은 정당한 공무집행이니 자르라고 요청해 나무를 자르고 매트를 설치하고 있는데, 문 앞에서 대기 중이던 박 경사로부터 안에서 문을 열어 주어 아들의 신병을 확보했다는 무전이 왔다. 박 경사는 밑에서 에어매트를 설치한다는 사실은 모른 채 계속 아들과 전화통화를 시도했던 것이다.

집 안으로 들어가자 덩치가 큰 20대 남성이 소파에 앉아 있다. 몇 마디 해 보니 이상해 확인하니 자폐 3급이다. 아들은, 밖에서 점심을 먹고 집에 들어왔을 때 엄마는 방에서 컴퓨터를 하고 있었고 자신은 방에 들어가 음악을 들었으며, 모르는 전화가 계속 왔지만 아빠가 모르는 전화는 받을 필요가 없다고 해서 받지 않았다. 밖에 소방차와 경찰 순찰차가 들어와 있는 것을 봤다. 경찰관이 현관 앞에서 초인종을 누르며 문을 열어달라고 했지만 무서워서 문을 열어주지 않았다가 열었다고 말한다.

그래, 투신자의 사망은 안타깝지만 가족들에게 해코지당하지 않은 것은 다행이라고 생각하며 아들이 무사한 데 안도의 한숨을 쉬었지만 의심이 완전히 사라진 것은 아니다. 투신자의 방을 열어보니 책상을 창가 쪽으로 이동시켜 놓은 것으로 보아 책상을 밟고 투신한 것으로 판단된다.

투신자가 복용하던 약물을 찾는데 지구대로부터 전화가 왔다. 투신자의 남편과 통화가 되어 사건에 대해 설명하고 사망자가 ○○병원 응급실에 있다고 안내해 주었는데 흥분이나 감정 변화 없이 너무나 차분했다고 한다. 아들 역시 엄마의 투신에 대해 설명했지만 아무런 반응이 없었다.

너무나도 수상했다. 인간적인 관점에서는 아무 근거 없이 상황만으로 유족들을 함부로 의심할 수는 없다. 하지만 아내와 어머니가 사망했다는 소식에 아무런 반응도 없다는 것은 정상적이지 않다. 방안에서 투신자가 복용하던 것으로 보이는 약물도 발견되었지만 정확한 내용은 내가 알 수 없다. CCTV 영상에서는 점심을 먹고 귀가하는 아들의 모습이 진술 그대로 확인된다. 한참을 고민하다 알고 지내는 대학교 신경정신과 교수님에게 전화를 걸어 투신자살 사건과 아들의 장애등급 등을 설명하고, 어머니의 자살 사실을 통보받고도 아무런 반응이 없을 수 있는지를 묻자 자폐성 장애의 특성을 설명하며, 충분히 가능하다고 답한다. 지구대의 입장에서 더 할 수 있는 일은 없다.

112상황실에 조치 상황을 보고하자 자기들도 진행상황을 듣고 조마조마했다면서, 그래도 범죄가 아니라 다행이라며 고생했다고 한다.

출동했던 직원은 처음에는 아들이 마약을 먹었나 하는 의심도 했고, 단순 자살인데 내가 남의 집에 이렇게 함부로 들어가서 아들을 조사하는 것이 적법한가도 의문을 가졌었는데 오전에 내게서 들었던 교육이 생각나 자신 있게 일을 처리했다, 가족 간에 천륜을 저버리는 범죄가 일어나지 않은 것은 다행이지만 그런 상황을 예상하고 대비해서 긴장했다고 말한다. 솔직히 그런 범죄일지도 모른다는 기대도 약간은 있었다고 했다.

경찰관이 중요범죄 피의자를 검거했을 때 겪게 되는 흥분과 자긍심, 고양감 등은 나도 잘 안다. 그런 욕구가 없는 경찰관은 현장 근무를 제대로 해낼 사람으로 성장하기 어렵다. 씩 웃으며 그의 어깨를 툭 치고 내 자리로 돌아왔다. 교육의 효과가 크다지만 당일 교육받은 내용을 변화된 상황에 곧바로 적용하고 자신감을 키워가는 젊은 친구들의 모습이 반갑다.

퇴근 시간이 다 되어 가는데, 아까 통화했던 교수님이 다시 전화를 주셔서 처리 결과를 설명드렸다. 교수님은 잘 처리했다면서 아무리 우울증에 걸린 아내의 자살 시도에 대해 마음의 준비가 되어 있었다 하더라도 실제 죽음을 받아들이기 어려운 것이 사실이고, 만일 장애가 있는 아들이 범인으로 수사받게 되면 남편도 자살할 수 있다고 하신다.

"교수님, 현장 상황은 의심스러웠지만 그건 정상인의 이야기이고, 장애인은 반응이 비정상적일 수 있다는 교수님 설명을 믿고 따랐습니다. 혹시 감식과정에서 타살 흔적이 나타날 수도 있겠지만 그럴 가능성이 없다는 교수님 말씀을 믿겠습니다."라고 답하고 전화를 끊었다.

4. 이웃 사촌?

1. 보복 소음과 보복 신고

훌륭한 팀장은 팀워크를 잘 만드는 사람이란다. 훌륭한 리더는 자신이 책임을 지기 때문에 부하는 실패 사실을 숨길 필요가 없어진다. 리더가 책임진다는 신뢰가 형성되면 부하는 실수를 보고하기 쉬워지고 그 결과 성과가 개선된다고 한다.

오늘도 이런 좋은 내용의 글을 읽다가, 현장에서도 저런 식으로 대화할 시간적 여유가 있으면 정말 좋겠다고 부러워한다. 경찰은 현장에서 짧게는 10분, 길어도 30분 안에 100%까지 완벽하지는 않아도 거의 실수 없는 판단을 내려야 하는데 이게 사람이 가능한 일일까? 일반적인 직장에서는 실수를 저질러도 질책하지 않고 그 실수를 통해서 배울 수 있다고 말할지 모르겠는데 경찰도 실수가 용납될까? 신고 현장에서 사람의 생명과 자유와 관련된 업무를 다루는 경찰은 절대로 실수해서는 안 된다.

몇 개월에 걸쳐 수사하고 재판하는 검찰이나 법원도 판단을 잘못할 수 있는데, 촌각을 다투는 급박한 상황에서 현장 근무 경찰이 한 번의 실수만으로도 공직생활을 접거나 최소한 중징계를 받을 수 있는 세상에서 근무하고 있다. 경찰에 대한 국민의 기대가 너무 크기 때문일까? 창문을 열고 다시 하늘을 쳐다본다.

토요일이지만 여유롭게 나와서 다행이지 저녁 출근길이 많이 막힌다. 출근하자마자 낮 근무조로부터 받은 인수인계 내용이 심상치 않다. 차라리 강력사건이라면 법대로 하면 되는데, 주민들 간의 감정싸움은 법대로 되는 것도 아니고, 그렇다고 쉽게 판단할 수 있는 것도 아니니...

〈다세대 주택 앞집에서 낮부터 밤늦은 시간까지 음악을 틀어 주말인데 쉬지도 못한다〉는 112신고가 들어오는데 현장에 출동해 보면 신고자 A는 경찰이 어떻게든 조치를 해달라고 항의하고, 상대방 B는 경찰이 도착하면 음악을 껐다가 가고 나면 다시 틀고, 그렇게 반복 신고가 계속되는 걸로 보아 오늘도 밤새도록 신고가 있을 것 같다는 내용이다.

그렇게 앞집을 괴롭히는 이유가 있냐고 묻자, 새로 이사 온 A가 주차하면서 구획선을 지키지 않고, 뒷공간을 비워둔 채 앞에 주차한 후 전화도 받지 않아 가뜩이나 부족한 주차장을 사용할 수 없게 해 주민들과 다툼이 계속되었단다. 6개월 전 A와 B가 주차 문제로 다투다가 B가 심한 말을 했더니 A가 B를 협박으로 신고하여 B에게 벌금 50만원이 나왔다.

그때부터 B는 다른 방법이 없으니 이렇게라도 한다며, 소란행위로 경찰이 경범죄 스티커를 발부하고 즉결심판에 회부했음에도 경범죄 얼마든지 처리해라 나는 계속한다며 반복적으로 소란행위로 괴롭히고 있다고 한다.

근무교대 현장에 지구대장도 와서 다른 처리 방법이 없을까 고민한다. 나는 소음이 정말 커서 밤에 잠도 자지 못할 정도로 반복된다면 폭행죄로 처벌 가능하지만, 사람에 따라서는 윗집의 걸음걸이도 소음으로 느끼고 신고하는 경우가 있기 때문에 시위 현장에서 사용하는 소음측정기 같은 장비로 측정해 본 뒤 판단해야 할 것 같다고 설명하고 관련 판례를 프린트하여 넘겨주었다.

이상하다, 우리 팀이 어제 낮근무할 때는 저런 신고가 한 건도 없었는데, 다른 신고가 너무 많아서 내가 기억을 못하고 있나? 그런데 밤 10시가 넘자 드디어 문제의 그 집에서 112신고가 들어왔다. 이런 사건은 가장 성격이 부드럽고 다른 사람의 말을 잘 들으며 유머가 넘치는 곽 경위가 적임자라 그에게 출동을 지시했다. 10여분이 지나 곽 경위에게 현장 소음의 크기를 물으니 그렇게 큰 정도는 아닌데 예민한 사람이라면 잠자기 어려울 정도라고 한다. 카톡으로 관련 판례를 보냈다. 신고자에게 소음만으로 처벌하기가 얼마나 어려운지 설명하고, 밤에 잠도 못잘 정도의 소음이 계속되면 진단서를 끊어 형사 고소를 할 수 있으며, 형사 범죄가 성립하지 않더라도 민사소송을 할 수 있다고 설명하라고 했다. 하지만 소음 문제로 이웃 간에 칼부림도 나는 세상이니, 경찰은 비록 범죄가 되지 않더라도 이웃 사이를 중재해야 한다. 법에도 없는 의무지만 강력범죄 발생을 막기 위해서이다. 곽 경위는 양쪽 집 말을 40분이 넘도록 들어주고 있었다.

그러는 사이 드디어 지구대 골든타임이 시작되고 112신고가 불과 20분만에 7건 떨어지면서 1시간 사이에 20여 건의 신고가 쌓인다. 하지만 주간근무 팀에서 겁을 준 것도 있기 때문에 다른 순찰차 5대로 신고 현장을 처리하면서 곽 경위는 현장에 남게 해 1시간 가까이 양쪽 말을 다 들어 주고 왔다. 그런데도 새벽 5시, 6시에 동일인의 112신고가 계속된다. 경찰이 잠도 못 자게 하는 범인을 잡아가지 않는다, 이러니 경찰이 신뢰를 못 받는다, 선량한 국민을 보호하라며 신고는 계속된다.

신고자의 신고이력을 확인해 보니 한 달에 100건이 넘는다. 여전히 계속 신고하는 신고자에게 전화하여 소음이라고 할 정도로 소리가 크지 않아 종결처리 했다. 같은 공동주택에서 다른 층 사람들은 신고하지 않는데, 혼자만 이렇게 신고하는 것은 오히려 이웃집을 괴롭히기 위한 신고로 판단되니 계속 신고를 반복하면 즉결심판 등 원칙대로 처리하겠다고 말하자, 신고자는 112로 전화하여 피해입는 것도 해결 못해 주면서 오히려 피해자를 경찰이 협박한다고 다시 신고한다.

행태가 그냥 즉결심판 정도로는 해결되지 않을 것 같아 경범죄처벌법 위반으로 정식 입건하기로 결정했다. 허위신고는 아니지만 긴급범죄가 아님에도 계속하여 112신고를 하여 공무수행을 방해한 죄에는 해당되기 때문이다. 형사입건을 위해 곽 경위가 당시 현장에서 보고 들은 내용에 대한 보고서를 작성했다. 이웃의 진술도 필요하기 때문에 아침이 되기를 기다려 이웃집들을 찾아가 진술서 작성을 요청하자 모두 이웃 간의 일이라며 나서기 싫어한다. 결국 진술서는 받지 못하고, 신고자의 신고이력과 내용, 출동했던 각기 다른 팀 경찰관들이 작성한 보고서 내용을 종합해 발생보고를 작성하여 경찰서로 인계했다.

보고서를 작성하면서도 또다시 고민했다. 당사자는 시끄럽게 느꼈으니 신고할 수도 있지 않나? 하지만 한 달에 100건이 넘는 112신고를 한 것은 경찰을 이용해 이웃을 괴롭히려는 의도 아닐까? 더군다나 이웃과의 주차 시비 같은 걸 보면 그 사람의 성격이 잘 드러나는데, 자기는 그렇게 행동하면서 이웃에게는 작은 소리도 내지 말라며 경찰을 통해 겁을 주려는 태도를 정당하다고 받아들여야 하나?

혹시나 싶어 내가 좋아하는 변호사 형님에게 물었다. "한 달에 100번이나 신고하는 게 정상이냐? 그건 니 말 대로 이웃을 괴롭히려는 거야, 제대로 판단했네."라고 답하는 것으로 보아 잘못된 판단은 아닌 것 같다.

나는 내가 생각한 최선을 다하면 된다. 경찰서 담당 형사도 내 의견을 참고로 다시 판단하고, 검사, 판사도 다시 유무죄를 판단할 테니 나는 상식에 입각해 일하면 될 뿐이다. 그런데 그 상식이 너무 어렵다.

2. 오피스텔 절도와 CCTV

　그냥 일하기 싫은 날이 있다. 날씨는 점점 따뜻해지고, 멍이나 때리면서 막 피어오르는 벚꽃, 지는 벚꽃들을 보며 그냥 걷고 싶을 때가 있다. 점심도 입맛이 없어 먹는 둥 마는 둥 하고 지구대 뒤쪽 공원을 걷는데, 발밑에 개미들이 지나가는 모습을 발견하고 내가 밟았나 하는 생각에 깜짝 놀라 뒤로 물러나 무릎을 구부리고 앉아 한참을 봤다. 정말 부지런히, 열심히 움직인다. 그러는데 조용하던 무전기 소리가 시끄럽다.

　휴대전화도 울린다. 벨 소리가 군에 간 아들 녀석은 아니고 출동한 순찰차다.

　"절도 사건인데, 오피스텔에서 영장 없으면 CCTV를 보여줄 수 없다고 하는데요?" 알았다. 또 나이든 경비원 상대로 큰소리 내야 하나, 젊은 소장이 법도 모르면서 땍땍거리나 생각하며 현장으로 갔다.

　신고자는 어제 12시경에 환기를 시키려고 창문과 출입문을 열고 신발을 내놓았는데, 편의점에 다녀오는 사이 누군가가 신발을 훔쳐갔다, 자신이 제일 좋아하는 유명메이커 신발로 140만원이 넘으니 꼭 찾아야 한다, 이웃집이 의심되지만 관리사무실에서는 개인정보를 보호해야 한다면서 CCTV를 보여주지 않아서 112신고를 했다고 말한다. 경찰관이 관리사무실로 가서 CCTV 영상을 보여달라고 했지만 관리사무실 직원은 영장을 가지고 오라며 거부하는데, 출동 경찰관 두 사람도 CCTV를 확인해야 한다는 의견과 그렇게까지 할 필요는 없고 형사계에서 알아서 하도록 발생 보고만 하면 된다는 의견으로 갈린다. 이럴 때는 소극적인 의견을 가진 사람을 차분하게 설득하고 이해시켜줘야 하는데, 나는 이런 경우에 분노 조절이 잘 안 된다.

"내가 말했지, 일단 신고받고 현장에 출동해서 사건 처리할 때는 피해자 입장에서 판단하라고!"라며 신고자 앞에서 부하 직원에게 소리를 지르고 말았다.

시민 앞에서 욕을 먹은 정 경장의 얼굴에는 불만이 가득하다. 관리사무실에 앉아있는 30대 초반 여성에게 내용을 설명하자 자신이 결정할 일이 아니라며 장비반장에게 떠넘긴다. 연락을 받고 온 30대 중반의 장비반장은 "경찰이 답답하네, 개인정보보호법 모르세요? 영장 가지고 오세요, 영장 없이 주민들이 촬영된 영상을 어떻게 함부로 보여줍니까?"라며 큰소리를 지른다.

장비반장에게 관련 법령을 보여주려고 했으나 쳐다보지도 않고 영장 없이는 줄 수 없다는 말만 반복한다. 법을 알려면 제대로 알아야 하는데, 자기가 아는 게 전부인 줄 아는 사람이 많다. 그래도 입주민들을 보호하려고 하는 것이니 내가 이해해야지.

오피스텔에서 영상정보를 수집하는 이유는 〈범죄예방〉과 〈시설안전〉을 위해서다, 오피스텔 입주자들은 개인정보보호법 제15, 17, 18조에 따라 범죄예방 등의 목적에 사용될 수 있도록 자신에 대한 영상정보 수집 및 이의 제공을 오피스텔에 동의한 사람들이다. 따라서 입주자인 피해자가 자신의 피해를 확인하기 위해 자신의 영상을 보여달라고 요구하는 데 거부할 수는 없다고 설명했다. 금융기관이나 통신회사, 포털사이트 등이 이용자가 요청한 자신의 사용내역이나 접속이력 등의 정보를 확인해주는 것과 법률적 근거가 동일하고, 만약 제3자가 영상에 나타나면 블라인드 처리를 해서 보여줄 수 있다. 다만 그 제3자 역시 오피스텔 입주자라면 그 사람도 〈범죄예방〉과 〈시설안전〉을 위한 영상정보 수집 및 제공에 동의했으니 영상을 제공하는 게 아무런 문제가 안 된다고 말하자 관리사무소장은 장비반장과 한참 의논하고, 내가 설명한 법조문과 내용을 써서 달라고 하기에 컴퓨터로 관련 조문과 판례를 찾아서 보여주자 마침내 CCTV 영상을 열람시켜 줬다. 30분만이다.

CCTV를 보니 옆집 남자가 복도를 지나가다 피해자가 내놓은 신발을 발견하고 서서 한참 동안 살펴보다가 자신의 집으로 가지고 들어가는 모습이 확인된다. 그 집으로 찾아가 왜 다른 사람의 신발을 가져갔는지 묻자 그런 적이 없다고 부인한다. CCTV에서 확인이 되었다고 하자 쓰레기봉투와 함께 정리되지 않은 신발이 던져져 있어 버린 줄 알고 가져간 것인데 재활용품을 사용하는 것도 죄가 되냐며 끝까지 부인한다. 요즘은 신발 버릴 때 분리수거함을 이용하지 않냐고 하자 다시 한참 머뭇거리더니 자기 발에는 작아 후배에게 줬다면서 진짜 버린 줄 알았다고 거짓말을 고집한다. 가져가지 않았다고 하다가 버린 줄 알았다고 말을 바꾸고, 여러

켤레의 신발을 일일이 확인해 가장 비싼 신발만 들고 가는 모습이 촬영되었는데도 부인만 하니 그냥 긴급체포하고 집안을 수색해 볼까 살짝 고민했다. 하지만 처벌을 면해보려고 하는 거짓말이 결국은 범죄를 시인하는 셈이고, CCTV 등 증거가 확보되었으며, 피해자의 옆집에 거주하는 점 등을 종합해 체포의 필요성은 없다고 판단하여 검거보고서를 작성했다.

체포만 하지 않았을 뿐, 절도 피의자로 입건되었으니 알아서 수사를 받겠지. 피해자에게 앞으로의 절차를 설명하자 도둑놈을 왜 체포하지 않느냐고 항의한다. 이미 범인으로 특정된 피의자는 검거했는데, 현행범인은 범죄 발생 직후여야 인정되는데 시간이 한참 지났으니 현행범인으로는 체포할 수 없고, 증거가 모두 확보되어 긴급체포 요건도 갖추지 못해 체포를 못한다고 설명했지만 피해자는 이해하지 못한다, 아니 이해하려 들지 않는다. 당연하겠지, 내가 피해자라고 해도 저런 뻔뻔스러운 도둑놈을 체포하지 않으면 화가 날 것 같다.

지구대로 돌아와 다시 봄 햇살의 따뜻함을 나른하게 쬐며 앉아있다가 문득 정신을 차리고 개인정보보호법상 개인정보 보호와 CCTV 영상의 관계, 자기 정보 제출요구권의 한계, 옆에 주차된 차가 문콕 사고를 냈다며 CCTV 영상을 요구할 때 경찰이 개입할 수 없는 이유, 개인정보 주체가 자신의 정보에 대해 제출을 요구했지만 거부당할 경우의 처분 등 지구대 직원들을 위한 교육자료를 만들었다.

3. 수상한 윗층 사람

　오랜만에 112신고가 적게 들어와 점심 식사 후 커피 한 잔을 마시는 여유를 부리며 "오늘 조용하니 이런 여유도 있네"라며 웃자, 곽 경위가 그런 말씀은 지구대 금기어라고 한다. 나도 농담으로 바쁜 곳에서 정신없이 살고 싶어서 112신고가 가장 많은 지구대로 온 건데 너무 조용하면 재미없지 않냐고 말하자마자 112신고 시스템에 빨강색 CODE-0로 〈층간 소음〉이라는 신고. 〈윗층에 사는 사람이 정신적으로 문제가 있는 것 같다/칼을 들고 엉뚱한 집으로 가서 문 열라고 한다/큰 사고가 날 것 같으니 빨리 출동해 달라〉라는 신고가 접수되었다. 인근의 순-26호가 출동하겠다고 했음에도, 112상황실은 강력팀과 지원순찰차도 더 출동하고 팀장도 나가 현장지휘를 하라고 지시한다.

　점심시간에는 순찰차 6대 중 3대씩 교대로 식사를 하는데, 2대는 교통사고와 절도 사건에 출동 나갔고, 순-26에는 육아 때문에 시간제 근무를 신청한 베테랑 형사 출신 박 경위와 발령받은 지 이제 한 달밖에 되지 않은 막내 여경 백 순경 둘만 있어서 불안했다. 그런데 지구대 근처에서 식사하던 경찰관 2명이 무전을 듣고 점심 먹다 말고 뛰어와서 현장에 같이 출동했다. 112상황실에서는 강력팀에 출동을 지시하며, '피습 대비 방검복, 방검장갑 등 안전장구를 필히 착용하고, 테이져건의 이상유무를 점검하여 현장에 임장하라, 부상을 당하지 않도록 팀장 지휘 아래 주의하라'는 무전을 시끄럽게 반복한다. 이런 사건으로 한 두 번 출동하는 것도 아니고, 상황실에서는 앵무새처럼 매뉴얼만 반복한다. 하지만 경찰서와 멀리 떨어진 현장 판단의 최종 책임자는 결국 지구대 팀장이다.

현장은 10여 층 짜리 나홀로 아파트로 도착하자마자 순찰차 트렁크에 실려 있는 방검복 착용을 지시하고 장봉을 챙겨서 현장으로 이동했다. 경비원이 친절하게 출입구 비밀번호를 입력하며 문을 열어주어 신고 장소인 5층 현장으로 올라갔다. 호실 입구에는 "집 안에서 마약을 하고 있다. 모두 사형시켜야 한다"라고 소리를 지르는 남성이 소화기를 들어 현관문을 내려치고 있었고 바닥에는 부엌칼이 놓여져 있었는데, 먼저 출동한 박 경위가 테이져건을 겨냥하면서 소화기를 내려놓으라고 설득했지만 남자는 계속 출입문을 소화기로 내려치며 대치하고 있었다.

그냥 테이져건을 발사해? 장봉으로 바로 진압해? 시간이 걸리더라도 조금 참고 들어봐? 고민하고 있는데, 박 경위는 "아이구 선생님, 누가 이렇게 선생님을 힘들게 했어, 일단 어떤 일이 있었는지 말이나 해봐."라고 대화를 시도한다. 남자는 박 경위의 말에 행동을 멈추고 몸을 돌려 "내가 조용히 좀 해달라고 몇 번이고 부탁했는데, 계속 떠들고 어떨 때는 밤새도록 히히덕거려서 잠도 잘 수 없게 하는데, 도저히 참을 수가 없어! 하루 이틀도 아니고 정말 이 인간들을 다 죽여버릴 거야! 경찰관 아저씨 내가 정신병자로 보이지? 조금만 내 입장에서 생각해 보라고, 한밤중에는 잠이 들만하면 쿵쾅거리며 걷고, 물건을 떨어뜨리기도 하고, 책상을 옮기고, 깔깔거리며 웃고, 낮에는 음악 틀어놓고 박자에 맞춰 춤추면서 쿵쾅거리는데 정말 정신병원에 입원할 것 같다고, 그래서 112신고를 하면 경찰은 단순 층간소음은 경찰이 개입할 수 없다며 구청에 신고하라고 하고, 구청은 층간소음은 경찰에 신고하라며 아무도 해결해 주지 않고, 이 새끼들은 내가 신고한 것을 어떻게 알았는지 신고에 보복하려고 더 크게 떠들어서 잠도 자지 못하게 하는데, 내가 정말 정신병원에 입원할 것 같아! 정말 돌아버릴 것 같은데, 이 인간들을 죽여버리고 내가 징역을 가면 될 거 아냐~!"라며 온몸을 떨고, 머리를 흔들며 말하는 모습으로 보아, 극도의 흥분상태에서 정말 큰 사고를 일으킬 것 같다.

짧은 시간 사이에 신속하게 머리를 굴린다. 이럴 때 다짜고짜 지시하는 어투로 말하면 상대방을 위축시키거나 더 자극하게 되고, 자신이 공격당한다고 생각해 칼을 휘두를 수도 있다. 긴장을 완화시키기 위해서는 상대가 왜 그런 일을 벌였는지 이유를 편안하게 말할 수 있게 해주어야 한다. 어떻게 말을 꺼내야 할까 고민했다. 머리가 아프다.

이론상으로는 라포(rapport, 신뢰관계) 형성을 통해 설득하라고 되어 있지만 대화 자체가 되지 않는 이런 사람들과 어떻게 라포를 형성하란 말인가? 박 경위에게는 테이져건을 준비하라고 신호하고, 강 경위에게는 훈련받은 대로 삼단봉으로 손목을 칠 준비를 하라고 눈빛으로 지시했다.

그 후 내가 별일 아닌 듯이 "단순한 층간 소음은 경찰이 개입할 수 없지만 일단 내가 책임자로 왔잖아, 이번 기회에 확실하게 윗층에 의사를 전달하고 이 양반들이 뭐라고 변명하는지 같이 들어 보자고, 말을 하려면 소화기를 들고 할 수 없잖아, 소화기는 내려놓읍시다"라고 하자 의외로 쉽게 소화기를 내려놓더니 뒷쪽에 놓여진 칼 쪽으로 이동한다.

"잘했어, 선생님이 경찰 말을 들어 주었으니, 우리도 선생님 말을 듣고 어떻게든 선생님 입장에서 해결해 줄께"라고 하자, "지금 저 안에 아들이 맞고 있는데 내가 빨리 구해야 한다, 그래서 칼을 가지고 왔다, 못구하면 여기 사는 놈들 다 죽여버릴 거야"라고 소리를 지르는데 시간을 더 끌다가는 사고가 발생할 수 있을 것 같다. 순간적으로 직원들의 눈빛을 보니 물리력을 써서 제압하는 게 맞겠다는 의견들이다.

"여기 출입문 손잡이가 모두 부서져 있네, 자 그럼 같이 들어가서 아들이 있는지 확인해 봅시다, 내가 먼저 들어갈 테니 따라 들어오셔."라면서 먼저 출입문을 열고 들어간 뒤 문을 닫았다.

남자가 출입문을 열고 따라 들어오려는 순간 입구에 있던 경찰관이 신속하게 칼을 빼앗으면서 팔을 꺾어 제압한 뒤 양손에 수갑을 채웠다. 흉기인 칼을 들고 있고, 이미 위험한 물건인 소화기로 출입문을 손괴했으며, 대화 내용을 봐도 정신이 온전하지 않아 언제든지 불특정 다수의 사람들에게 위해를 가할 우려가 높은 남자임에도 테이져건이나 가스총, 경찰봉을 사용하지 않고 체포할 수 있었던 것은 같이 현장을 뛰면서 생긴 팀워크 덕이었다.

건물주를 상대로 손괴된 호실의 입주자를 확인해 보니, 거주자들은 여행을 가서 집안에는 아무도 없는 것으로 확인되었다. 내부에 들어가보니 가구 배치 및 사진으로 보아 젊은 부부가 아이와 같이 살고 있는 것으로 확인되었는데 집은 텅 비어 있었다.

일단 특수재물손괴죄로 체포했지만 사람의 신체에 직접적인 위해를 가하지 않았기 때문에 형사과에서 조사만 받으면 석방될 것이 틀림없었다. 그런데 석방된 후에 다시 칼을 들고 건물주나 다른 세입자들에게 보복하면 어떻게 하나 고민이 되기 시작했다. 같은 아파트에 살고 있으니 자기 집에 돌아가는 것을 막을 방법은 없고, 현장 행동으로 볼 때 피해 입주자에 대해 오히려 보복할 우려가 크지만 추정만으로 특정인의 자유를 억압할 방법이나 제도적 장치는 없다. 정신적으로 문제가 있다면 오히려 감경사유가 될 수 있으니 형사과에서 신병을 계속 데리고 있을 수도 없는데...

강력팀은 차량정체로 아직까지 도착하지 않는 와중에 정신이상이겠지? 응급입원을 시키면 될까? 고민했다. 일단 강력팀에게 지구대로 와 달라고 무전한 뒤, 신병을 지구대로 인치하고 아이스 커피도 주면서 대화를 시도했지만 아직 판단이 서지 않는다.

강력팀은 압수된 칼을 본 후 자신들이 할 일이 없다면서 철수하겠다고 한다. 사건 내용과 진행 과정을 설명했지만 강력팀은 범인 검거가 주

업무이기 때문에 이미 범인이 검거된 상태에서 자신들이 할 수 있는 건 없고, 이 사건은 구속 사유에 해당되지 않으니 조사 후 석방해야 할 것 같다고 말한다.

칼을 들고 사람의 생명을 해치려고 했고, 다시 동일한 행동을 할 수 있는 사람을 그대로 석방시켰다가 무슨 일이 생길지 몰라 가족들에게 연락하려고 하였으나 전화번호를 알 수도 없다. 박 경위가 어렵게 건물주의 협조를 받아 계약서를 확인하고, 계약서에 기재된 아버지의 휴대전화로 전화를 걸어 사건 내용과 경찰이 위험하다고 판단하는 이유를 설명하자 아버지는 예전에도 병원에 있었는데 자신은 힘들어서 더 이상 관여하고 싶지 않으니 경찰에서 알아서 하라며 출석할 수 없다고 한다. 무슨 아버지가 책임도 안 지려하나 싶다가도 얼마나 오랜 시간 고통을 받았으면 저럴까 하고 이해가 가기도 했다.

경위급 간부 경찰관들과 지구대 뒤편 공원벤치에서 회의를 했다.

그냥 형사과로 인계하면 되지 우리가 나중의 결과를 책임져야 하느냐라는 생각도 있었지만 고민하다가 결국 응급입원을 시켜야만 할 것 같다고 의견이 모여졌다. 하지만, 한 번도 해 보지 않은 응급입원이기에 관련 법률과 절차를 확인하기로 했다.

경찰관직무집행법 제4조는 정신착란을 일으키거나 술에 취하여 자신

또는 다른 사람의 생명·신체·재산에 위해를 끼칠 우려가 있는 사람이라는 것이 명백하고 응급구호가 필요하다고 믿을 만한 상당한 이유가 있을 때에는 보건의료기관이나 공공구호기관에 긴급구호를 요청할 수 있다고 되어 있고, 정신건강증진 및 정신질환자 복지서비스 지원에 관한 법률 제50조에도 정신질환자로 추정되는 사람으로서 자신의 건강 또는 안전이나 다른 사람에게 해를 끼칠 위험이 큰 사람을 발견한 사람은 그 상황이 매우 급박하여 제41조부터 제44조까지의 규정에 따른 입원 등을 시킬 시간적 여유가 없을 때에는 의사와 경찰관의 동의를 받아 정신의료기관에 그 사람에 대한 응급입원을 의뢰할 수 있다라고 되어 있음을 확인했고, 관련 절차와 서류 등을 모두 검토했다.

일단 남자를 현행범인으로 체포했으니 형사과에서 10년 근무했던 박 경위에게 특수재물손괴 등 혐의로 현행범인체포서를 작성하되, 응급입원을 위한 석방도 해야 하니 석방보고서도 같이 작성하라고 했다. 다른 경찰관에게는 아버지와 통화해 정신병원에 있었음을 확인했다는 내용과 현장 행동으로 보아 다른 사람에게 생명에 위해를 끼칠 위험성이 있다는 내용으로 응급입원 의뢰서를 작성하도록 한 뒤, 병원에 전화하여 응급입원이 가능하다고 확인한 후 순찰차를 중곡동 국립정신병원으로 출발시켰다.

현장은 어렵다. 작은 실수나 판단 미스가 엄청난 결과를 발생시킬 수 있고, 그렇다고 과도한 판단을 하면 다른 사람의 신체 자유를 구속하는 결과가 나올 수도 있다. 아버지에게 남자의 응급입원 사실을 알리려고 전화하였으나 받지 않는다. 문자로 응급입원 사실을 통보하자, 그제야 전화가 와서 어느 병원인지 물어본다. 같은 아버지로서 이해가 되지 않는 부분도 있지만 참고 병원을 알려줬다.

오늘도 이렇게 하루가 끝나가고 있는 것 같다.

4. 마약 의심 신고까지 하는 이웃

점심시간이 되어가고 있는데, 갑자기 112시스템에 빨간불이 켜지며 〈마약을 발견했다/빨리 출동을 나와 달라/마약한 사람과 3층에서 싸우고 있다〉라는 신고 후 곧바로 전화가 끊어졌다는 CODE-0가 발령됐다.

신고 장소 주변에서 순찰근무 중이던 순-24호가 출동하겠다고 대답했지만 추가 지원을 나가라는 지시가 내려와 순-26호도 지원출동하게 됐고, 이어 팀장, 강력팀까지 나가라면서 늘 하듯이 '흉기, 피습에 대비한 안전장구 착용, 피의자 검거 시 도주, 피습, 자해 등 돌발행동 대비, 마약 관련 시약검사 준비' 등의 지시가 요란스럽게 내려온다.

순-22호가 지구대 인근에 있어 그 차를 타고 현장에 출동했다. 싸이렌과 경광등을 키고, 창밖으로 손을 뻗어 다른 차들에게 비켜달라고 손짓하면서 출동하는데 112상황실에서는 '순찰차의 순마캠(순찰차에 설치된 외부 영상촬영장치)을 틀어 상황실에서도 현장확인을 할 수 있게 해라, 마약 사범이 현장에서 도주할 수 있으므로 다른 지구대는 길목을 차단하라'라는 등 요란하게 지휘한다. 하지만 신고 내용으로 보아 마약에 취한 사람이 신고자에 대해 보복 폭행을 하는 위급한 상황일 수 있어 정신없이 출동하는 마당에 그런 지휘는 귀에 들어오지 않는다.

현장에 도착하자 신고자로 보이는 사람이 다세대 주택 현관 앞에 강아지 인형과 작은 알갱이가 든 조그만 비닐봉지를 들고 앉아있다. 어찌 된 일인지 묻자, 자신은 2층에 살고 있는데 3층 거주자가 4층 현관 앞으로 택배를 배달시킨 뒤 그걸 찾아가는 수법으로 마약을 공급받고 있어서 오늘은 자신이 먼저 택배물을 확인하다가 강아지 인형 발에서 마약이 들어있는 비닐봉지를 발견했고 다른 쪽 발에도 마약이 들어있으니 빨리 검식해 달라고 말한다.

마침 도착한 강력팀과 함께 신고자의 집 안에 들어가니 뜯겨진 택배 상자가 있다. 하지만 강력팀은 국과수 감식을 하지 않고는 마약 여부를 확인할 수 없다고 한다. 그런데 문제는 또 있다. 신고자는 강아지 인형의 소유자, 소지자, 보관자도 아니어서 임의제출을 받을 수도 없고, 비닐봉지 속의 물건이 마약류라고 단정할 만한 증거도 없어 긴급압수를 할 수도 없다.

일단은 건물주를 상대로 4층 거주자가 누군지 확인해 전화해 보기로 했다. 연락된 4층 거주자는 자기가 여자친구에게 주기 위해 강아지 인형을 주문했다고 말한다. 주거지로 올 수 있느냐고 묻자 직장이 멀지 않다며 곧 오겠다고 한다. 4층 거주자는 도착 후 자기가 주문한 인형을 누가 이렇게 찢어버렸냐며 화를 내기에 먼저 주문 내역을 보여달라고 했더니 휴대전화로 쇼핑몰 주문 내역을 보여준다. 4층 거주자의 말이 맞는 것 같아 신고자에게 강아지 인형은 4층 거주자가 주문한 것이 맞다고 설명했지만 신고자는 4층 거주자와 3층 거주자가 서로 짜고 거짓말을 한다고 계속 우긴다.

아무래도 수상해서 신고자의 112신고 이력을 확인했다. 그러자 신고자는 자신의 주거지 위층인 3층 거주자에 대해 '소란, 폭행, 시비' 등으로 한 달 동안 25건이 넘게 신고한 사람이었다. 왜 이번과 같은 신고를 했는지 대충 알 것 같지만 신고 이력으로 볼 때 말 한 마디라도 실수했다간 그걸 물고 늘어질 것이 뻔해서 만반의 준비를 갖추기로 했다. 우선 4층 거주자가 주문했다는 쇼핑몰의 판매자 정보를 통해 인형을 판매하는 사업자에게 전화하여 신고 내용을 설명하면서 인형 발 쪽에 들어있는 비닐봉지 속 작은 알갱이가 무엇인지 물었더니 강아지 인형의 발을 지탱해 주기 위해 넣는 보형물이라며 소리내어 웃는다. 그 내용을 스피커폰으로 다시 한 번 설명해 달라고 하자, 판매자는 동영상까지 틀면서 비닐봉지가 인형의 보형물이라는 사실을 보여준다.

신고자는 '아닌데, 아닌데'하며 말을 잇지 못하고, 여자친구에게 선물을 주문했던 4층 거주자는 신고자가 자신의 택배 박스를 뜯고, 그 안에 있는 강아지 인형을 가위로 자르는 등 손괴한 것에 대해 처벌을 요구하며 이미 못쓰게 된 강아지 인형을 임의 제출하겠다고 한다.

신고자에게 재물손괴 혐의로 입건될 것이고, 마약이라고 주장하는 물건에 대한 성분 분석 결과 마약류가 아닌 것으로 밝혀지면 허위신고까지 함께 처벌될 것이라고 설명하자 신고자는 좋다면서 자기는 마약이 맞다고 생각한다고 우긴다. 그러더니 마약범들을 비호하는 대한민국 경찰 아저씨들이 오히려 신고자를 처벌하겠다고 하니 정말 고생 많다고 비아냥거린다. 더 이상 대화할 가치가 없는 사람이라고 판단해 그냥 피해자 진술서만 작성한 뒤 나왔다.

순찰차를 타려는데 피해자가 다가와 왜 저런 사람에게 그런 소리를 들으면서까지 체포를 하지 않느냐고 묻는다. 현행범인으로 체포하려면 범행이 진행 중이거나 범행 직후여야 하는데, 피해자의 인형을 손괴한 지 1시간이 넘었으므로 현행범인이 되지 않고, 주거가 일정하고 증거도 확보되었으므로 체포할 수는 없지만 절차에 따라 처벌할 거라고 설명하고 지구대로 돌아왔다.

신고자는 아무리 봐도 정신적 문제가 있는 것 같지만 그렇다고 응급 입원을 할 정도는 아닌 것 같아 할 수 있는 조치가 없다. 가까이에 저런 이웃이 살고 있다면 즐거운 나의 집이 되기는 힘들 것 같아 안타깝다.

5. 주차금지 표지판

어제는 보고 싶던 형님과 집 근처 커피 전문점에서 커피 한 잔과 함께 옛날이야기로 한참 수다를 떨었다. 형님이 총경으로 승진해 지방 서장으로 발령받은 후 한참을 못 봤었다. 그때는 비가 내렸는데 오늘은 눈으로 바뀌어 떨어진다.

혹시나 눈길에 늦을 수 있으니 일찍 나와 김밥 한 줄을 사 먹고 출근하는데, 가끔씩은 이렇게 눈이 내리는 것만 봐도 왠지 기분이 좋다. 와이프가 눈을 보고 '눈이다~'하며 좋아하는 모습이 생각나 혼자 피식 웃기도 하고.

10:00경 〈이웃집 남성이 절도를 했다/그런데 보복을 하려고 한다〉는 신고를 받고 순찰차가 출동했는데, 30여분 뒤 순찰차를 따라 남성 2명이 각자 자기 차를 몰고 나를 만나겠다며 지구대로 들어왔다.

A는 자신의 집 앞 노상주차장에 주차금지 표지판을 놓아두었는데, 누군가가 훔쳐가 CCTV를 확인해 보니 옆 빌라로 이사온 B였다. B의 집에 찾아가 남의 집 앞에 주차하지 말라면서 왜 주차금지 표지판을 훔쳐갔냐고 했더니 자신의 멱살을 잡고 죽여버리겠다면서 폭행했다고 한다.

B는 노상주차장은 누구의 소유도 아닌데 A가 자기 차만 주차하려고 주차금지 표지판을 세워두었기에 이것을 빌라 사이로 옮겨 두었을 뿐 훔쳐간 것이 아니다. 그런데 A가 초인종을 눌러 문을 열어주자 집 안으로 들어와 여자친구 앞에서 자신을 도둑놈이라고 하기에 나가라고 했지만 계속 나가지 않아 집 밖으로 내보내는 과정에 실랑이가 있었을 뿐 폭행한 일은 없다고 주장한다.

출동 경찰관 의견은 A가 집 안으로 들어간 후 나가라고 하는데도 나가지 않은 것은 퇴거불응이 맞지만 자신의 물건을 함부로 가지고 간 데 항의하는 과정에서 발생했으니 범죄라고 보기 어렵고, B는 주차금지판을 다른 곳으로 옮겨 두었을 뿐 영득의 의사가 없었으므로 범죄가 성립되지 않는다는 것이었다. 두 남자에게 그렇게 설명했음에도 두 사람은 모두 상대방을 절도, 폭행, 주거침입 등으로 처벌해달라고 싸우며 동네를 시끄럽게 만들어, '우리 팀장님이 수사팀장만 20년을 넘게 하셨으니 직접 지구대에 가서 서로 주장을 듣고 결론을 내리자'고 했더니 두 사람 모두 찬성해서 지구대에 왔다는 것이다.

초대하지 않은 손님이지만 손님 접대는 제대로 해야지.

나는 B부터 지구대 뒤편 주차장으로 데리고 간 후 뽑아간 판례를 하나 읽으라고 줬다. 그는 몇 번이고 읽더니 "이건 휴대전화를 사용하겠다면서 빌리는 척하며 훔치려다가 다른 곳에 버린 것이고, 저는 빌라 사이에 멀쩡하게 놓아두었잖아요."라며 오히려 소리를 지른다. 주차금지 표지판도 재물이고 다른 사람의 재물을 사용하지 못하도록 감추는 것은 재물은닉죄라고 설명했다. 그제야 B는 주차 자리가 협소해 몇 번 차를 댔더니 전화로 소리를 지르고 욕을 하기에 화가 나서 그랬는데 어떻게 하면 되냐고 묻는다. A가 처벌을 요구하면 처벌할 수밖에 없다고 하자, B는 지구대 안으로 들어가 A에게 다시는 주차하지 않겠다고 몇 번이고 사과했다. 그러자 A는 이웃 간에 발생한 일이니 없었던 일로 해달라고 한다. 이웃이니 봐달라는 말이 이렇게 정겨울 줄이야.

분쟁이 또 일어날 수 있으니 서로 진술서를 작성하고, 처벌을 원하지 않는 의사를 명확하게 쓰게 했다. B에게 다시 이런 행동을 하면 처벌받을 수 있다고 설명하고 훈방하자 아까 보여준 판례를 줄 수 없겠냐기에 출력물을 그대로 넘겨 주었다.

출동 경찰관들에게 재물손괴죄에 있어서 은닉, 효용을 해한다는 말의 의미와 손괴죄는 불법영득의사가 필요 없다는 사실을 설명해 줬다. 그러면서 A도 퇴거불응죄가 될 수 있는데 당시 상황상 불법주차와 주차금지 표지판 관련 분쟁이 있었기 때문이지 주거침입의 고의가 있었다고는 볼 수 없으니 사회상규에 위반되지 않는 행위라고 볼 수 있어 입건하지 않는 것이라는 사실도 설명했다. 출동했던 김 경사는 절도죄만 생각하고 재물손괴죄는 생각도 못했다며 웃는다.

신고자와 피신고자가 치열하게 다투는 112신고 사건 현장에서 수많은 법조문과 판례를 다 검토할 방법이 없는 것은 당연한 일이다. 하지만 그래도 왜 경찰이 하는 말을 믿지 않는지 모르겠다. 판례까지 뽑아서 보여줘도 믿지 않으니... 자신의 행동을 불법이라고 인정하고 싶지 않아서 일지 모른다.

원칙대로 처벌하면 이웃 간에 원수가 될 거고, CCTV를 피해서 차량을 손괴하기도 하는 등 서로 미워하며 분쟁은 더 커져갈 테니 잘 처리한 거라고 생각했다. 얼마 전엔 소음 문제로 계속 다투던 앞집 사람이 마약을 하는 것 같다고 허위 신고한 이웃도 있었지? 그들보단 사이좋게 지낼 것 같으니 다행이다.

이렇게 순순히 죄를 뉘우치고 앞으로 잘 살겠다고 다짐하고 나가는 손님들이라면 언제든 환영이다.

5. 술은 무죄 사람이 유죄

1. 끝없는 주취자 난동

야간근무라 낮잠을 자야 해서 새벽까지 넷플릭스 영화 2편을 보고 쪽잠을 잤는데 오늘따라 점심 먹은 후에는 잠이 오지 않아 계속 뒤척이기만 하다 6시가 다 돼서 찌뿌둥한 몸을 일으켰다. 후다닥 세수만 하고 지하 주차장으로 이동하는데 와우~ 춥다, 정말 춥다.

예수님이 오신 크리스마스와 술이 무슨 상관인지, 늘 마시는 술을 크리스마스 핑계로 더 퍼마신 뒤 시원한 바닥에 쓰러져 주무시는 양반들 얼어 죽기 딱 좋은 날씬데 오늘 밤 근무도 걱정이다.

예상대로 저녁 9시에 이미 〈추운데 술에 취한 사람이 주차장에서 잠들어 있다〉라는 신고를 시작으로 〈술에 취한 사람이 도로에 나와 차를 막고 있다〉, 〈어디서 다쳤는지 얼굴에 피가 흐르는 사람이 공원 벤치에 누워있다〉는 신고가 연속으로 들어오는 걸 보니 갑자기 추워진 날씨에 미리 내복도 준비 못한 경찰들이 벌벌 떨면서 구조활동을 하겠구나!

　20여 분 뒤 지구대에 도착한 순찰차에서 남자 하나가 경찰 부축을 받으며 내린다. 어디서 넘어졌는지 얼굴이 피범벅이다. 지원 요청을 받고 지구대로 출동나온 119구조대에 환자 치료를 부탁하자 구급대원은 기분 나쁜 표정으로 "저희는 응급환자에 대해 상담, 응급처치, 이송을 하지 피가 난 사람 치료하는 사람들이 아닙니다"라고 답한다. 이 말에 기분 상한 박 경위는 지금 술에 취한 건지, 아니면 다른 이유로 의식이 없는 건지 모르니 그 부분을 확인하면서 다친 상처 처치도 해주는 건 응급의료 아니냐고 따진다. 주취자 때문에 경찰과 119가 다툴 필요는 없는데… 구급대원이 다친 얼굴에 소독 등 기본 조치를 하고 깨우자 남자는 정신을 차리고 일어나 앉는다. 구급대원은 "자, 술 먹고 잠들었던 분 의식 회복되었습니다!"라고 비아냥거린 뒤 구급차를 몰고 가버린다.

　취객은 지구대 소파에 누워 잠들었다가 바닥으로 떨어지면서 다친 부위에서 다시 피가 흐른다. 의자에 도로 눕히자 잠시 후에는 바닥을 토사물 천지로 만들고는 경찰이 치우는 사이에 도로 곯아떨어진다. 신분증도 없고, 휴대전화는 비밀번호가 걸려 있어서 가족들에게 전화도 못한다. 주취자는 한참 뒤 일어나 화장실에 가 요란스럽게 토하고 나더니 그제서야 술이 조금 깼는지 지 버릇대로 진상을 부리기 시작한다.

"내가 무슨 잘못을 했다고 경찰이 나를 잡아와!" 소리만 지르는 게 아니라 지구대 책상을 발로 걷어차며 행패다. 정신 드셨으면 집에 가셔도 된다고 했지만 "내가 왜 경찰서에 잡혀 왔는지 이유를 알기 전에는 못간다"고 소리를 지르더니 누군가와 통화하는 와중에 구급대원이 치료한 흔적을 발견하자 "경찰이 죄도 없는 사람을 잡아와서 폭행을 했다! 머리가 깨져서 피가 나자 몰래 반창고를 붙였다!"라며 지구대를 난장판으로 만든다.

행패가 30분 이상 계속되는 사이 연락을 받고 동생이라는 사람이 왔는데 역시 핏줄은 어디 가지 않는다. 동생 역시 자기 형이 무슨 죄를 지었다고 잡아와서 이렇게 머리까지 깨뜨리냐면서 내가 폭력 경찰을 가만두지 않겠다고 행패에 합세한다. 112신고를 보여줘도 안 믿더니, 순찰차 블랙박스를 보여주자 그제야 목소리가 좀 작아진다. 지구대 내의 CCTV 영상을 보고 나서야 말을 멈추고 여전히 행패 부리는 형을 끌고 나간다. 미안하다거나 고맙다는 말은 없다. 요즘이야 블랙박스에 CCTV가 있으니 좀 낫지만 예전 같으면 꼼짝없이 경찰이 누명을 썼을 상황이다.

잠시 뒤 동생이 다시 지구대로 들어와 택시가 안 잡히니 택시를 잡아 달라고 한다. 형제가 지구대에서 한 짓을 겪은 직원들은 아무도 도와주러 나서지 않는다. 그러자 잠시 후 112에서 전화가 왔다. 경찰이 폭행을 해 형이 다쳤는데, 다친 형을 귀가시키려는 택시조차 안 잡아 준다는 112신고가 접수되었다며 상황을 묻는다. 그간의 상황을 설명하자 112 역시 "나 같아도 안 잡아 주겠네"라며 전화를 끊는다. 뻔뻔스럽기 짝이 없지만 이걸 과장해서 인터넷에 써제끼면 경찰은 또 욕을 바가지로 먹게 된다.

주취자들이 도로에서 자고 있다는 신고는 계속되고, 아무리 깨워도 정신을 못차리는 주취자들은 병원으로 후송했다. 병원에서 주취자들의 행패를 응급실 근무자만으로는 감당할 수 없으니 경찰관들이 현장에 있어 달라는 요청이 들어오는데 인력은 부족하다. 가출한 딸이 자살을 기도한 것 같다는 신고에 휴대전화 위치를 추적하며 출동, 배달 오토바이와 승용차 간의 교통사고, 업소에서 흉기를 들고 싸운다는 신고가 계속되는 와중에 옛 애인이 흉기를 들고 죽여버리겠다고 찾아왔다는 예민한 신고가 들어왔지만 출동할 순찰차가 없어 인근 지구대에 지원을 요청해 체포된 스토커를 인계받았다. 정신없이 지내다 보니 새벽 4시가 넘어가고 있다.

지구대 안에는 아직도 술에 취해 잠들어 있는 30대 초반의 보호조치 대상자, 신분증 제시를 거부하여 체포된 20대 후반의 스토커, 음주 측정을 거부하여 체포된 50대 중반의 남성, 쌍방 폭행으로 체포된 30대 후반 남성 3명과 20대 후반 남성 2명이 서로 소리를 지르며 싸우고 있다. 이 시끄러운 와중에 잘도 주무시는 술 취한 아저씨는 몸통은 의자에, 머리는 바닥에, 한쪽 다리는 의자 팔걸이 사이에 넣고 다른 다리는 꼰 상태로 잠들어 있다. 아무리 제대로 앉혀도 곧 그 모양으로 돌아오는데, 혹시 사고라도 날까 봐 숨은 쉬는지 바쁜 와중에도 계속 확인해야 한다. 그러다 술 깨면 시비나 안 걸고 조용히 돌아가기만 바랄 뿐이다.

2. 술 취한 로스쿨생

　불금이다. 술 마시기 좋아하는 사람들이 원하는 선선한 바람이 불어오는 밤이니 오늘은 얼마나 많은 사건이 벌어질까? 몸도 안 좋은데 휴가자도 많아 순찰차가 1대 쉬니, 오늘은 절대로 사건이 적다는 말을 하지 말아야지! 부정타지 말자고 결심했건만 신고는 끊임없이 들어오고, 밤이 깊어갈수록 개차반이 된 취객들이 지구대를 채우고 있다.

　곱게 술이나 마시지, 종업원은 왜 때리고 죄 없는 주차 차량은 왜 걷어차는지. 술은 악마가 만든 게 분명한 것 같다.

　〈술에 취한 여성이 택시에서 내리지 않으니 해결해 달라〉는 112신고를 받고 출동했다. 택시에 승차한 젊은 여성이 목적지인 아파트에 도착했음에도 택시에서 내리지 않아 경비원과 함께 흔들어 깨웠더니 성추행이라고 소리를 질렀다고 한다. 놀란 경비원은 도망가고, 택시 기사가 112신고를 했다.

　여자 승객이 뒷좌석에 쓰러져 있기에 내리라고 하자, 다시 택시 기사가 성추행을 했다고 소리를 지른다. 택시 블랙박스를 보니 기사는 잠든 여성을 말로 깨우려다 일어나지 않자 어깨를 흔들기는 했지만 그걸 성추행이라고 볼 수는 없다. 30분 동안 술주정을 들으면서 설득을 계속하자 그제야 택시비를 계산했다. 하지만 그대로 집에 들어간다면 주정뱅이가 아니다.

택시비를 낸 여성은 다른 신고를 받고 현장으로 떠나려는 순찰차 앞을 막아선다. 이유를 묻자 경찰이 성추행당한 시민을 보호하지 않고 택시기사 말만 믿었으니 이렇게 썩은 경찰은 근무할 자격이 없다고 소리를 지른다. 계속 이러면 처벌받을 수 있다고 설명했지만, 자기가 법 공부를 해서 잘 아는데 경찰이 신고를 제대로 처리하지 않았고, 내가 경찰관을 폭행, 협박하지도 않았는데 어떻게 처벌할 수 있냐고 따진다. 이런 행동은 경범죄처벌법상 업무방해에 해당된다고 하자 경찰관은 공무원이니 공무집행방해가 돼야지 어떻게 업무방해죄가 되냐면서 계속 소란을 피운다. 경비원도 집주소를 모르고 가족들과 전화 통화도 불가능했다.

대학생은 아닌 것 같지만, 법을 공부했다고 하고, 공무집행방해죄의 구성요건을 알고 있는 것으로 보아 혹시 경찰인가 싶어 경찰관이냐고 묻자 그녀는 내가 너희처럼 무식한 경찰 같냐고 비웃는다. 여경을 통해 신분증 확인을 시도했지만 그녀는 자기 몸에 손도 못대게 한다.

112신고는 계속 들어오는데, 30분 동안 순찰차 앞을 가로막고 일을 못하게 막으니 어쩔 도리가 없어 체포를 결심하고 영상 촬영을 시작했다. 10분 후 다시 한번 신분증 제시를 요구한 뒤 경범죄처벌법위반으로 체포하겠다고 고지하자 이번에는 여경의 얼굴에 침까지 뱉었다. 결국 공무집행방해와 경범죄처벌법위반의 현행범인으로 체포했다.

30분쯤 지나자 술이 깼는지 갑자기 "아저씨 여기 어디에요? 저 집에 갈래요."라고 한다. 혐의사실을 알려주고 신분증을 제출하지 않아 체포됐다고 설명하자, "아저씨 안 돼요, 용서해 주세요."라고 사정한다. 하지만 이미 형사사법절차 시스템에 사건이 입력되어 취소할 수 없다고 설명했다. 그러자 5분 후 여성의 전화를 받은 중년 남성이 지구대에 들어온다.

아버지는 공무원 신분증을 제시하고 딸이 모 법학전문대학원 3학년이라는 사정을 이야기하면서 무조건 용서해달라고 빈다. 형사 처벌을 받는다고 변호사 시험을 볼 수 없는 것도 아니고, 공무원 임용될 때만 범죄경력을 본다. 또 벌금형은 확정된 뒤 5년만 지나면 실효시킬 수 있으니 변호사 되는 데는 아무 지장이 없다고 설명하는데도 아버지는 무릎을 꿇고 빈다. 이 양반도 자신을 위해서는 절대 이러지 않을 텐데, 딸 때문에 나 같은 보잘것없는 놈에게 무릎까지 꿇다니, 그래 부모는 자식 앞에서는 무조건 죄인이다. 하지만 이미 시스템에 입력된 사건은 담당자가 중대한 과오로 잘못 입력했음을 입증하는 근거자료를 첨부한 사유서를 작성한 후 심사를 거쳐야 취소가 가능하니 방법이 없다.

근무하는 직원들을 모아놓고, 아버지의 부탁과 체포된 사람이 로스쿨생이라는 점을 설명하며 경범죄처벌법만 적용하는 것이 어떤지 회의를 했지만, 막내 여경에게 침을 뱉은 데 대한 분노가 예상보다 훨씬 컸다. 술에 취해 실수했다면, 택시 기사가 자신을 성추행했다고 정확하게 말하고 경찰관에게 계속 항의할 수 없다. 술을 마신 것은 사실이지만 자신의 말과 행동을 모두 기억하고 있는 것만 봐도 일이 심각해지니 쇼를 하는 거라는 의견이었다. 도와줄 방법이 없었다. 더군다나 배명받은 지 1년도 안 돼 침세례를 받은 여경의 얼굴은 차마 바로 볼 수도 없다.

내가 해줄 수 있는 일은 딸의 신분증을 첨부하고, 아버지의 신원보증을 받아 오늘 밤 석방시켜 주는 것뿐이다. 물론 석방한다고 해도 나중에 경찰서 형사과에 가서 피의자신문을 받아야겠지만, 주거, 신분이 확인되고, 영상으로 범죄행위가 모두 촬영되어 도망 및 증거인멸의 염려가 없으니 굳이 구금할 필요는 없다고 설명하자, 직원들도 그 부분은 이해해 주었다.

112신고가 몰리는 시간에 순찰차 앞을 가로막기는 했어도 현장에서 집 전화번호나 아파트 호수만 알려주었더라면. 신분증만 제시했어도 즉결심판이나 범칙금 정도로 끝날 수도 있었을 텐데… 술 한잔이 아버지를 죄인으로 만든다, 하급공무원으로 시작했던 아버지가 얼마나 죽기 살기로 노력해 고위직까지 올라갔을까? 아버지는 딸에게 자신이 이루지 못했던 꿈을 투영하고, 딸의 성장을 기쁨 속에 바라봤을 것이다. 이런 심정을 알기에 왠지 죄를 짓는 기분이 들어 내가 오히려 죄송하다고 사과했지만 아버지는 아무 대답 없이 고개를 숙인 채 한숨만 쉰다.

아버지는 공무원이니 지구대에서 작성된 보고서 내용을 바꾸기 어렵다는 것도, 현장 경찰관들이 보고 들은 내용을 기재한 보고서가 얼마나 중요한지도 안다. 전자결재로 올라온 현행범인체포서를 확인해 보니, 장가도 안 간 놈들이 아버지의 행동에 감동했는지 그동안 교육받았던 것처럼 여자의 말이나 행동을 자세히 기재하는 대신, 기특하게도 팩트만 간략하게 기재했다. 팩트만으로도 그녀의 앞날은 충분히 힘난할 것이지만…

얼마 후 언론에 술 취해 행패를 부리다 검사 임용 취소된 다른 로스쿨생 사건이 떠들썩하게 보도되었다. 그 사건 담당 경찰관들이 겪었을 심정이 공감돼 씁쓸하게 웃었다.

법률 상식

〈못된 장난〉 등으로 다른 사람, 단체 또는 공무수행 중인 자의 업무를 방해한 사람은 경범죄처벌법 제3조 제2항 제3호에 따라 20만원 이하의 벌금, 구류 또는 과료 처분을 받게 됩니다.

여기서 말하는 〈못된 장난〉이란 자신만의 즐거움을 위해 남을 괴롭히거나, 못된 행동, 심심풀이로 하는 행동 등을 말합니다. 이 조문이 규정한 피해자는 일반 개인 외에 법인, 공무원을 모두 포함합니다.

3. 사랑 싸움

이놈의 직업 때문에 남들이 쉬는 날 쉬지 못하고 근무하는 것도 서러운데, 그런 날일수록 더 바쁘다.

술은 사람 간의 관계를 해결해 주기도 하지만, 과하면 순하고 착한 사람도 변하게 만드는 악마의 눈물이 분명한 것 같다. 크리스마스 이브에 시작한 밤근무는 성탄절 당일인 오늘까지도 휴식시간조차 가질 수 없게 한다. 사건은 계속 이어진다. 연이어 CODE-0, CODE-1 사건인데 대부분은 교통사고 아니면 술 때문에 생긴 일들이다.

05:11경 〈남자가 폭행이랑 주거침입, 끊김〉이라는 CODE-0 112신고가 떨어졌다.

그렇지 않아도 높은 양반들은 여성 관련 사건에 예민하게 반응하는데, 여성 신고자가 '남자가 폭행이랑 주거침입'이라고 말하다가 전화가 끊어졌으니 강력사건이 발생했을 가능성이 높아 정신없이 출동했다. 신고 장소는 빌라와 다세대가 밀집된 장소로, 112신고 직후 휴대전화까지 꺼져 발생 장소를 특정할 방법이 없는데, 오늘따라 느림보 강력팀이 빨리 움직였다.

현장에 도착하기도 전부터 112상황실에서는 현장 상황을 보고하라고 난리다. 호들갑 떠는 무전에 응하다 보면 정작 필요한 현장 수색은 제대로 되지 않는다. "팀장과 순찰차가 수색하고 있고, 확인되면 보고할 테니 그때까지 기다리라"고 보고한 뒤, 모두 방검복을 착용하고, 장봉과 소형 진압방패까지 챙긴 뒤 수색을 시작하려는데 범위가 너무 넓다. 이럴 때는 동물적인 감각을 믿을 수밖에 없다.

신고자가 마지막 전화를 걸 때 사용한 기지국 주변 다세대 주택 중 거실과 안방까지 불이 켜져 있는 곳은 6곳, 하나만 켜져 있는 곳이 3곳인데 평수가 가장 작은 빌라부터 확인을 시작했다. 첫 번째 방문한 빌라 2층에서 여성의 흐느낌이 들린다. 여성의 울음소리와 술에 취해 욕하고 소리를 지르는 남성 2명의 목소리가 들려, 테이져건, 가스총, 삼단봉을 준비시킨 뒤 혹시나 하는 생각에 조용히 출입문 손잡이를 당기자 그대로 문이 열린다.

원룸 바닥에는 술병과 담배가 흩어져 있고, 여기저기 물이 쏟아져 있었다. 여자는 손에서 피를 흘린다. 남자 한 명은 물이 흥건한 바닥에 누워 있고, 다른 남자 하나는 침대에 앉아 있는데 목과 입술에 피가 묻어 있었다.

진입 신호와 함께 내부로 들어가 남성들을 제압하고 여성과 분리시킨 후 전후 사정을 물었다.

신고자 A양은 남자친구인 B군과 술을 마시고 있는데 B군의 과거 여자친구인 C양이 찾아와 다투었다. 조금 뒤 C양의 연락을 받고 C양의 남자친구 D군이 찾아와 A양의 머리채를 잡아 벽에 3~4회 부딪치게 하는 등 폭행하자 술을 마시고 잠들어 있던 B군이 깨어나 D군과 서로 멱살을 잡고 싸우다가 D군이 B군의 발을 걸어 넘어뜨려 B군이 식탁에 머리를 부딪치고 쓰러졌는데 뇌진탕 증세가 있는 것 같다고 한다.

D군은 C양의 연락을 받고 온 것은 사실이지만 A양을 폭행한 사실이 없고, 오히려 B군에게 일방적으로 맞다가 더 맞으면 죽을 것 같다는 생각에 손으로 B군을 밀어 넘어뜨렸을 뿐 정당방위라며 범죄사실 일체를 부인했다.

뇌진탕 증세가 있다던 B군은 119구조대의 병원 후송 요청을 거부하였는데 특별한 증세는 없어 보였다. 두 남자의 부상 부위를 확인하니 둘 다 목 주변에 벌겋게 상처가 나 있고 얼굴에도 주먹으로 맞은 흔적이 있었다. 남자들은 서로 상대방으로부터 맞았다고 진술하는 데다가 목격자인 A양의 진술까지 있어서 범죄사실이 모두 인정되었다.

D군은 자신의 여자친구와 신고자가 다툰다는 이유로 여성인 A양의 머리채를 잡아 벽에 부딪치게 하는 등 폭행의 정도가 심한데도 폭행 사실을 부인했고, B군은 식탁에 머리를 부딪히기는 했지만 상처가 중하지 않았음에도 피해를 과장하고 역시 폭행 사실을 부인하는 등 증거인멸의 우려 있어 두 사람 모두 현행범인으로 체포하였다. 두 사람은 지구대에 도

착해서도 서로 폭언을 하다가 다시 싸움을 벌이기까지 했다.

　술에 취하지 않았으면 자기 여자를 보호한다며 저렇게 폭력적인 행동을 하지 않았을 테지만, 20대 초반 혈기 넘치는 청년들이 사랑싸움으로 결국 성탄절 새벽을 지구대에서 맞이하고 있으니 안타깝다. 폭행 전과가 아무것도 아니라고 생각할 수 있지만, 전과가 쌓여 좋을 일은 없다. 앞으로는 술에 취해 함부로 행동하지 않기를, 자신을 쉽게 버리지 않기를 바랄 뿐이다.

4. 무전취식? 사기?

몸이 좋지 않아서 점심때가 다 되어 일어났다. 교대근무로 늦게까지 잘 수 있는 것은 좋지만 오늘은 다른 날보다 알코올에 찌든 분들이 넘쳐날 것이 뻔한 금요일이니 충분한 휴식을 취해야 한다. 새우와 청양고추까지 썰어 넣어 얼큰한 해장라면을 끓여 먹고, 욕조에 뜨거운 물을 받아 30분 가까이 땀을 푹 내니 좀 살 것 같다. 머리가 지끈거리는 게 감기 기운이 온 것 같아 아스피린과 감기약을 챙겨 먹고 금요일 저녁 전투를 위해 출발했다.

오늘은 각종 범죄 신고 현장을 출입할 수 있는 법적 근거, 형사소송법상 수색과 경찰관직무집행법상 범죄의 예방과 제지, 위험 발생의 방지, 위험 방지를 위한 출입의 차이에 대해 30여 분간 강의를 했다. 우리 팀원들에 대한 강의를 마친 다음 근무교대를 하고 자리에 앉자마자, 바로 절도, 교통사고, 업무방해 신고가 들어오더니, 19:50 〈○○맥주집 매장에서 무전취식, 테이블 보존 중〉이라는 112신고, 20:05분 〈강남역 3번출구 앞에 술에 취한 사람이 쓰러져 있다〉는 신고 등 불과 1시간 만에 11건의 신고가 들어온다.

초저녁부터 무전취식 보호조치 신고가 들어오는데, 주량이 안 되면 술을 좀 정도껏 먹든가. 이 시간에 벌써 쓰러질 정도로 술을 먹다니, 에구

인간들아. 나도 엊저녁에 11시가 넘도록 술을 먹었지만 그렇게 자기관리를 못하냐, 궁시렁대면서 초저녁 신고 사건 종류를 훑어보니 오늘도 엄청 바쁠 것 같다.

다른 신고 사건은 모두 현장에서 조치가 이루어졌지만, ○○맥주에서 5명이 술을 먹다 모두 도망갔다는 사건은 출동 순찰차가 비닐봉지에 그릇 등을 잔뜩 담아왔다. 17:00경 20대 후반에서 30대 초반으로 보이는 남성 4명, 여성 1명이 들어와 순살치킨 등 안주와 500cc 생맥주 5잔, 수제맥주 7잔 등 121,000원 상당을 시켜 먹고는 일제히 도망했는데 주인은 대상자들이 사용했던 그릇과 포크 등에 지문이 있을 테니 지문감식으로 신원을 파악해 처벌해 달라고 한단다. 출동했던 경찰은 경범죄처벌법상 무전취식으로 발생보고를 하겠다고 한다.

"5명이 동시에 도망간 상황을 단순히 무전취식으로 볼 수 있을까?"라고 내가 묻자 출동 경찰관은 "사기는 처음부터 계산하지 않을 의사로 술과 안주를 시켜서 취식한 뒤 도망해야 하는데, 처음부터 그런 생각을 가졌는지 알 수가 없지 않습니까? 그러니 무전취식으로 해야 할 것 같은데요?"

"그럼 경제적 능력이 없는 사람이 취식한 뒤 도주하다 검거되자 소액이니 어머니에게 연락해서 변제할 수도 있는 거 아니냐라고 하면 무전취식으로 해야 할까, 사기죄로 처벌해야 할까?"

이렇게 5명이 도망한 것이라면 사전에 대금을 계산하지 않기로 모의해서 한꺼번에 행동했다는 것인데, 언제 공모했는지는 수사해봐야 알 수 있지만 편취의 범의가 있었다면 처음 술과 안주를 받았을 때 이미 사기죄가 성립되는 것이다.

"사기죄는 피해자에게 손해를 가하려는 목적까지는 필요 없어도 타인의 재물을 침해한다는 의사와 피해자로 하여금 어떠한 처분을 하게 한다는 의사"만 있다면 고의가 인정된다는 대법원 판례(97도3054)를 보여주자 사실 자신도 사기죄로 처벌했으면 좋겠다고 고민했었다면서 고맙다고 인사한 후 사기범죄 발생 보고를 작성한다.

차용사기나 거래사기의 경우 피고소인이 자백하지 않으면 범행의 내용, 이행 과정, 채권·채무관계, 당시 고소인과 피고소인과의 관계 등을 종합적으로 조사하여 불법영득의사나 편취의 고의를 특정하지만, 지구대에 신고되는 무전취식 도주 사건의 경우는 무전취식 처벌 이력이 있거나 사기 등 전과가 있는 경우를 제외하고 사기죄로 처벌하는데 어려움이 많다. 이를 악용하여 가벼운 생각이나 재미로 범죄를 저지르는 경우가 많지만, 이러한 처벌 경력도 쌓이게 되면 다른 재산범죄 사건이 발생할 때 불리해진다. 단순한 무임승차임에도 과거 이력 때문에 고의가 인정되어 사기죄로 형사처벌을 받을 수도 있다.

오늘 사건처럼 여러 명이 동시에 도주했다는 것은 그들이 사전에 범행을 공모하여 실행했다는 것 외에 달리 해석할 방법이 없다. 따라서 사기죄로 처벌받아 전과자가 될 수밖에 없는데 어린 사람들이 세상 무서운 줄 모르고 너무 함부로 행동하는 것 같다.

요즘 순경이 되려면 형법과 형사소송법만 최소 1~2년을 공부해야 한다. 그래서 이론은 잘 알지만 실무와 이론은 다르다. 나는 과거 수사부서에 근무할 때도 그랬지만, 신고 사건의 유형마다 관련 법령과 판례를 검토해 두는 버릇이 있었기 때문에 출동 경찰관을 바로 설득할 수 있었지만 공부가 부족하면 현장에서 피해자의 말만 듣고 정확하게 상황을 파악하고 옳은 판단을 내리기 어려움이 많다는 것을 새삼 깨닫는다.

6. 강남의 룸살롱

1. 유흥업소 여종업원에게 강제로 마약 투약

오늘은 목요일 주간근무.

장맛비가 쏟아지다 그치자 더위가 한풀 꺾였다. 어젯밤은 유흥주점이 밀집되어 있는 구역에서 신고가 많았다고 하고, 민노총 파업과 기업체들 앞의 시위도 예정되어 있고, 포털사이트 G사 앞에서 계속되고 있는 시위도 있으니 오늘 주간근무는 왠지 각오해야 할 것 같은 느낌이다.

직원들 교육에서 구두신고 사건 처리의 한계에 대해 설명한 후 07:20경 3.8권총과 테이져건, 가스총을 지급한 뒤 무기고를 점검하는데 아니나 다를까 112시스템 모니터에 빨간불이 들어온다. 〈CODE-0 강남역 뒤 ○○유흥주점, 방에서 손님이 여종업원에게 마약을 강제로 먹였다고 한다, 손님은 방에 있고 여종업원은 방에서 뺐는데, 해롱거리고 인사불성〉이라며 최우선 출동 지시가 떨어졌다.

순찰차 2대가 먼저 출동했는데, 그 유명한 아침의 테헤란로와 언주로의 출근 러시아워를 뚫고 골목골목을 이용해 출동하는 모습을 보면서 나도 대기 중인 순찰차 운전석에 직접 올라타 싸이렌과 경광등을 울리고, 손을 들어 다른 운전자들에게 양해를 구하며 끼어들기에 신호위반, 중앙선을 넘어가 2분 30초만에 현장에 도착했는데 먼저 떠난 순찰차는 아직 도착하지 않았다.

시간이 없으니 유 경사와 막내 여경을 하차시켜 주점에 들어가라고 지시한 후 순찰차를 세우고 주점으로 올라갔는데, 멀끔하게 생긴 40대 초반의 남자가 엘리베이터를 타려는 모습을 출동한 경찰관이 제지하자 "야! 니들이 뭔데 나를 못가게 막는 거야? 영장 가지고 와!"라면서 소리를 지른다. 그 남자를 따라나오던 작지만 단단한 체구의 지배인이 나를 보고 "계장님 안녕하십니까? 지구대로 나오셨습니까?"라고 인사하고, 옆에 있던 어깨가 떡 벌어진 직원 2명도 따라서 허리를 숙인다. 작년에 내가 업소 단속 담당 계장을 할 때 안면이 있는 사람이다.

소리 지르며 행패를 부리던 남자는 이 모습을 곁눈질로 슬쩍 쳐다보더니 행패를 멈춘다. 피해자, 목격자를 분리하여 조사하기 전에 우선 술을 마시던 장소부터 보자고 해 401호로 들어갔는데, 잠시 뒤 바깥에서 큰 소리로 싸우는 소리가 들린다. 곧바로 나가 경찰관에게 행패 부리는 남자를 제지 시키려는데, 지배인이 다가와 말한다.

"저 손님은 어제 12시가 조금 안 되어 들어오면서 오늘 아침 7시까지 술을 마시겠다고 해 401호로 안내했는데, 112신고하기 조금 전에 여종업원이 휴대전화로 '도와주세요, 죽을 것만 같아요'라며 급박한 목소리로 도움을 요청해 술을 너무 많이 마셔서 그런가 하고 생각했습니다. 처음에는 마약 생각을 전혀 못했는데 애가 손을 떨고 입 옆으로 게거품도 나오고 횡설수설하는 것이 취한 모습이 아니기에 119를 불러 병원으로 호송하려고 했는데, '저 새끼가 전에도 우리 여종업원에게 마약을 먹였다'고 말하는 웨이터가 한둘이 아니라 마약이 의심돼 112신고를 했습니다."

도움을 요청했던 여종업원은 밤 12시부터 피의자를 접객하면서 둘이 양주 2병을 나누어 마시는 바람에 술에 많이 취했었는데 아침 6시쯤 피의자가 새로 나온 물담배라면서 가방에서 투명한 봉투를 꺼냈다, 그 안에 있던 가루를 피워 보라면서 막대를 들이밀고 담배 피우듯이 빨면 된다고 하여 술기운에 한 모금 빨았는데 갑자기 정신이 어지러워졌고 무언가 잘못되었다는 생각이 들어 휴대전화로 매니저에게 도와달라고 요청했지만 당시 흡입한 것이 마약인지, 다른 약물인지는 모르겠다고 한다.

온 몸을 문신으로 두른 피의자는, "내가 마약 했다는 증거를 대라! 내가 조직에 있었는데, 우리 조직을 우습게 보지 마라!"고 소리지르며 범죄 사실을 부인한다. 현장을 빨리 수습하기 위해 과학수사팀의 지원을 요청했다. 잠시 후 과학수사팀과 119구조대가 도착했다.

"자, 이제 여종업원이 병원에 가서 정밀검사를 받고, 과학수사팀이 감식을 하면 어차피 다 밝혀질 건데, 거짓말하다 나중에 후회하지 마!"라고 말하자, 피의자는 갑자기 태도를 바꿔 쓰레기통 휴지 속에서 불상의 가루와 흰색 빨대가 담긴 투명한 봉투를 제출하며 'K입니다'라고 말한다.

"K가 뭐지?"라고 강력팀에서 나온 박 경사에게 묻자 "케타민을 말하는 것 같습니다. 제가 확인해 볼께요."라며 피의자와 대화를 나누더니 "팀장님, 케타민이 맞다고 하는데, 여종업원과 나누어서 투약했다고 하다가 투약 안 했다고 하며 횡설수설합니다."라고 한다.

"이게 케타민인지는 모르겠지만 자기 입으로 케타민이라고 말했고, 약물을 쓰레기통에 버려 증거인멸을 하려고 했으니 현행범인으로 체포하라"고 지시했다. 체포와 동시에 피의자의 가방을 확인하자, 그 안에서 흰색 가루가 든 비닐봉지가 2개 추가로 발견되어 압수했다.

한 가지 의문점은 피의자가 왜 술을 마시다 말고 여종업원에게 마약을 흡입시켰는가 하는 점이다. 상대가 중독자가 아닐 경우 몰래 투약시키는 데는 다른 목적이 있는 경우가 많다. 대부분은 강간을 목적으로 하지만 그건 지구대가 밝힐 범위 바깥의 일이다.

보고서에는 피의자가 향정신성의약품인 케타민을 임의 제출했고, 여종업원과 같이 투약했다고 진술하는 점, 여종업원 진술, 체포 후 압수수색 과정에서 마약류가 추가로 확인된 점, 조직폭력배라고 자칭하고 문신을 보여주면서 업소에 대해 보복을 암시했다는 등의 내용을 포함해 체포가 필요한 사유와 추가수사를 해야 할 내용까지 기재했다. 그러면서 전체적인 범행 경위를 볼 때 성범죄 목적이 추정되므로 피해자의 속옷 등을 검사할 필요가 있다는 의견도 추가했다.

1시간 뒤 지배인이 지구대로 찾아왔다. 병원에서 확인하니 여종업원의 허벅지 등에 멍이 들어 있었던 것으로 보아 강간하려고 했던 것 같은데 피의자가 조직폭력배인 듯해 어떻게 대처해야 할지 모르겠다고 의논한다. 폭력배가 뽕을 하면 그 순간 폭력배가 아니라 양아치가 되니 신경 쓰지 마라, 걔네 조직도 뒤 안 봐줄 거다, 보고서에 그런 내용을 수사 해달라고 요청했으니 병원 의사에게 피해자의 체액검사 등을 요청한 후 검사 결과와 진단서를 강력팀에 내면 된다고 하자 고맙다고 인사한 뒤 돌아간다.

아침부터 정신이 없었으니 오늘 하루는 또 긴 날이 될 것 같다.

2. 납치, 감금된 마담

　봄도 없이 여름으로 넘어가나? 야간근무는 춥고, 낮에는 더워지기 시작한다. 연휴 마지막인 일요일, 전통적 범죄인 절도는 많이 줄었지만 그래도 어린이날을 기념하여 자녀들과 여행을 다녀오거나 어버이날 부모님을 뵙기 위해 고향 다녀오는 사람들이 귀가를 시작하는 날이기에 빈집털이 사실을 발견하거나 여행지의 갈등이 집에서 폭발하는 등 신고가 많을 것 같아 순찰차 6대를 원거리부터 주택가 주변에 배치하여 근무하도록 했다.

　남들은 연휴기간이라고 여행과 휴가를 다닐 때, 우리는 자녀들과 놀아주지도 못하면서 혹시 모를 남들의 피해를 지켜주는 직업이지만, 연휴기간에는 왠지 모르게 서글프다. 그래도 이런 날은 커피 내기 사다리타기로 웃기라도 하면서 하루를 시작해야 하는데, 공휴일 아침이라고 영업하는 커피숍도 보이지 않으니…

　〈다세대 주택 화단에 양귀비꽃이 피어 있다〉라는 신고를 받고 출동한 순찰차에서 전화가 왔다 "팀장님 제가 볼 때는 양귀비꽃이 맞습니다. 그런데 한두 그루가 아닌데요? 확인해 보니 83두나 되고 꽃잎에 검은 반점이 있는 것으로 보아 관상용도 아닙니다. 재배자를 확인하니 나이 많은 노인입니다."라고 하여 마약팀 출동을 요청하여 인계하고, 양귀비에서 아편을 채취하는 방법을 검색하고 있는데, 30여분도 지나지 않아 112시스템 모니터에 에앵~ 에앵~ 빨간불이 켜지고, 〈강남구 ○○동 ○○○ 신고자 휴대전화 위치/납치·감금〉이라는 신고가 떨어진다.

'목을 조르고 폭행당했으며, 감금되어 있다, 도와달라'는 여성의 휴대전화 문자를 받은 친구가 신고한 것으로, 피해 여성의 휴대전화 위치추적 결과 우리 지구대 관내로 확인되니 출동하라는 것이었다. 모텔 골목 중에서도 기지국에 가장 가까운 숙박업소인 ○모텔일 가능성이 높다고 생각해 순찰차들에게 출동을 지시하고 나도 근처에 있던 순찰차를 타고 현장으로 출동했다.

출동 과정에 "피습 방지를 위한 안전장구를 필히 착용해라, 팀장이 현장 지휘해라, 강력팀도 출동하라"는 무전은 여전히 시끄럽다.

○모텔 주변 200여 미터 부근부터 경광등과 싸이렌을 모두 끄고, 모텔에서 경찰 출동 모습이 관찰되지 못하도록 순찰차 2대는 아랫골목 안쪽, 다른 1대는 모텔 들어가기 전 골목 옆으로 주차한 뒤, 6명이 한꺼번에 카운터로 들어갔다.

문자로는 몇 층인지 알 수도 없고, 예전에 출동했던 경험상 층마다 방이 15개 정도 되니 장소를 특정할 수 없다. 특정이 돼도 문을 강제 개방해야 하는데, 소방차가 싸이렌을 울리며 접근할 경우 신고자에게 위해를 가

할 가능성도 있다. 일단 출동한 경찰관 1명에게 119 지원을 요청하되 모텔 부근으로 들어오기 전에 소방차를 정차시키고 조용히 접근하도록 안내하라고 지시했다. 신고 내용을 들은 카운터 직원은 객실은 만실인데 여성이 비명을 지르거나 들어갈 때 강제로 여성을 끌고가는 모습은 보지 못했다고 한다. CCTV를 확인하자고 하니 모텔 CCTV는 녹화 기능이 없고, 실시간 확인만 가능하다고 하니 방법이 없다.

감금, 폭행 당했다는 연락을 문자로 한 것으로 보아 말하기조차 어려운 상황이라는 것인데, 신고 내용이 사실이라면 몇 분만에도 피해자가 위험에 처할 수 있는 급박한 상황이다. 호실은커녕 몇 층인지도 모르는데 방마다 문을 열어 확인하는 걸 범인이 눈치라도 채면 피해자를 해칠 수 있어 빠르고 정확한 판단을 해야 하는데 어떻게 하면 그렇게 할 수 있는지 모르겠다.

신고한 시간이 밤 10시가 넘어서이니 어제 입실한 사람들은 아닐 확률이 높다, 그럼 신고 시간과 인접한 시간대부터 하나씩 체크해 보자, 남성이나 여성들끼리만 입실한 방은 제외하고, 아침부터 신고 시간까지 남녀가 같이 입실한 방을 알려달라고 하자 3개 정도 된다고 한다.

3개면 3가지 3개 정도는 뭐냐고 묻자, 입·퇴실 시스템에 예약현황과 입실시간이 나오는데 8시 넘어 들어온 5팀 가운데 남녀가 온 것은 3팀이고, 그 중 한 팀은 예약 없이 와서 가장 꼭대기 6층 방을 줬기 때문이라고 답한다. 투숙객의 특징을 묻자 예약 없이 온 606호 투숙객은 9시경 입실했는데, 남녀의 나이 차이가 많았다고 한다.

신고 내용에 나이 차이가 많다는 이야기는 없었다. 하지만 그 방일 것 같다는 감이 온다.

선택의 시간이다! 아무리 정보가 없어서 어쩔 수 없었다고 변명해도 실패는 결국 모두 내 책임이 된다. 마음을 굳히고 보조열쇠나 마스터키를 달라고 했다. 카운터 직원은 망설였지만 피해자의 생명이 위험할 수 있다고 설득하여 카드키를 받았다. 경찰관 1명은 카운터, 1명은 주차장에 대기시키고, 나머지 경찰관들과 마침 도착한 119구조대와 함께 6층으로 올라갔다.

112상황실은 여전히 무전기로 "피해자를 확인했느냐? 현재까지 상황을 보고하라"고 시끄럽게 떠들어, 지금 팀장이 책임지고 확인 중이니 기다리라고 한 뒤, 무전기 소리를 모두 줄였다. 방안에서 들리는 소리를 확인하기 위해 문에 귀를 대고 있는데, 맞은편 방에서 남녀가 문을 열고 나오다 내 모습을 보고 깜짝 놀라 방으로 다시 들어가더니 남자 혼자 나와 내게 손짓한다. "이 방인지 모르겠지만 여자의 비명소리가 들리고 뭔가 집어던지는 소리가 들렸어요"라고 말한다.

6층에서 8시 이후 남녀가 들어온 방은 이 방밖에 없으니 피해자가 있는 방이 분명했다. 비상키로 출입문을 열자마자 테이져건을 든 직원들과 함께 방 안으로 뛰어들었다. 신고한 여성은 머리칼이 흐트러진 채 소파에 기대어 떨면서 울고 있고, 테이블 위에는 빈 맥주병과 소주병이 놓여져 있었으며 남자는 상의를 벗은 채 바닥에 앉아 담배를 태우고 있었다.

우선 남성과 여성을 분리한 후 여성에게 "폭행, 감금되어 있다"는 문자를 보낸 일이 있냐고 묻자 "예, 목을 조르고, 주먹으로 때리고, 죽여버리겠다고 하면서 휴대전화도 집어던져서, 112신고하는 소리라도 들으면 저를 죽일 것 같아서 화장실 좀 가겠다고 하며 휴대전화를 가지고 가 문자로 신고했습니다"라고 답한다.

휴우~ 제대로 찍었다, 아니 제대로 판단했다.

119구조대에게 고맙다고 한 뒤, 무전으로 "신고자 확인 및 구조, 피의자 신병 확보, 수사내용은 잠시 뒤 보고하겠다."고 한 뒤, 두 사람의 신분증을 확인하고 남자에게 여성을 폭행, 감금한 이유를 물었다. 남자는 자신과 피해자는 3개월 전부터 연인관계인데 할 말이 있어 모텔에 같이 들어왔을 뿐이지 강제로 끌고 들어오지 않았다, 오히려 자신이 피해자에게 폭행당했는데 자신을 납치범으로 만들면 가만히 안 있겠다면서 CCTV를 확인해 보라, 정확하게 조사하라고 항의했다.

반면 피해자인 20대 여성은 자신이 지분을 가진 유흥업소를 운영하는 과정에서 가해자가 일을 많이 도와줘 고맙게 생각할 뿐 연인관계는 아니다, 업소를 마감하고 정산한 뒤 퇴근하려는데 가해자가 "가게 운영을 그따위로 하면 안 된다, 내가 커버해 주는 데도 한계가 있다, 이야기 좀 하자"고 하여 편의점에서 술을 사서 같이 모텔에 들어왔다, 대화 도중 자신의 동업자들을 비난하기에 마시던 맥주캔을 테이블에 내려치며 간섭하지 말라고 말했더니 갑자기 남성이 자신의 머리채를 주먹으로 잡고 흔들며 소파에 밀어 넘어뜨리고 목을 조르는 등 폭행을 했다, 겁에 질려 방에서 도망나왔지만 복도에서 붙잡혀 다시 끌려들어갔고, "그럼 내가 무서운 게 뭔지 보여줄까?"라면서 휴대전화를 바닥에 집어던지고 자기를 쓰러뜨린 다음 위에 올라타 머리채를 잡아 흔들고 머리를 바닥에 찧는 등 폭행을 했다고 말했다. 다만 강간하려고 하지는 않았다고 한다.

　가해자는 부인하지만, 처음 진입했을 때 피해자의 머리가 헝클어져 있었던 점, 강간이라고 주장할 수도 있었는데 그렇게 말하지는 않았던 점 등으로 보아 피해자의 진술이 사실로 판단됐다. 가해자에게 질문했다. 모텔로 올라오기 전 편의점 CCTV를 확인했더니 맥주를 사서 같이 들어오는 모습이 확인되고 피해자도 강간 주장은 하지 않는데, 나가려는 피해자의 팔을 잡아 방으로 끌고 들어온 이유와 피해자의 목에 손자국이 있고 머리가 붓는 등 폭행 흔적이 있는 이유가 뭐냐고 하자, 가해자는 피해자가 자해하면서 방에서 뛰어나가길래 말 좀 하자면서 데리고 들어온 것일 뿐이라고 답했다. 범죄사실을 부인하려고 하지만 사실상 감금은 인정한 것이나 마찬가지였다.

112신고 내용, 피해 상황, 피해자와 가해자의 진술로 보아 혐의는 명백하므로 가해자를 현행범인으로 체포하면서 체포 내용을 고지하자 피의자는 왜 이 나라 경찰은 여자 편만 드느냐고 소리를 지른다. 피의자 입장에서는 20살이나 연하인 미모의 여성이 유흥업소를 운영하는 모습을 보고 사귀고 싶은 생각에 많은 도움을 주었지만 자신의 마음을 안 받아주자 저지른 일이고, 더구나 모텔에 같이 투숙했지만 강간 등 성범죄를 저지르지 않았으며, 대화하는 과정에서 술김에 폭행한 것뿐이니 이해해 줄 수 있지 않느냐고 생각할 수 있다. 그러나 폭행, 상해를 가하며 다른 사람의 행동의 자유를 박탈하고 구속하는 행위는 어떤 말도 변명이 되지 않는다. 이 정도 단계에서 경찰에 발견되어 다행이지 더 큰 피해가 발생할 수도 있었던 상황 아닌가.

　피의자는 체포 후 지구대로 보내고, 피해자는 다른 순찰차로 병원에 후송한 뒤, 마스터키를 카운터 직원에게 반납하며 고맙다고 인사하는데, 강력팀장과 팀원들이 뒤늦게 형사기동차로 도착해 모텔로 들어온다. 연휴 중에 다른 강력사건 현장에 다녀오느라 늦었다기에 사건 내용을 설명해준 후 지구대로 돌아왔다. 차 안에서 시보기간이 갓 지난 유 순경이 606호인 줄은 어떻게 알았느냐고 묻는다.

　"종합적으로 판단해서 내리는 현장의 감이라고 해야 하나? 나도 몰라, 그냥 시간이 지나면 동물적인 감이 생기나 봐."

지구대에서 본 피의자는 풀이 죽어 있었다. 나를 보자 눈물을 흘리며 피해자를 정말 도와주려고 했는데 마음을 몰라줘서 그랬다며 통화를 하게 해달라고 한다. 20대의 젊은 여성이 20살 차이가 나는 남성에게 가지는 호감은 '감사'인데, 그것을 '사랑'이라고 착각했으니 3개월 전부터 애인관계였다고 주장했을 것이다. 하지만 그에게는 어쩌다 한 번 저지른 일일지 몰라도 처벌을 면하기 위해 피해자를 회유하거나 보복하겠다고 위협하는 사람들을 자주 보는 우리 직업상 그런 사정을 이해해줄 수는 없다.

그래도 더 큰 피해가 생기지 않아 다행이다.

3. 룸살롱에서 칼로 위협하는 폭력배

예전 지구대 근무할 때는 폭행, 절도, 주거침입, 재물손괴, 업무방해 등 직접적 폭력을 행사하는 범죄 신고가 많았는데, 본서에 2년 가까이 있다 다시 나와보니 신고 내용이 많이 변해 있었다. 예전에 비해 가정 폭력, 데이트폭력, 자살, 실종 등의 신고가 많이 늘어났다. 주취자 보호조치와 주취자 행패, 무전취식 신고 등은 여전히 많고.

오늘은 꽃샘추위라 행인들도 별로 없는 데다 화요일이니 신고도 좀 적겠지?

기대와 달리 새벽 1시가 되자 갑자기 에앵~ 비상 소리와 함께 112신고 시스템이 붉은색으로 깜빡거리며, 〈누가 와서 사람을 찾으며 식칼을 꺼냈다!/○룸살롱/다친 사람은 없음/남자〉 긴급사건 CODE-0 신고가 떨어졌다. 1분 뒤 같은 장소에서 〈조폭 같은 사람이 흉기로 위협하며 손님을 끌어냈다/큰 사고가 날 것 같다/경찰이 빨리 출동해 주셔야 할 것 같다〉는 112신고가 연이어 CODE-0로 떨어진다.

남자가 유흥주점에 칼을 들고 들어갔다는 것은 조폭 간의 싸움이거나 유흥주점 운영권 다툼 등일 수 있기에 순찰차 6대 모두 현장으로 출동하라고 지시한 뒤, 오랜만에 3단봉과 가스총을 제대로 차고 순찰차와 출동하는데, "팀장이 반드시 현장 지휘해라, 출동하는 지구대 경찰관은 반드시 방검복을 착용하고 안전에 유의해서 현장에 접근하라."는 무전이 시끄럽게 나온다. 사건은 달라도 지시는 늘 똑같은 걸 보면 틀림없이 녹음기를 틀어놓은 걸 거라고 생각하며 출동한다.

'신속히 출동하라면서 방검복은 언제 갈아입냐? 그래 승진하려면 그렇게 뭐라도 한 척 떠들어야겠지?' 순찰차 세워놓고 방검복 입으면 현장 도착 시간이 늦어지는데 늦어도 문제 삼을 거고, 칼 휘두르는 현장에서 피 흘리는 시민들을 보면서 방검복 갈아입을 수도 없고. 현장은 출동 경찰관이 지키는 것인데…

카톡으로 원거리에서 출동하는 순찰차 2대는 공원 쪽으로 접근하고, 나머지 4대는 큰길에서 업소 바로 앞으로 출동하라고 지시하면서, 무전으로도 반복하여 입구 3미터 앞에 순찰차를 대기시킨 후 함께 내부로 진입하고, 그 사이 들어오는 다른 신고는 인접 지구대에 출동 요청하라고 지시했다.

현장에 도착해 보니 먼저 온 순찰차 2대의 경찰들이 키와 덩치가 큰 남성 A와 대화하고 있고, 그 옆에는 친구로 보이는 덩치 큰 남성 2명이 외제차에서 내리며 "아따, 뭔 일 때문에 내 친구를 못 가게 하는 거요?"라고 위협성 항의를 한다.

'짜식들, 니들 앞의 키 작은 경찰은 얼마 전까지 강력반에 있다가 승진시험 보겠다고 이번에 지구대로 나온 분이고, 그 옆에는 VIP 경호하면서 운동하고 총만 쏘던 분이시다. 니들 괜히 잘못 건드리면 쌍코피 터진다!'

속마음을 감춘 채 직원에게 어떻게 대상자를 특정했는지 묻자, 현장에 도착할 때쯤 업소 있는 쪽에서 골목으로 나오는 대상자 A의 인상착의가 출동하면서 신고자로부터 전화로 들었던 용의자의 인상착의와 비슷해 일단 조사 필요성이 있다고 판단해 제지한 뒤 질문하는 중이라고 답한다.

나와 같이 도착한 직원들에게 업소 관계자, 신고자, 피해자를 확보하여 흉기부터 확인하라고 지시하였고, 2분 뒤 도착한 순찰차 4대가 유흥업소 골목 양옆을 차단하고 직원들이 조사를 지원했다. 유흥주점 종업원 2명은 A가 칼을 든 것은 봤지만 사람을 찌른 사실은 없고, 피해자는 총 2명인데 1명은 귀가했으며, 다른 1명은 칼로 위협을 당한 것은 사실이지만 찔린 사실은 없다면서 업소 직원이라 당시 상황을 더 진술하기는 어렵다고 한다.

A는 피해자가 자신의 애인 앞에서 "빚도 못갚아 주는 사람이 애인 자격이 있느냐?"라는 등 망신을 주는 데 화가 나서, 술 마시고 있다는 피해자에게 따지러 왔을 뿐 칼을 들고 위협한 사실은 없다고 한다.

손님을 칼로 위협한 것을 목격했음에도 진술하지 못하겠다?

나는 불과 8개월 전까지 질서계장으로 유흥주점 단속업무를 했기 때문에 업주들은 모두 나를 알았다. 영업사장 나오라고 했다. 한참 뒤 나온 사장은 과거 코로나19로 인한 집합금지 시간에 영업하다 단속된 일이 있어 나를 알아보고 인사를 했다. 사장에게 사건 내용을 설명하며 종업원 진술서 작성과 입구 CCTV 확인을 요청했다. 하지만 CCTV에는 A로 보이는 남성과 피해자로 보이는 남성 2명이 업소에서 나와 옆 가게로 이동하는 모습만 확인될 뿐 칼로 위협하는 모습들은 보이지 않는다. 오인 신고인가?

그러나 2명이 모두 잘못 보고 신고했을 리는 없으니, 주변 CCTV를 확인해야 할 것 같다. 옆 업소와 빌딩의 CCTV를 확인해 보라고 지시하고, 다시 발생 장소인 유흥업소에 들어가 진술하지 않는 종업원들을 설득하며 신고자와 동일한 휴대전화번호를 가진 종업원이 있는지 물었지만 아무도 진술하지 않는다. 잠시 뒤 옆 유흥주점 CCTV를 확인하러 들어가려던 경찰이 기도들에게 막혀 못들어가고 있다는 연락이 왔다. 내가 그 주점으로 가 영업사장에게 협조를 요청했지만 자신들과 관계 없는 일이라며 거절한다. 성질을 죽이고 조용히 "사장님 좀 나오라고 하시죠?"하자 "지구대 팀장이면 영업 중인 업소에 와서 사장님을 나오라 마라 할 수 있냐?"면서 비웃는다. 한 번 더 웃는 낯으로 요청했지만 거절당하자 결국 성질이 폭발했다.

"야! 와이셔츠도 첫단추부터 제대로 꿰야 되는 거야! 조폭들 다툼인지 뭔지, 칼로 손님을 죽이려고 위협했다는데, 당신들도 장사하려면 이런 건 더 협조해야지! 좋아, 이 사건 끝나고 보자!"라고 내가 소리를 지르자 기도들은 "아니, 경찰이 선량한 시민 겁주는 거야?"라며 대든다. 선량한 시민 좋아한다.

밖이 시끄러워지자 그제야 업소의 영업담당 상무와 사장이 나오더니 곧바로 나를 알아보고는 "아이고 계장님, 무슨 일이십니까? 바로 저를 찾아 주시지 그랬어요."라며 사과한다. 순조롭게 협조가 이루어지는 사이에 우리를 위협하던 덩치들은 어디론가 사라져 보이지 않는다.

신고 시간 전후 CCTV를 보니, 주차장 끝 쪽에서 촬영된 영상에서 희미하지만 A가 허리 뒤쪽에서 번쩍이는 물건을 꺼내는 모습, 피해자로 보이는 남성이 깜짝 놀라며 뒤로 물러나는 모습이 확인되는 것으로 보아 칼을 꺼내 휘두르는 영상이 분명하다고 판단되어, A를 특수협박죄의 현행범인으로 체포했다. A에게 칼이 어디 있는지 물었지만 A는 계속 칼 소지 사실을 부인했고, 주변을 모두 수색했지만 칼은 발견되지 않았다.

A를 피의자 신분으로 지구대에 데려온 뒤, 업소 CCTV에 칼을 휘두르며 피해자 2명을 위협하는 영상이 확인됐고, 피해자뿐 아니라 목격자 2명이 진술서를 작성했다고 말했지만 여전히 범행을 부인한다. 자신도 업소에서 일해 봤는데 손님들도 나오는 영상을 경찰이 그렇게 빨리 확보했다

는 것은 말이 안 되니 거짓말하지 말고 자신이 칼 휘두른 영상이 진짜 있으면 보여달라고 요구한다. 직원들이 영상을 보여줘도 될지 내게 물었다.

이미 피해자, 목격자의 진술뿐 아니라 직접증거인 CCTV 영상까지 확보되었는데도 피의자는 흉기를 숨겨 증거를 인멸했고 범죄사실을 일체 부인하니 영상을 보여줄 필요가 없고 사실관계만 설명해 주면 된다, 지금 부인하는 모습도 그대로 보고서에 써넣어라, 이런 것이 양형자료로 활용돼 더 높은 처단형을 받게 된다는 것을 알아야 앞으로 자신의 행동에 대해 용서를 빌고 반성하게 된다. 범죄사실과 영상확보사실 및 영상에서 확인된 내용을 알려줬음에도 범죄사실을 부인하는 피의자의 행동을 수사보고서로 자세히 작성하라고 지시했다.

A는 전혀 겁먹지 않고 경찰관들의 대화를 들으면서 누군가와 통화하는 등 차분한 모습으로 보아 범죄경력이 많은 사람이 분명하다.

"A, 학교는 몇 번 다녀왔어?"라고 내가 묻자 "재판을 받는 것은 있지만 학교는 한 번도 안 갔습니다. 진짜 칼로 위협한 적은 없는데 봐주시죠."라고 한다.

그 사이 업소 앞에 있던 피의자의 덩치 큰 친구들이 찾아와 왜 체포되었는지 묻는다. 보호자도, 변호인도 아닌데 범죄사실이나 체포 이유를 설명할 수는 없다. 직접 전화해서 물으라고 하자 전화 통화를 하더니 "이 새끼 징역 한 번도 안 살았는데 이번엔 제대로 가겠네, 집행유예기간이고 재판받는 것도 있는데."라고 말한다.

보고서를 다 작성해 피의자를 본서 형사과로 인계하며, 피해자, 목격자의 진술을 설명하고 영상을 넘겨주자, 영상을 본 형사가 "이 양반, 칼 든 거 맞는데 왜 거짓말하고 그래? 지구대에서 무조건 부인하는 내용이 현행범인체포서에 들어가면 당신한테 안 좋은 거 몰라?"라고 하자 피의자는 그제야 고개를 숙이며 "죄송합니다, 돈도 못 갚는 사람을 뭐 하러 사귀느냐라는 말을 애인 앞에서 듣고 순간적으로 화를 참지 못하고 그랬는데, 경찰이 순식간에 출동해 붙잡히고, 다른 순찰차도 현장을 둘러싸고 하는데 너무 무서워서 그랬습니다. 싸이렌 소리를 듣고 칼은 은행 옆에 있는 화단 속에 묻었습니다."라고 한다.

짜식, 집행유예기간인 데다 유흥주점은 손님들과 차량이 찍힌 영상을 경찰관들에게 쉽게 제출하지 않는다는 것을 아니까 영상 확보를 거짓말이라고 생각해 계속 버텼구만, 내가 말했잖아 공무원이 거짓말할 이유가 없다고!

오랜만에 강력사건 신고로 긴장했던 마음이 풀리는데 현장에 최초로 출동하여 용의자를 검거했던 강력반 출신 젊은 경찰관이 다가와 웃으며 묻는다.

"강력반에서 협조 요청해도 영장 없이는 안 된다고 거절해 나중에 영장을 받아 가야 간신히 영상을 받는데 팀장님은 질서계장으로 있으면서 업소를 많이 죽인 덕분에 바로 협조가 이루어지네요. 사람들이 꼭 겁을 먹어야 말을 듣는데, 지구대 경찰관 말은 우습게 알다가 형사과 가면 인정하고, 형사과에서 부인하던 사람들도 검찰, 법원에 가면 꼼짝 못하고 인정하는 이유가 뭘까요?"

글쎄, 그것이 국민들 수준 아닐까? 다들 무조건 부인해야 한다, 인정하면 손해 본다는 생각을 가지고 있잖아.

중요사건 업무보고를 별도 작성해서 112상황실에 보고했다. 신고가 이루어지자마자 순찰차들이 출동해 현장을 에워싼 후 바로 피의자의 신병을 확보하고, 지구대에서 범죄현장뿐 아니라 주변 CCTV를 모두 확인하여 불과 25분 만에 범죄사실을 특정해 체포한 데 대해 우수사례로 서울경찰청장에게 보고하겠다고 한다.

아침이 밝아온다.

4. 장팀장, 키스방에 가다

　인권위로부터 1년 전 "키스방 단속 과정 영상을 언론에 제공한 것에 대해, 성매매 업주가 단속 현장의 영상을 그대로 방송사에 제공하여 인권침해를 당했다는 진정서가 제출했기 때문에 조사에 착수했는데, 출석할 수 있냐?"라는 전화를 받았다. 출석은 못하겠고 지구대에 방문해 조사해달라고 요청하자, 며칠 뒤 청문감사담당관실에서 인권위 조사관과 같이 지구대를 방문하겠다는 연락이 왔다.

　사건 경위는 이랬다.

　2020년에 내가 근무하던 경찰서의 서장으로 정보부서에서 오랫동안 근무했던 분이 부임했다. 신임 서장은 우리 서의 일부 경찰관이 업소와 유착되었다는 소문이 있고, 부임 1년 전에 실제로 업소와 유착되어 금품을 수수하다 파면된 경찰관이 구속까지 되었고, 단속정보 유출로 검찰에 압수수색을 당한 적이 있으니 절대로 타협하지 않고 법대로 유흥업소와 성매매 업소를 단속할 사람을 질서계장으로 임명하자고 했다. 과장들과의 회의 끝에 내가 질서계장으로 발령 받았는데, 하필 코로나 사태까지 터져 유흥업소, 단란주점, 노래방에 영업시간이 생겼다. 그래서 내가 질서계장으로 근무한 1년 6개월간 관내에 있는 업소 대부분이 단속되었고, 오피스텔, 변종 성매매 업소도 엄청나게 단속하여 공중파 뉴스에 20여 회나 보도되었다.

그 과정에서 변종 성매매 업소인 〈키스방〉을 단속하여, 업주를 성매매 알선, 권유, 유인 또는 강요행위, 성매매의 장소를 제공하는 행위, 손님의 개인정보를 동의 없이 수집하여 관리한 개인정보보호법위반 행위로 단속하여 처벌받게 한 일이 있었는데, 단속 과정에서 촬영한 영상을 뉴스에 제공했었다. 그랬더니 키스방 업주가 언론 보도 때문에 자신이 정신적 피해를 입는 등 인권침해를 당했다는 진정서를 낸 것이다.

조사받기 전에 당시 단속 과정에 대한 기억을 떠올려봤다.

문제의 키스방은 회원제로 운영되는 주점인데 성매매가 이루어진다는 112신고가 30여 건이나 있었지만 단속이 되지 않았다. 건물 1층 입구에 CCTV 2대가 있고 일방통행로 원거리까지 촬영할 수 있는 CCTV도 설치되어 항상 경찰 출동에 대비하고 있었다. 지구대에서 신고를 받고 현장에 나가 순찰차를 안 보이는 곳에 주차시킨 뒤 CCTV를 피해 현장에 도착해 4층의 주점으로 올라갔지만 철문이 안으로 잠겨 있고 문을 열 방법도 없어 단속을 포기했던 곳이었다. 직접 현장에 가 보기로 했다.

4층 건물 맨 꼭대기 층에 주점 간판이 있고, 분전함을 확인하자 1층 식당보다 회전속도가 더 빠른 것으로 보아 내부에서는 분명히 영업하고 있다는 사실을 확인할 수 있었다. 하지만 지구대 경찰관들의 보고처럼 출입문은 튼튼한 철문으로 되어 있었고, 내부로 들어가기 위해 119지원을 요청해 문을 강제로 개방하면 그 사이에 내부에 있던 성매매 증거는 다 없어지니 단속할 방법이 없다.

　정말 성매매 업소일까? 마사지 업소도 아니고 이름을 보면 그냥 술집 같은데 대낮부터 들어오는 성매매 신고는 허위신고인가? 아니면 내가 모르는 새로운 시스템의 성매매 업소가 등장한 건가? 고민하다가 직접 들어가서 확인해 보기로 하고 다음날 정장을 차려입고 가게 문을 두드렸다. 예상과 달리 안에서 굵은 목소리의 남자가 무슨 일이냐고 묻기에 한 잔 하려고 왔다고 답했다. 남자가 "여기는 술 안 팝니다."라고 해서 간판에 주점이라고 써 있는데 왜 안 파냐고 다시 묻자 남자는 문은 열어주지 않고 그 주점은 망했습니다라고 답한다.

　술집이 아니면 진짜 성매매 업소일 수 있다는 생각에 사이버수사대 10년 경력을 활용해 검색을 시작했다. 성매매 소개사이트와 예약사이트를 검색하다가 국내 최대의 성매매 중개사이트를 발견해 들어가 보니 성매매 업소를 '오피', '건마', '휴게텔', '립카페', '핸플·키스방', '페티시' 등 친절하게 업종별로 구분하고, 강남과 비강남 등으로 지역별 분류까지 되어 있었다. 일단 회원으로 가입해 당당한 회원자격으로 강남지역을 검색하니 문제의 주점이 '핸플·키스방' 코너에 이름을 자랑스럽게 올려놓고 홍보하는 것을 발견하였다.

　단속 방법을 결정하려면 해당 업소의 영업 방식을 먼저 알아야 한다. 해당 주점 소개에 달려있는 댓글을 차례로 읽다 보니 대충 어떤 식으로 영업하는지는 알 것 같았다. 그런데 손님으로 가려면 고객이 해당 업소나 다른 성매매 업소를 방문할 때 사용했던 전화번호를 이용하거나, 신분증과 명함을 사진으로 찍어 보내주어야 예약할 수 있었다. 이건 적어도 업체간에 정보를 공유하는 보안시스템이 구축되어 있다는 뜻이었고, 이 정도로 비밀스럽게 영업한다는 건 조직적 성매매업소가 분명했다. 하지만 어떻게 접근해야 할지 생각이 안 났다.

일단 최근 112신고자들에게 일일이 전화를 했지만, 신고자 중 상당수는 없는 번호이거나 공중전화였고, 그렇지 않은 사람도 경찰임을 밝히는 순간 전화를 끊었다. 그러다가 마침내 "내가 3번이나 신고해도 단속하지도 않고, 니네들 거기서 상납받고 있지?"라며 소리 지르는 신고자를 찾아냈다. 만나서 이야기를 듣고 싶다고 했지만, 그럼 나도 성매매로 처벌받는데 내가 왜 만나냐며 거부한다. 전화를 받기만 하면 끊는 신고자에게 몇 번이고 전화해서 설득을 계속하자 마침내 신고자는 업소에서 운영하는 별도의 예약사이트를 통해서 예약하면 들어갈 수 있다는 사실을 알려줬다.

하지만 업소 단속은 말이 쉽지, 현장을 발견하지 않으면 사실상 단속이 불가능하다. 특히 성매매의 경우 성매매 현장을 적발하지 않는 한 직접 성매매를 했던 여종업원이나 손님의 진술 없이는 단속할 수 없다. 결국 손님을 가장해 내부로 들어가 실체를 확인하는 수밖에 없다. 하지만 손님을 가장해 들어갔다가 실수로 여종업원과 신체적 접촉이라도 있으면 업소로부터 트집을 잡혀 개고생할 게 뻔했다. 게다가 들어갔다가 성매매 현장을 못 잡으면 어떻게 하나도 고민됐다.

그러나 손님을 가장해 들어간 후 여종업원의 신병을 확보하는 것 외에 다른 방법은 없었다. 또 변종 성매매 업소가 유행하는데 그걸 단속하지 않고 놓아두면 경찰이 업소와 유착되었다는 의심을 받을 수 있다는 생각에 자존심이 상해 결국 내가 직접 나서기로 했다.

일단 인근 3개 경찰서의 생활질서 단속팀에 지원을 요청해 출동계획을 짰다. 단속팀은 인근에 주차한 순찰차 2대 안에서 대기하고, 나는 단속팀과 미리 통화를 연결해둔 휴대전화를 가방에 넣고 들어간 후 단속 타이밍이 됐을 때 여종업원에게 "너무 피곤해~ 커피 한 잔 진하게 부탁해요"라고 말하면 단속팀이 업소 입구로 출동하고, 나는 시간에 맞춰 내부에서 문을 열어주기로 했다. 단속팀과 협의가 끝난 뒤 신고자가 알려준 사이트를 이용해 다음날 14:00시 예약을 시도했다. 그러자 업주가 그 시간대는 이미 예약이 가득 찼고, 16:00시가 넘어야 예약이 가능하다고 해 16:30분으로 예약했다.

다음날 예약된 시간에 문을 두들기고 예약번호를 말하자 철로 된 출입문이 열렸다. 그 안에는 또 나무로 된 2중 출입문이 있는 밀실 구조였고, 음악이 큰소리로 틀어져 있었다. 화재라도 나면 어쩌나 싶은 직업적 걱정이 먼저 들었다. 업주는 "선생님 1시간에 10만원, 2시간에 20만원입니다. 담당 아가씨나 미리 마음에 둔 아가씨가 있나요?"라고 물어 "그냥 보통 체격으로, 20대 후반에서 30대 초반이면 됩니다."라고 말하며 10만 원을 냈다. 업주는 나에게 종이컵을 하나 주며 5번 방으로 안내했다. 이 게 뭐지 하면서 컵을 들고 방에 들어갔다. 방에는 커다란 소파가 하나 있었는데 침대로 변형시킬 수 있는 구조였다. 5분 정도 기다리자 커트 머리에 군살 없는 몸매를 쫙 달라붙는 원피스로 가린 여종업원이 들어온다. 30대 초반이라고 말하는데 얼굴은 그보다 앳돼 보인다.

종업원은 인사를 하더니 조명을 어둡게 줄인다. 그리고 친절한 목소리로 "오빠, 보통 10만원 내면 우리가 6만원, 사장님이 4만원을 가져요. 입으로 손님의 가슴과 목 등을 애무한 후 손으로 사정하도록 해주는 게 기본인데, 저한테 5만원만 더 주시면 제가 서비스를 제대로 하고 성관계까지 해드릴게요."라고 설명한다. 그러면서 "저는 옷 장사가 본업이라 매일 나오지는 않고 오후에 나오면 손님이 많을 때는 6명까지 받아요."라면서 서비스 종류를 고르라고 한다. 이 정도면 업주의 성매매알선 등 행위의 증거는 확보되었고, 다른 방에 있는 손님들을 상대로 진술을 확보하면 된다고 생각하는 사이에 종업원이 점점 가까이 다가온다.

깜짝 놀라서 종업원에게 약속했던 암호를 말했다. "너무 피곤해~ 커피 한 잔 진하게 부탁해요"라는 말을 2회 하자, 단속팀이 출입문으로 출동했는지 갑자기 천정에 달린 등이 번쩍거린다. 여종업원은 "오빠, 밖에 순찰차가 지나가서 그래요. 하지만 걱정하지 마세요. 여긴 절대로 못 들어와요."라고 말하더니 커피를 가지러 나간다. 그 사이에 "진입, 진입"이라는 방송이 나오고, 노래소리가 줄어들면서, 업주가 "단속, 단속"이라고 소리지른다. 그러자 어디선가 여성들이 옷도 제대로 걸치지 않고 뛰어나오더니 출입문에서 가장 멀리 떨어진 화분 옆 벽에서 갑자기 안개처럼 사라진다.

나는 겁에 질린 손님인 척하면서 카운터로 갔다. 업주는 내게 "손님, 안심하세요. 절대 못 들어옵니다."라고 말하며, CCTV로 경찰 단속팀과 주차된 순찰차를 관찰하느라 정신이 없다. 나는 업주 몰래 출입문 잠금장치를 열어 생활질서계 단속팀과 지구대 순찰 요원들을 들어오게 한 뒤, 경찰관 신분을 밝히고 범죄사실을 고지했다. 그러자 업주는 "당신들 영장 있어? 증거도 없이 이렇게 영업을 방해하면 내가 가만 있을 거 같아?"라며 업소로 들어오려는 단속팀을 막아서고 몸싸움을 벌인다.

업주를 제압한 후 현장을 확인했다. 룸은 총 11개인데 손님은 다섯 군데에 있었다. 2번 방에는 30대 남자가 침대 형태로 변형시킨 소파에 누워 있고, 3번 방에는 50대 남자가 옷을 모두 입고 소파에 앉아 있었으며, 6번, 9번, 11번 방에는 40대 남자들이 소파에 앉아 있었는데 모두 휴대전화를 보고 있는 모습이 너무나도 태연했다. 하지만 경찰 단속에도 전혀 놀라지 않는 모습은 오히려 부자연스러워서 성매매를 숨기려는 것일 가능성이 크다는 의심이 들었다.

손님들을 상대로 성매매 여부를 확인하겠다고 설명한 뒤, 소파 뒤쪽과 바닥을 모두 찾았지만, 휴지나 콘돔 등 성매매를 인정할 증거는 확인되지 않았다. 그러던 중 3번 방 손님 옆에 가방이 있는 것을 발견하고 내용을 확인시켜 달라고 요청했다. 그러자 손님은 갑자기 "아무런 잘못도 하지 않은 사람의 가방을 뒤지는 것은 인권침해"라고 소리를 지르며 항의를 시작했다. 옷을 모두 입고 있다는 것만으로도 수상했는데 갑자기 항의하는 모습은 더 이상했다.

"자신의 범행에 대한 증거인멸은 처벌받지 않지만, 성매매 업소나 성매매 여성을 보호하기 위해 증거를 인멸하면 처벌을 받게 됩니다. 여종업원을 보호하기 위해 사용한 콘돔이나 정액 등이 묻은 휴지를 가방 안에 숨겨 둔 사실이 발견되면 성매매보다 더 무서운 죄인 증거인멸죄가 성립될 수 있습니다."라고 하자 손님은 어쩔 수 없이 가방 안을 보여준다. 안에는 구겨진 종이컵이 있었고 그 안에는 정액이 들어 있는 콘돔, 휴지 등이 들어 있었다. 증거가 발견되자 인권침해라고 주장하던 손님도 순순히 성매매 사실을 인정했다. 아, 종이컵은 여기다 쓰라고 준 거구나.

다른 방에서는 15:00경 2시간 예약을 하여 20만원을 주고 들어온 손님이 성매매는 하지 않았고 자위행위만 했다고 주장하는데, 소파 밑에서 역시 종이컵이 발견되었고 그 안에는 정액이 묻은 휴지와 콘돔이 들어있었다. 콘돔에서 여성의 DNA가 확인되면 처벌을 더 크게 받는다고 하자 그 남자는 "안 나오지는 않을 겁니다, 그런데 시도만 했고 사정은 자위하며 했습니다."라고 말한다. 여성의 음부에 성기를 삽입하기는 했지만 사정은 안 했기 때문에 성매매가 아니라고 주장하는데 성매매는 삽입만 하면 사정과 무관하게 성매매가 된다. 심지어 법이 개정되어 구강성교 등 유사성교행위도 성매매로 처벌받으니 손님의 부인은 실제로는 자백이나 마찬가지다.

모든 증거가 확보되었으므로 업주에게 범죄사실과 체포의 이유, 변호인 선임권, 진술 거부권 등 피의자의 권리를 알려주고 체포하였다.

그 사이 한 팀은 화분 뒤쪽으로 여종업원들이 사라진 장소를 수색하여 위장된 출입문을 발견해 성매매 여성들을 찾아냈고, 다른 팀은 성매매 정산 장부를 확인하던 중 카운터에서 10만명에 가까운 사람들의 휴대전화번호 등 개인정보가 들어 있는 노트북을 발견했다. 손님들의 휴대전화번호 옆에는 "40대 초중반으로 보임", "외발자전거 타고 오는 손님", "단골", "진상", "페라리 타고 댕기네"라는 등의 인상착의, "엄청난 땀 냄새", "몸에서 안 좋은 냄새", "후배위", "입으로" 등 개인의 신체적 특징이나 성적 취향들도 적혀 있었다. 로그 기록을 확인하니, 업소에서 현재 사용 중인 고객 정보만 9,300여 건이었고, 업소 간에 이러한 정보가 공유된 흔적도 확인되었다.

단순한 성매매 업소가 아니라 이 업소를 포함하여 여러 업소들이 집단적으로 손님의 정보를 공유하여 운영에 활용하는 등 고객들의 정보를 고객 동의 없이 함부로 수집하여 관리한다는 사실을 확인해 서울경찰청에 보고하자 기자들로부터 단속 내용에 대한 문의가 오기 시작했다. 3개 경찰서가 합동으로 단속한 사안이라 보안을 유지할 수도 없는 상황이었는데, 변종 성매매 업소에서 손님들의 정보를 불법적으로 수집하여 관리하였고, 수집된 정보가 어디에 어떤 목적으로 제공되는지 알 수 없을 뿐 아니라, 성매매 업소 방문 정보가 공유된다면 불법적인 목적으로 사용될 가능성도 크기에 보도를 통해 그 위험성을 널리 알려야 할 공익적 목적이 있으므로 보도에 적극적으로 협조해야 한다는 게 당시의 판단이었다. 그래서 모자이크 처리를 부탁하면서 기자실 총무인 기자에게 영상을 제공하였다.

며칠 후 지구대로 온 인권위 조사관에게 당시 상황을 설명해줬다.

인권위 조사관이 아무리 범죄자라도 유죄가 확정되지도 않았고, 설사 유죄가 확정되었어도 함부로 단속 영상을 언론에 넘기면 안 되는 것 아니냐고 묻기에, "112신고 내용과 건수, 단속 과정을 다 듣고도 그런 말씀을 하세요? 그럼 중범죄자나 유명인에 대한 영장실질심사의 모든 과정을 언론이 촬영하는 건 뭔가요?"라고 반문했다. 조사관이 기자들에게 줄 때 모자이크 처리를 했느냐고 물어서 언론이 자체적으로 모자이크를 했다, 언론사의 보도가이드 라인은 반드시 모자이크 처리하게 되어 있다고 답했다.

조사관은 보도한 이유는 충분히 해명이 되고, 언론이 모자이크 처리하여 보도한 것도 사실이지만, 경찰이 모자이크 처리를 하지 않고 기자에게 준 것은 인권을 침해한 행위이며, 인권침해를 막기 위한 노력을 하지 않았기 때문에 이 점에 대한 조치가 있을 것이라고 말한다.

단속을 피하고자 이중문을 설치하고, CCTV를 설치하여 회원제로 운영하는 등 철저한 보안 속에 영업하는 불법 업소를 단속했으면 표창이라도 한 장 줄줄 알았더니, 돌아온 것은 인권을 침해했으니 처벌을 받을 거라는 인권위의 말! 동일한 방법으로 영업하는 업소가 전국에 깔려 있는데, 너희들도 단속될 수 있다는 사실을 알려줘야 손님들의 정보를 함부로 보관하며 업소 간 공유하는 영업 행태를 끊어버릴 수 있다는 생각에 한 일인데…

힘들고 어려운 일을 하지 않으면 인권위 조사를 받을 일도 없는데, 굳이 나서서 며칠을 연구하고 직접 손님으로 들어가서까지 은밀하게 퍼지는 변종 성매매 업소를 단속해 경찰이 살아 있음을 알렸더니 돌아오는 것은 또 다른 훈장.

말이 좋아서 변종 성매매 업주지 그 실체는 포주인데, 포주들이 손님들의 휴대전화 번호와 명함, 성적 취향 등 은밀한 개인정보를 수집해 영업하고, 이렇게 수집된 정보를 이용해 불법적인 일을 저질러 제2, 제3의 피해가 발생할 수도 있는데 그걸 보면서 경찰이 침묵해야 하나? 당연히 이런 곳을 방문하면 이런 위험이 있다고 국민에게 알리는 것이 국민의 인권을 보호하는 일 아닌가?

인권위라는 곳은 도대체 누구의 인권을 보호하자는 곳인지 모르겠다. 국민의 인권을 침해하는 놈을 단속했더니, 그 놈의 얼굴을 모자이크하지 않은 영상을 언론에 넘겼다고 인권이 침해돼? 언론은 얼굴을 모자이크해서 방송했는데도?

이유야 어쨌든 내가 조사받는다는 사실 자체만으로도 등 뒤에서 낄낄대는 놈들이 있을 거다. 그래, 너희들이 꼴통이라면서 뒤에서 웃더라도 그릇은 닦지도 않으면서 설거지하다 그릇 좀 깨는 사람을 비웃는 작자들의 비웃음은 얼마든지 무시할 수 있다.

그래, 나 꼴통이다. 변태 포주들의 민원은 얼마든지 감당해 줄게~

7. 극한직업... 그래도 감사한 하루

1. 가까워진 마약, 멀리 있는 법

정신없이 일주일을 보낸 뒤 오랜만의 토요일 주간근무! 오전에는 조용하던 무전기가 점심식사를 마치자마자 시끄럽게 떠들어대기 시작한다.

15:40경 〈택시기사의 트렁크에 짐이 많다/봉 같은 것도 있다/납치사건도 많은데 신원을 확인해 달라〉라는 112신고가 CODE-2로 떨어지고, 이어서 〈112신고한 것을 들은 택시가 이상한 곳으로 간다, 무슨 터널같다〉라는 신고가 와 CODE-1으로 수정된다.

그렇지 않아도 관내에서 '청부납치 강도살인' 등 강력사건이 계속 발생하여 긴장 속에 근무하는데, 또 납치라는 말이 나오니 직접 확인해 보자는 생각에 112시스템에 들어가 신고 내용을 들었다. 그런데 아무래도 신고자의 상태가 이상하다는 생각이 들었다. 같이 듣던 다른 직원들도 같은 의견인데 그 사이 신고자가 112신고를 통해 택시기사와 함께 우리 지구대로 직접 오겠다고 한다.

　조금 뒤 지구대 뒤편에서 "잡아!"라는 외침과 쿵쾅거리는 소리가 나서 나가보니 지구대 바로 옆 인도에서 경찰관들이 어떤 젊은이를 제압하고 있다. 젊은이는 "이 사람들 경찰 아니에요, 사람을 죽이려고 해요."라고 소리를 지르고, 신호대기 하던 차들이 모두 창문을 열고 지구대 앞에서 벌어진 난장판을 구경하고 있다. 지구대 뒤편 순찰차 대기 장소에 주차한 택시에서 70대 중반으로 보이는 하늘색 모범기사 복장을 한 노인이 내리고 있었다.

　경찰관 2명이 젊은이의 양팔을 잡아 진정시키면서 지구대로 들어오자, 젊은이는 택시 트렁크를 확인해 달라고 한다. 트렁크 안에는 각종 모범운전자 복장, 모자, 우비, 신발, 교통사고 신호용 삼각대, 축구화 외에 의심할 물건은 전혀 없다.

　70대 노인이 어떻게 젊은이를 납치할 수 있냐고 말하는데, 젊은이는 그 말은 들리지도 않는지 자리에 앉아 손을 떨고, 새파래진 입술 옆으로 거품을 흘린다. 4월에 겨울 외투를 입고서도 부들부들 떨다가 이제는 땀까지 흘리더니 갑자기 벌떡 일어나 경찰이 신고자를 의심하냐면서 트렁크를 직접 봐야겠다고 한다. 일어서서는 다시 화장실에 가겠다고 하다 말고 바닥에 토하는데 토사물이 핑크색이다. 자기 토사물을 본 젊은이는 "와우~ 내가 핑크를 토했네!"라며 큰소리로 흥분하여 소리를 지르다 말고는 또 몸을 떨면서 자리에 앉아 가쁜 숨을 몰아쉰다.

어느 모로 보더라도 마약이 분명했다. 우선 주사 자국을 확인하기 위해 외투를 벗기려고 해봤다. 날씨도 더우니 옷은 벗고 이야기하자고 했지만 거절한다. 옷을 강제로 벗기려면 신체에 대한 압수영장을 받거나 체포를 해야 하기 때문에 그렇게 할 수도 없다. 정황상 마약은 확실하지만 혹시 정신적 문제일 가능성도 있어 추측만으로 함부로 체포할 수는 없었다. 젊은이는 손에 비닐봉지를 들고 있는데, 그 안에 언뜻 보이는 찢겨진 약봉투에 OOO이라는 사람의 이름과 인데놀정, 자나팜정이라는 처방명이 쓰여 있었다. 그걸 이용해 심문기법을 사용하기로 했다.

"집이 여기 아닌 것 같은데, 어제 어디서 잤어? 신분증 좀 줘봐."라고 해서 제출받은 신분증 이름은 OOO이 아니었고, 주소도 우리 관내와 전혀 연고가 없다. 택시기사는 카카오 호출로 손님을 태웠다고 한다. "카카오 택시는 같이 있던 사람이 불러줬어?"라고 묻자 "예."라고 답하지만, "그 사람과 몇 호에서 잤어?"라는 물음에는 답하지 않는다.

이럴 때 약 했느냐고 물어보면 입을 더 다문다. 약은 기정사실화 하면서 질문해야 한다. "니 잘못이 아니잖아, 그 놈을 찾아야지. OOO을 찾자."라고 하자 "안 돼요, 강제로 한 것도 아니고 그 사람을 다치게 할 수 없어요."라고 한다. "그럼 니가 먼저 마약을 하자고 했냐? 주사기는 누가 준비했어?"라고 묻자 "아니요, 마약을 했을 수도 있고 안 했을 수도 있는데 기억이 나지 않아요."라며 정상적 진술을 하지 않는다.

결국 마약 투약 여부에 대해 간이시약 검사를 할 수밖에 없어 강력팀에 지원을 요청했다. 최근 마약을 강하게 처벌해야 한다는 사회적 분위기 때문인지 예전에는 형사 2명만 나왔는데, 이번에는 강력팀장이 팀원 전체와 함께 지구대로 출동했다. 강력팀장이 젊은이에게 겨울 외투를 벗어달라, 소변검사에 응해달라고 요청했으나 그는 계속 택시기사에게 납치당하는 줄 알았다는 헛소리만 하면서 외투를 벗지 않는다. 경찰을 못 믿겠다, 택시기사가 범죄를 저질렀다는 등 횡설수설만 계속하는데 강력팀장은 결국 참지 못하고 "그건 그거고. 택시는 확인시켜 줄게. 하지만 우선 마약한 것은 맞잖아?"라고 대놓고 묻는다. 그러나 젊은이는 여전히 모르겠다고 헛소리만 하는데, "야 이 사람아, 마약을 했으면 했다, 안 했으면 안 했다지 모르겠다가 어딨어? 소변 검사부터 먼저 하자"라고 계속 설득하는 사이에 젊은이가 자기 때문에 그 사람을 다치게 할 수는 없다고 하다가 부지불식간에 어제 잤던 호텔의 이름과 객실을 말한다. 강력팀의 얼굴이 밝아졌다.

그 호텔은 최근에도 상습 투약자들을 검거한 곳으로 마약 투약자들이 많이 들르는 곳이라 투약은 확실하다고 판단했다. 젊은이에게 자기 일만 신경 쓰면 되지 다른 사람이 다치는 건 신경 쓸 일이 아니라고 설득하고, 간이검사 동의서를 보여주며 검사 절차를 설명했더니 젊은이도 결국 소변검사에 응하기로 했다.

종이컵에 소변을 담아오라고 했더니, 검사 결과가 어떻게 나올지 모르겠다, 자기가 양성반응이 나오면 같이 있던 사람에게 피해를 줄까 걱정이니 검사에 응하면 자기 선에서 끝내달라고 하더니 다시 소변검사를 거부하며 택시기사가 수상하다는 헛소리를 또 시작했다. 1시간 동안 이어져온 헛소리에 현장에 있던 강력팀 직원들도 머리를 움켜잡고 괴로워하는데, 젊은이는 갑자기 입을 다물더니 입술과 손을 떨며 멍하니 천장만 바라본다.

그냥 체포해서 증거를 수집하고 사후에 압수영장을 신청하면 되는데 왜 체포하지 않을까 하는 생각에 강력팀장에게 그냥 체포한 뒤 강제로 모발을 뽑아서 검사하면 되지 않냐고 물었다.

"장 팀장님은 수사만 하셔서 그런데 형사는 다릅니다. 설사 체포했다 하더라도 소변을 강제로 보게 할 수는 없고, 모발을 뽑아서 검사하면 시간이 오래 걸리니 체포의 실익이 없어요. 그래서 먼저 발생보고를 한 후 체포영장과 압수영장을 받아서 강제수사를 해야 합니다. 체포했다가 시약검사에서 음성으로 나오기라도 하면 불법체포, 감금이라고 떠드는 인간들이 많습니다. 단순투약자는 마약을 했다는 의심만 들 뿐 실제로 주사기나 마약이 발견된 것도 아니라, 투약했다고 단정지을 수 없는 상태에서 함부로 체포하는 것은 어렵습니다. 발생보고를 작성해 주시면 마약팀에서 체포영장과 압수영장을 신청해서 수사하도록 하겠습니다."

마약투약 여부를 밝히려고 1시간 이상 시약검사를 시도하는 모습을 옆에서 봤기에 달리 할 말이 없었다. 공부하는 차원에서 내 자리로 가 대법원 판례를 검색했다. "범죄 증거를 수집할 목적으로 피의자의 동의 없이 소변을 채취하려면 법원으로부터 감정허가장을 받거나, 판사로부터 압수·수색영장을 적법하게 발부받아 집행하여야 한다. 영장에 의한 강제 채취시 병원 등 적합한 장소로 이동하는 것에 피의자가 동의하지 않거나 저항하는 등 임의동행을 기대할 수 없는 사정이 있는 때에는 수사기관은 소변 채취에 적합한 장소로 피의자를 데려가기 위해 필요한 최소한의 유형력 행사가 허용된다."(대법원 2018도6219)

판례 옆에 낯익은 장 모 교수의 이름이 보여 전화를 걸었다. "해당 판례는 경찰이 미리 압수영장을 받아 강제로 소변을 채취하는 경우에 대한 것이다. 일본은 경찰에게 압수영장 신청권한이 있고 5시간이면 영장을 발부받을 수 있으니 가능하지만, 우리나라는 긴급체포서를 작성해서 승인받고, 검찰을 통해 법원에 영장을 청구하는 데까지 시간이 많이 걸리기 때문에 체포 후 압수영장을 통해 강제 채뇨하는 것이 법리상으로는 가능해도 현실적으로는 쉽지 않다. 다른 범죄와 달리 마약사범에 대한 강제수사는 법원이 폭넓게 인정해 주는 분위기이지만 그래도 앞으로 판례가 계속 더 쌓여야만 단속방법 등을 변화시킬 수 있다."라며 일본법과의 차이로 인한 우리 법체계의 한계를 설명한다. 결국 강력팀의 설명이 더 현실적이라는 뜻이다.

마약을 투약했다는 의심만으로 사람을 체포하면 인권침해라고 비난받을 소지가 있지만 이대로 내보내면 환각 상태에서 성범죄나 흉기난동 등 범죄를 저지를 수도 있으니 체포해야 한다고 강력히 주장했다. 강력팀도 한참 동안 회의한 뒤 내 의견에 동의했다. 체포 후 유치장에 입감시키는 과정에 외투를 벗기고 신체를 확인하자 팔뚝에서 온통 주사기 자국이 보였다. 연락을 받고 온 어머니의 설득으로 간이시약 검사를 실시하자 암페타민(필로폰) 계열 반응이 확인됐다. 이어서 호텔에 같이 투숙했던 남성과 주사기로 필로폰을 함께 투약했다는 진술도 확보했다.

인권보호도 중요하지만 심각한 범죄에 대한 수사는 좀 더 쉽고 편하게 할 수 있도록 만들어 주어야 하는 거 아닌가 생각했다. 예전과 달리 마약 신고는 넘쳐나지만, 이번 사건처럼 환각증세를 보이는 사건을 제외하고 간이시약 검사를 거부하면 방법이 없다. 현행법은 범인을 확보했어도 일단은 석방한 후 체포영장과 압수영장을 발부받아 숨어다니는 마약범의 휴대전화를 추적하고 위치를 확인해서 검거하라고 한다. 마약범이 들고 다니는 전화는 자기 명의도 아닌 대포폰인데, 그러면서 마약이 넘쳐나니 수사는 적극적으로 하라고? 보고서 작성하고, 체포영장, 압수영장 신청서 작성하고, 검찰에 문발(문서발송) 보내고, 법원에서 영장 발부받기까지 몇 시간이나 걸리는지 국민들은 알까?

법과 현실의 괴리 속에서 일하기 정말 어렵다. 그나마 이번 사건은 강력팀이 적극적으로 체포해줘서 다행이다. 체포하지 않고 풀어줬다가 환각상태에서 지나가는 행인들에게 무슨 짓이라도 저질렀으면 또 사회적 문제가 되고 경찰에게 책임을 물었을 테니.

어쨌든 오늘도 무사히 넘어갔으니 다행이다.

2. 카톡 사기 수배범을 잡아라

♪한 치 앞도 모르는 또 앞만 보고 달리는 이 쉴 새 없는 인생은 언제나 젊을 수 없음을 알면서도 하루하루 지나가고 또 느끼면서 매일 매일 미뤄가고 평소 해보고 싶은 곳에 단 한 번도 못가는 이 청춘……♪(거북이의 빙고)

예전에 몇 번 들을 때는 별로 관심이 가지 않던 대중가요 가사가 갑자기 귀에 들어온다. 그저 신나는 노래인 줄만 알았는데 가사에 깊은 의미가 담겨 있다는 것을 깨닫고 갑자기 귀가 뻥 뚫린다.

아직도 마음은 열정이 넘쳐나는데, 거울 속에는 열정과 패기가 넘쳤던 젊은 경찰관은 사라지고 눈 밑에 주름 잡히고 흰머리는 늘어나고 섭섭한 것만 많고 패기는 없어 보이는 중년 남성이 서 있다. 휴~ 이젠 열정은 버리고 후배들 믿고 맡기며 뒤로 물러날 준비를 해야 할 때인데, 아직도 지가 젊은 줄만 알고 있으니...

잠든 아내 모습을 뒤로 하고, 모두 잠들어 있는 어두운 새벽길을 나서는데 오늘따라 나이 드는 게 서럽다는 생각에 랩이 섞인 노래 볼륨을 높여 자동차 안을 가득 채우며 출근했다.

월요일이라 그런지 오전에는 신고가 별로 없더니 점심 식사를 마치자

마자 폭행, 업무방해, 구멍 난 도로, 교통체증 등 신고가 몰린다.

15:10 〈남자친구가 자신의 차량을 몰래 담보잡혀 팔았다/수배자다〉라는 CODE-1 신고. 순찰차를 현장에 보내고, 신고자와 통화하여 남자친구의 인적사항을 확인하면서 집에 있는지 묻자 112신고 소리를 듣고 슬리퍼만 신고 도망갔다고 한다. 조회해 보니 체포영장이 발부된 사실이 확인된다. 영장을 검색하자 카카오톡을 이용해 지인들에게 급한 돈이 필요하다, 오락실을 해서 갚겠다라고 거짓말하는 방식으로 70여회에 걸쳐 3억원을 편취한 사범임이 확인되었다.

수사경험상 사기 범죄는 피해자 중 일부가 고소해서 진술을 마친 사건부터 먼저 수배하고, 다른 사건은 기존 사건과 동일한 건인지, 병합이 필요한지, 별건으로 나누어 수사할지를 판단하느라 추가 수배에 시차가 있다. 거기에 아직 고소할지를 결정 못한 피해자들까지 합하면 적어도 수배액수보다 2~5배 정도의 피해가 더 있는 경우가 대부분이다.

여자친구가 112신고를 하자 쌀쌀한 날씨에도 슬리퍼만 신고 도망쳤다는 것은 아직 멀리 못가고 주변에 있다는 뜻이다. 순찰차 2대를 추가로 배치해 세 방향에서 신고 장소로 몰아오면서 수색하도록 했지만 수배자는 발견되지 않았다. 근처에 있는 것이 분명하다고 생각해 일단 주변 당구장, PC방, 식당 등을 탐문시켰다. 그 사이 발생한 긴급 신고 사건에 순찰차 2대를 다시 보내고 1대만 주변에 대기시켰다.

1시간 정도 흘렀더니 〈PC방인데 모르는 사람에게 휴대전화를 빌려줬다／경찰에 쫓기고 있다는 대화를 들었다／아까도 경찰이 PC방에 왔었다〉는 112신고가 들어와서 대기 중이던 순찰차를 급히 보냈다. 순찰차는 1분만에 PC방에 도착해 2분 후 수배자를 검거했다. 수갑을 찬 수배자는 지구대에 들어오면서 경찰 때문에 유심칩을 잃어버려서 전화를 할 수 없으니 전화기를 빌려달라고 소리를 지른다. 경찰 생활 30년에 사기죄로 체포된 놈이 소리 지르는 건 처음 봤다.

　뻔히 거짓말인 줄 알면서도, 친절한 경찰, 봉사하는 경찰답게 순찰차 1대를 PC방으로 보내 유심칩을 찾으라고 한 뒤, 전산망에서 출력한 체포영장을 수배자에게 보여줬다. 신고자에게는 남자친구가 체포됐고, 유심칩이 없어 신고자에게 전화 못한다고 변명한다는 사실을 알려줬다. 5분 정도 지나 신고자가 지구대에 들어왔다.

　"저 새끼 거짓말이에요. 휴대전화를 빼앗기면 수배된 것 말고도 동일한 수법으로 카톡 사기친 게 들킬 것 같으니 쑈하는 거예요. 주머니에 유심칩이 들어 있을 거고 휴대전화를 확인해 보면 사기 증거가 나올 거예요. 그것까지 압수해서 수배경찰서에 인계해 주세요."라고 한다. 수배자에게 주머니에 있는 것을 제출할 수 있냐고 묻자 "당신들 영장 없이 압수하면 내가 가만둘 것 같아?"라며 과잉반응을 보인다. 신고자 말처럼 피해자가 한둘이 아닌 것은 분명하다. 하지만 체포 현장이 아니라 별건 수사인 추가 피해자 조사를 위한 압수는 할 수 없다. 다시 한번 주머니에 뭐가 있는지 확인할 수 있느냐고 물은 뒤 수배자의 행동과 말을 그대로 영상으로 촬영하고 수사보고로 작성했다. 나중에 수배한 경찰서의 담당형사에게 수사보고를 주면 추가로 압수영장을 신청하는 데 쓸 수도 있고, 그렇지 않더라도 법원에서 선고할 때도 중요한 양형자료가 되기 때문이다.

신고자가 지구대에서 나가고 30분쯤 지나자 수배자는 소리를 질러서 죄송하다고 한다. 자기는 사기죄로 실형을 3년 살고 석방된 지 1년밖에 안 되어 누범 기간인데 취업도 안 되니 먹고 살 방법이 없어서 아는 사람들에게 조금씩 빌려 쓰던 돈이 금액이 커졌다면서 피해는 10억 원 정도 되지만 그중 2억 원은 변제할 수 있어서 전화를 빌려달라고 한 것이라고 말한다. 사기꾼 말은 절대 안 믿는다! 니 입으로 10억 원이면 피해가 적어도 20억 원은 넘는다는 말인데…

"이거 보쇼~ 학교 다녀온 양반이, 누범가중도 있지만, 체포된 후 증거를 인멸하고, 체포 경찰관에게 폭언하고, 반성 안 하는 행동이 양형에 반영되는 거 몰라?"

그 후론 고개만 숙이고 앉아 있다가 손목이 아프니 수갑을 조금만 풀어달라, 고향에 계신 아버지와 통화하게 해달라 등 요구사항이 계속된다. 체포영장 범죄사실과 수배자의 진술을 종합하면, 수배자는 알고 지내던 친구, 선·후배, 친·인척들에게 적게는 100만 원에서 많게는 5,000만 원까지 빌린 것이 1년 만에 10억원이 됐다는 것이다. 시골에서 5,000만 원은 결코 작은 돈이 아닌데, 재산을 잃은 피해자들은 어떻게 살아가야 할까? 수배자는 강남 한복판에서 애인을 두고 살았던 것으로 보아 10억 원이라는 거금을 1년 만에 어떻게 썼는지 대충 짐작이 간다.

112신고가 많기로 유명한 지구대에서 단순한 수배자 검거는 그렇게 중요한 업무가 아닐 수 있다. 그 일을 위해 1시간 넘게 주변에서 잠복하는 일은 동료들에게 업무부담을 준다. 그럼에도 시보 딱지를 겨우 뗀 젊은 순경이 "카톡으로 채팅하는 사람들은 대부분 인간적인 유대관계가 있는 경우인데 이런 사람들에게 수억 원씩 사기친 놈은 꼭 잡아야 합니다! 그렇지 않으면 계속 지인들에게 사기를 칠 겁니다!"라고 열정을 보였기에 상습사기범을 검거할 수 있었다.

젊은 친구! 싹수가 있는데! 서장님 표창이라도 받도록 해주어야겠다.

3. 장관 집 앞 세배 시위

　설날인데, 떡국 한 그릇 챙겨 먹지 못하고 새벽에 빵 한 조각 먹고 출근했다. 서에서 근무할 때는 명절에 쉴 수 있었지만 지구대처럼 교대 근무하는 곳에서 명절은 사치인가? 그래도 오늘 같은 날은 좀 일찍 일어나 신랑을 위해 떡국이라도 끓여서 한 그릇 내주면 감동의 도가니일 텐데… 남편도 사랑받고 싶은데… 나만 그런가?

　설날이라 그런지 이런저런 생각이 더 많아진다. 진짜 열심히 살았는데, 할 줄 아는 것은 일밖에 없고, 그렇게 일만 하면 인정받을 줄 알았는데 수사 과정에서 자살 사건이 발생하자 내 책임은 전혀 없는데도 칼같이 버려져 지구대로 인사조치되고… 그러면 어떤가? 열심히 일할 수 있는 직업이 있는데, 하고 위안하지만 어느 순간 벌써 정년을 걱정하는 나이가 되고. 가정에서 나의 공간과 역할은? 뭐, 하루 이틀인가? '그냥 니가 살던 대로 살아'라고 혼잣말하며, 모두 잠들어 있는 추운 새벽공기를 가르며 출근하다 왠지 서글픈 생각에 편의점에 들러 미지근한 커피 한 모금 마시고 다시 차에 오른다.

　출근하면 어제부터 난리 치던 사건 뒤치다꺼리부터 해야 할 텐데 행복한 고민 하고 있네!

사무실에서는 오늘 있을 시위계획서와 문제점 대처 방안 등 서류가 나를 반긴다. 기재부장관, 법무부장관 등 높으신 분들이 사는 곳에 근무하니 어쩔 수 없지만 그래도 설날인데 오늘은 그냥 집에 있지, 장애인들이 휠체어 타고 기재부장관에게 세배하러 방문하겠다는 말도 안 되는 명분을 내세워 또 애먼 경찰만 괴롭힌다.

오늘 은근히 추운데, 서장, 과장이 현장에 모두 나오는데, 숨을 곳도 없이 두 시간 넘도록 길 한복판에 서 있어야 하고. 누군가 장관이 사는 아파트 단지에 뛰어들어가기라도 하면 어떻게 하나 하는 생각에 눈앞이 깜깜하다. 에휴~ 오늘은 죽었다고 복창해야겠다.

11시 방문이라고 하니 기동대는 10시 30분에 배치되고, 우리는 상황실 무전지시에 따라 9시 30분부터 현장 특이사항을 확인해야 한다. 지들은 따뜻한 상황실에 앉아 있으니 현장이 얼마나 추운지 모르지라고 투덜거리며 현장에 나가 지하 주차장부터 시작하여 시위장비나 시위자들이 있는지 확인하고 방호 요원과 협의해 CCTV를 확보하고 기습시위에 대비해 출입구를 한 곳씩만 열어 두기로 했다. 협의를 마치고 길거리에 나와 덜덜 떨고 있었다. 경비계 직원들이 추운데 고생한다며 따뜻한 커피라도 사다 주겠다고 하지만 설날에 문을 연 커피숍은 없다. 그래 빈말이라도 고맙다.

아파트 사이의 바람은 왜 이리 셀까? 이렇게 추울 줄 알았으면 미리 내복이라도 챙겨입을 걸... 발을 동동거리는 사이 서장, 지구대장, 정보·경비과 직원들, 기동대가 차근차근 도착한다. 현장 회의를 마치자 다들 추운 날씨를 피해 차로 들어가고, 순찰차 근무자는 근무교대를 하지만, 현장 책임자로 지정된 나는 자리를 옮길 수가 없다. 코앞에 서장 차가 서 있으니 도망갈 수도 없고 발만 동동거릴 뿐이다.

11시가 되자, 방송국 카메라와 기자들이 도착하고 시간이 조금 더 지나자 휠체어 타고 오신 분들이 시위 홍보용 카메라와 함께 도착한다.

시위대들은 차례상을 차리더니, 장관에게 "왜 세배를 안 받아 주세요!!"라고 소리를 지른다. 그리고는 무슨 이유에서인지 날씨도 추운데 자원봉사자들과 함께 쇠사슬을 온몸에 두른 후 구호를 외치며 한참 동안 시위를 했다. 시린 발만 구르다가 칼바람을 피해 가끔 한쪽 구석으로 자리를 옮기면서 지들도 사람인데 곧 끝나겠지 기대하던 중 1시간쯤 지나자 드디어 시위가 끝났다. 이제 사무실로 돌아갈 수 있다고 기뻐하는 순간 뒤통수를 빼근하게 맞아버렸다.

시위대는 시위용품 사이에서 휴대용 가스버너를 꺼내더니 차례상에 올라왔던 전과 미리 준비했던 어묵을 한데 넣고 끓이며 "날씨 추운데 고생하셨습니다, 같이 드실래요?"라고 한다. '약 올리냐? 너네가 그거 드시는 동안 우리는 계속 고생하고 있는 모습 안 보이냐?'

장애인들과 자원봉사자들은 뭐가 그리 좋은지 뜨거운 국물을 먹으면서 한참 동안 깔깔댄다. 시위 때문에 출입구가 하나밖에 열리지 않아 아파트에서 힘겹게 차를 몰고 나오는 주민이 그 사람들을 보고 "야, 이 인간들아! 구정인데 뭐 하는 짓이야? 거지도 아니고 빨리 집구석에나 기어들어가!"라고 소리 지르자 쌍방이 같이 고성을 지르고 난리가 났다. 시간은 벌써 12시 반을 넘어간다. 세 시간이 넘었다.

제길, 내복까지는 몰라도 두꺼운 양말이라도 신고 나올 걸. 왜 보급 점퍼와 신발은 이렇게 더 추울까? 모자 달린 오리털, 거위털 점퍼를 입고도 춥다고 교대로 근무하는데, 나는 그런 점퍼 하나만 줘도 소원이 없겠다.

3시간이 훌쩍 지나고 나서 시위자들이 드디어 현장을 떠난다. 지들 딴에는 우리한테 "고생하셨습니다."하고 인사하지만 뒷모습조차 보기 싫다.

휴~ 그래도 아무런 문제 없이 끝났으니 다행이라고 생각하며 순찰차에 탔다. 히터에서 따듯한 바람이 나오니 좀 살 것 같다.

저녁에는 떡국을 끓여 놨겠지? 만두도 넣으면 더 좋은데!

4. 자살 기도자를 구하라

밤이 될수록 점점 추워지는데, 오늘따라 중요신고가 왜 이렇게 많을까? 팀장이 현장에 출동하여 책임 지휘하라는 지시가 계속된다.

21시, 날씨도 춥고 해서 성추행 신고 사건 해결 후 따뜻한 커피 한 잔 하려고 하는데 〈○○아파트 00층에서 여성이 난간에 앉아 있다/자살을 시도하는 것으로 보인다〉라는 CODE-0 사건 신고가 접수되었다.

거리가 머니 순찰차 열쇠를 달라고 하자, 직원들이 이제 내가 운전하는 순찰차에는 타고 싶지 않다고 한다. 긴급사건이니 빨리 가야 한다고 설득하여 운전대를 내가 잡고 최고급 아파트 단지로 출동했다. 정말로 여성 하나가 베란다 난간에 한 다리를 올리고 걸터앉아 있었다. 잠시 후 지원순찰차와 119구조대가 도착하였다. 순찰차 1대는 주민들의 접근을 막도록 하고, 나와 같이 도착한 경찰관 2명과 구급대는 해당 아파트로 올라갔다.

난간에 앉은 여성이 119구조대와 경찰을 발견하고 바로 뛰어내릴 수도 있는 데다가, 자살 기도 이유를 알지 못하는 상황에서는 진입 시도의 위험성이 너무 크다. 그렇다고 계속 기다리기만 하면 자살 시도를 막을 수 없기 때문에 고민하다가, 일단 동거 가족이 있는지부터 확인하기로 했다. 하지만 관리사무실에서는 거주자 이름과 전화번호가 '개인정보'라 제공할 수 없다고 한다. 제대로 알지도 못하는 사람들이 무조건 면피하려고 개인정보 핑계 대는 꼴을 한두 번 본 게 아닌데 정말 참기 어렵다. 사람 목숨이 걸려 있잖아!

"이거 보세요, 법을 알려면 제대로 아세요! 개인정보보호법 제18조 제2항은 정보주체 또는 그 법정대리인이 의사표시를 할 수 없는 상태에 있거나 주소불명 등으로 사전 동의를 받을 수 없는 경우, 정보주체 또는 제3자의 급박한 생명, 신체, 재산의 이익을 위하여 필요하다고 인정되는 경우에는 동의 없이 개인정보를 제공할 수 있다고 규정하는데, 당신들은 이렇게 법률에 근거가 있는데도 입주자의 가족이 자살하는 것을 막기 위한 경찰의 합법적 요청을 거부해서 자살 사건 발생을 내버려 두겠다는 겁니까?"

물론 저렇게 말하지는 않았다. 내가 법조문을 외우고 있는 것도 아니고, 저렇게 말하면 관리사무실 직원이 무슨 소리인지 알아들을 수도 없을 테니까.

"이봐! 당신이 법을 알아? 당신이 좋아하는 개인정보보호법은 생명, 신체에 급박한 위험이 있으면 당사자 동의가 없어도 개인정보를 제공하라고 했는데 그런 법이 있는 줄은 알아? 당신이 이렇게 멍청한 짓 하다가 입주자가 자살하면 책임질 거야?"

이게 실제로 한 말이다. 시민에게 반말하면 안 되는데...

관리실 직원은 관리소장에게 전화해 확인하겠다고 한 후 당직 방호팀장을 통해 휴대전화를 건네준다. 그렇게 알게 된 자살기도자 아버지에게 전화했지만 연결이 되지 않는다.

소방서에 에어매트 설치를 요청했지만 10분 후 도착한 소방서 지휘차량은 외부로 설치된 아파트 구조물과 나무 때문에 설치가 불가능하다고 한다. 나무를 잘라도 구조물이 있어서 에어매트를 설치할 자리가 안 나온다. 어떻게 하나 고민하는 사이에 30대 초반으로 보이는 여성이 나타난다. 난간의 여성은 자기 동생인데 양극성 장애가 있다고 한다. 조금 전까지 같이 집에 있다가 답답해서 편의점 들러 산책하고 오는 사이에 이런 일이 벌어졌다는 거다.

양극성 장애가 뭔지 검색했다. 요즘은 정신병 이름들이 너무 어려워져서 알아들을 수가 없으니 이것까지 공부해야 한다. 조울증의 새로운 이름이라는 사실을 확인하고 밤늦은 시간이지만 급한 상황이기에 알고 지내는 정신과 교수님과 통화하여 위험성에 대해 설명을 들었다. 조울증은 감정 기복이 심하고 울증 상태일 때 자살율이 높은 증상이라고 한다. 이거 위험하다.

언니에게 일단 문만 열고 집 안에는 들어가지 말라고 했다. 다시 1층으로 내려와 확인하니 여성은 처음과 동일한 자세로 앉아 있다.

　소방서에서 자살기도자 바로 윗층 거주자들의 승낙을 받아 레펠을 설치한 후 순간적으로 타고 내려오면서 자살기도자를 집안으로 밀어넣는 방식으로 구조하자고 제안하여 레펠 설치를 시도했지만, 자살기도자는 밧줄이 보이자 몸을 난간 밖으로 더 내밀고, 구경하는 주민들은 깜짝 놀라 소리를 지른다. 상황이 더 위험해져 레펠은 포기했다.

　그 사이 시간은 30분이 지났고 구경꾼은 늘어난다. 일부는 휴대전화로 촬영까지 하고 있다. 조금만 실수해도 한 생명이 사라질 수 있는데 어떻게 해야 할지 방법이 떠오르지 않는다. 119구조대는 다른 신고가 계속 들어온다며 빨리 현관으로 진입하자고 하지만, 그랬다가 자칫 실수라도 했을 때 결과는 상상만 해도 끔찍하다.

　정신질환자의 자살 소동은 화재, 재난·재해와 달리 소방에 결정권이 있지는 않지만 그래도 경험이 가장 많은 119구조대가 좋은 의견을 떠올렸으면 알아서 결정하고 책임도 지면 될 텐데 왜 자꾸 나한테 물어볼까? 물론 이유를 모르는 건 아니지. 하지만 나도 공무원이잖아.

　직원들을 데리고 한 층 아래로 내려가 회의를 했다. 몸이 빠르기로 유명한 최 경사가 "아파트 내부 구조를 부동산 사이트로 확인해 보니 자살기도자가 있는 거실에서 현관문이 보이지 않습니다. 출입문으로 몇 명이 몰래 들어간 뒤, 외부에서 써치라이트를 강하게 비춰 당황시킨 틈을 이용해 신속하게 거실 안쪽으로 끌어당기면 될 것 같습니다."라고 제안하더니 "물론 책임은 팀장님이 지셔야죠?"하며 웃는다.

그 외에 다른 방법이 없을 것 같아 119팀장과 상의하자 좋은 생각이라고 한다. 즉석에서 경찰, 소방 합동 특수구조팀을 구성한 후 자살기도자의 윗층에 양해를 얻고 들어가 예행연습을 한 번 해 봤다. 될 것 같다는 결론을 내리고 나는 1층으로 내려갔고 구조팀은 집안으로 잠입했다. 잠시 후 무전신호로 타이밍을 맞춰 서치라이트를 자살기도자 얼굴에 비추었고, 그녀가 손으로 눈을 가리는 틈을 이용하여 구조팀이 순식간에 거실로 진입하여 창틀에 앉아 있던 자살기도자를 구조하였다.

다행히 작전이 성공으로 끝나자 모두 안도의 한숨을 쉬었다. 단지 전체가 금연 구역이지만 아파트 한쪽 구석, 쓰레기 수거장으로 이동해 담배를 한 대 태웠다. 이 정도는 하나님도 용서해 주시겠지. 비흡연 직원들까지 모두 모여 서로 얼굴을 보며 긴장을 풀었다.

일단 구조는 성공했지만 경찰의 임무는 이것으로 끝이 아니다. 자살기도자의 양극성 장애가 치료된 건 아니라 언니가 잠든 틈에 또 자살을 기도할 가능성이 매우 높다. 자살 방지를 위한 정신병원 입원 등의 후속 조치가 필요하다.

아파트로 올라가 언니를 만나자 자신도 양극성 장애의 위험성을 이미 알고 있고 지방에 내려갔던 부모도 연락을 받고 귀가 중이지만 입원을 시키고 싶어도 받아주는 병원이 없다며 지금 바로 입원이 가능한 병원을 알아봐 달라고 한다. 광진구, 동작구 등 여러 병원에 연락했지만 입원실이 없다고 한다. 이렇게 자살 위험성이 큰 대상자의 예방을 위해 할 수 있는 조치가 하나도 없다니...

일단 현장에 순찰차 1대만 남긴 후 모두 철수시켰다. 지구대에 돌아와 방법을 찾는데 도저히 어떻게 해야 할지 모르겠다. 내부 문서를 일일이 뒤지다 작년 12월 초 서울지방경찰청과 서울시가 〈정신응급 합동대응센터를 구축했으니 적극적으로 이용해 달라〉고 보낸 전자 공문을 발견했다. 센터에 전화하자 자신들이 직접 현장에 나와 병원을 알아봐 입원 조치하겠다면서 이게 최초 사례가 되겠다고 고맙다고 한다. 드디어 정신질환 때문에 소중한 생명을 버리지 못하게 할 방법을 찾았다는 안도감과 추운 곳에서 한참 뛰어다니느라 쌓인 피곤이 몰려와 또 커피믹스 한 잔을 들고 지구대 뒤쪽 주차장에서 담배 한 대를 태운다.

세상의 발전에 따라 증가하는 심리적 불안정으로 정신질환자는 늘어나지만 정신과 전문의도 아닌 경찰이 현장에서 할 수 있는 대응책과 사후조치에는 한계가 있다.

일선에서 수사할 때는 다른 경찰관이 해결하지 못한 사건, 통신 대기업 사건 등 굵직한 사건을 해결하고, 시스템 연구를 통해 수사 결과를 제시하면서 제도까지 바꾸었다. 보이스피싱, 메신져피싱의 예방 방안, NICE와 실종자 자동추적 시스템을 만드는 등 다른 사람들이 생각하지 못하는 방법으로 국민들의 피해를 방지하는 제도의 도입에 선구자가 된 적이 많다 보니 알게 모르게 교만해졌었는데, 지구대에서 근무하면 할수록 배워야 할 것이 더 많다는 사실을 알게 되면서 점점 더 겸손함이 필요하다는 사실을 깨닫는다.

그녀는 감기에 안 걸렸을까? 무슨 생각이 그리 많고 뭐가 그리 힘들어 양극성 장애라는 병까지 걸렸을까? 그냥 산골 마을에서 성장했으면 행복하게 살았을까?

5. 빌딩 폭발물

　봄이 다가오니 자전거 절도 신고가 늘어난다. 〈대형건물 지하 2층 주차장/커피박스가 테잎으로 밀봉/보안팀인데 11시쯤 들어와서 오토바이 탄 사람이 이 물건을 놓고 갔다/금속탐지기로 조사하니/안에 금속물질이 있는 것으로 확인됨/내용물이 수상함〉이라는 112신고가 CODE-0로 떨어지고 '순찰차와 지원순찰차 팀장은 현장 출동, 팀장은 입주자들이 대피해야 할지 말아야 할지 신속하게 판단해 주세요.'라는 지시가 있어 바로 현장으로 출동했다.

　평소에는 출입자 감시가 심해 순찰차에게 방문 이유 등을 일일이 묻던 고층빌딩 보안요원이 순찰차가 도착하자마자 바로 출입문을 열어주고, 지하1층 보안요원도 곧바로 수신호로 지하 2층으로 안내한다. 지하 2층에는 보안팀장과 보안요원들이 기다리고 있다.

　지하 2층 주차장 엘리베이터 앞에 놓인 커피믹스 박스는 노란색 테이프가 덕지덕지 감겨 있다. 휴대용 금속탐지기로 검색하니 '삐이잉-' 내부에 금속성 물질이 들어 있다고 한다. 보안요원들에게 반경 30미터 안의 차량을 모두 이동시키라고 연락하고, 차량이 빠지면 양쪽 진입구를 순찰차로 막고 폴리스라인을 설치하라고 지시했다.

112상황실에 현장 상황과 조치를 설명하며, EOD(폭발물 처리반) 출동을 요청했다. 해당 건물에는 세계 최대의 다국적 IT회사가 입주해 있기 때문에 이 회사를 타겟으로 폭발물을 설치했을 가능성이 있으니 보안경찰, 경비경찰의 출동이 필요하다고 보고하자 112상황실은 군에도 통보했다고 알려왔다.

CCTV 영상을 보니 검은색 상하의를 입은 사람이 검은색 헬멧을 쓰고 현관으로 들어온 후 지하로 내려와 커피박스를 놓고 가는 장면이 확인되었다.

'복장은 배달원 같은데, 왜 오토바이는 보이지 않는 걸까? 배달원이 지하 2층까지 걸어내려와 물건을 놓고 가는 경우가 있나? 택배라면 발송자와 수신자 등이 기재된 택배발송장이 붙어 있어야 하는데, 노랑테이프만 둘둘 감아두었네?'

CCTV 영상을 보니 폭발물이 설치되었을 수 있다는 의심이 점점 강해졌다. 지원 순찰차 있는 형사과 출신 박 경위에게 빌딩 보안사무실에 가서 도로상에 설치된 관제센터 CCTV영상과 빌딩의 CCTV영상을 비교하면서 지역을 넓혀 확인하라고 하였다.

이태원 사건의 영향인가, 전화하자마자 차량 소유자들이 바로 내려와 차량을 빼기 시작하고, 소방관들과 경찰서 보안과, 경비과 생활질서계의 폭발물 담당 및 소속을 알 수 없는 국가기관에서도 속속 도착한다. 군부대도 계속 전화로 상황을 묻는다. 아무도 내게는 상황을 물으려 하지 않고 한쪽에 모여만 있다. 자기들끼리 있으면 상황이 파악되나? 그들에게 가서 보안요원의 신고 내용, 발견 경위, 휴대용 금속탐지기 검색 결과, 차량 이동 및 폴리스라인 설치 등 현장 조치와 용의자 특정 등을 위해 보안실에서 CCTV영상을 확인 중이라는 사실을 설명해줬다.

20여분 뒤 경찰특공대 폭발물 처리 차량이 도착했다. 영화에서 나오는 것처럼 두꺼운 방호복과 헬멧을 착용한 폭발물 처리 요원이 금속탐지기로 박스를 검색하자, 역시 '삐~이~잉' 소리가 난다. 그러자 검색요원 3명이 탐지견에게 냄새를 맡아보게 한다. 주위에는 2,30명의 시민이 휴대전화로 이 모습을 촬영한다. 폭발 가능성이 있고, 이곳에 있는 사람들은 경찰과 경찰특공대뿐 아니라 신분이 알려져서는 안 되는 국가기관 소속 직원들도 있으니 촬영을 하지 말아 달라고 협조를 요청하자, 모두 촬영을 중단하고 영상을 스스로 삭제해줬다.

그런데 갑자기 40대 초반으로 보이는 남자가 폴리스라인을 넘어서 커피믹스 박스 쪽으로 온다. 경찰관이 제지하자, 내 물건 내가 가지고 가려는데, 왜 막냐며 화를 낸다.

폴리스라인 쳐진 것 못봤느냐면서 빌딩 보안실에서 112로 폭발물 의심 신고를 하여 경찰특공대까지 출동해 박스를 검색하는 중이라고 하자

이 박스는 자기가 공사에 쓰려고 배송시킨 물건이라며 무슨 난리냐고 비웃는다. 자기네 회사에서 지하 1층 유명신발점의 공사를 하는 과정에 시트지를 배송시키면서 택배 기사에게 A출입구 앞 기둥에 놓으라고 했다면서 빨리 공사를 해야 해서 지금 시트지를 가져가야 한다고 큰소리로 우긴다.

박스에 수발신자의 이름이 없으니 이 물건이 당신 회사 소유인지 알 수 없고, 현재 112신고로 폭발물 설치 여부를 조사 중인데 폴리스라인을 넘어와 조사를 방해하면 공무집행방해죄가 될 수 있다, 출입을 금지한 폴리스라인을 무단으로 넘어온 행위는 경범죄처벌법으로 처벌할 수 있으니 신분증을 제시하라고 요구하자 커다랗던 목소리가 갑자기 작아진다. 정말 공사에 사용할 물품이라면 회사에 설치된 CCTV를 확인해 배송을 의뢰하는 영상을 찾아 보내라고 요구했다.

한참 후 그가 휴대전화로 보여주는 영상에는 회사에서 배달원에게 커피믹스 박스를 넘겨주는 장면이 확인된다. 경찰특공대 폭발물 담당도 금속 반응은 있지만 탐지견이 조용히 있는 것으로 보아 화약 등 위험물은 아닌 것 같다고 말한다. 그에게 박스를 개봉시켜 확인하니 정말 공사에 사용하는 시트지였다.

으이그, 시트지 하나에 80명 이상의 경찰, 경찰특공대, 군, 각종 정부기관에서 현장에 나와 1시간 30분이 넘도록 이 난리를 쳤다는 말인가?

무전으로 오인신고라고 보고한 후 그 남자에게 지하 2층 벽 옆에다 물건을 두라고 했으면 물건이 도착했다는 연락을 받자마자 바로 찾아가든가 하지, 지하 2층에서 폭발물 소동이 있다는 구내 방송까지 들었다면서 왜 확인도 안 했냐고 물었다.

"하던 일 마치고 내려오려고 했는데 와 보니 일이 너무 커져서 겁이 났습니다. A출입구 앞에서 10여분이나 망설였지만 일을 안 할 수는 없고 시트지는 찾아야 하니 별 일 아닌 척 했었습니다. 죄송합니다."

할 말이 없다. 자기가 방치해둔 일이 커지자 책임 추궁이 두려워 오히려 큰소리를 치기로 마음먹었던 모양이다. '폭발물이면 어떡하지'라며 가슴 졸이고 집에 전화까지 한 친구들도 있었는데 큰 사고가 아닌 것은 다행이었다. FTX 훈련(Field Training Exercise, 야외기동훈련) 한 번 제대로 했다고 생각하자며 어이없이 웃는 직원들과 지구대로 돌아왔다.

인간은 기본적으로 이기적인 동물이기 때문에 가끔은 이처럼 어이없는 일들이 일어나곤 한다. 자기 때문에 그 난리가 났는데도 출입을 차단하는 경찰관을 밀고 폴리스라인을 넘어 들어가 큰소리나 치다니. 그냥 죄송합니다! 한 마디 하는 게 그리 어려운가?

6. 노숙자 할아버지의 집은 어디인가?

최근 뉴스에서 경찰관이 추위를 피해 들어온 할머니를 지구대에서 쫓아냈다는 보도가 나오더니, 경찰관이 술에 취한 사람들을 제대로 보호하지 않아 동사하였다며 비난하는 보도가 며칠째 계속되고 있다. 경찰 입장에서는 무척 억울한 이야기인데 요즘 국민들은 언론 보도를 그대로 믿지는 않는 것 같아 다행이다. 경찰이 술에 취한 사람을 집까지 데려다 주었으면 되는 것 아닌가? 집에 들어갔다가 다시 나오는 사람까지 어떻게 경찰이 책임지라는 건가? 우리나라는 술에 대해 너무 너그럽다는 댓글도 많고, 지구대에서 할머니를 쫓아냈다는 보도에 대해서도, '열차 시간이 지나 추위를 피해 지구대로 갔다고? 역전 대합실이 더 따뜻하지 않나? 이해되지 않는데?'라는 댓글도 있다. 제발 경찰 지구대가 무료 취침을 제공하는 여관이나 귀가 서비스를 제공하는 공짜 택시라고 생각하지 않았으면 좋겠다.

그래도 주취자들이 "니네 방송 못봤어? 술 취한 내가 죽을 수도 있는데 보호해 줘야지! 우리 집까지 태워다 줘!"라며 밀려들까 걱정이다.

화재 사건과 데이트폭력 사건으로 출동했다 지구대로 돌아와 내복 위에 츄리닝까지 껴입은 직원을 북극곰이라고 놀린 후 자리에 앉아 컴퓨터로 뭔가 열심히 조회하는 배 순경을 발견하고 무슨 일을 하는지 물었다.

"23:30경 〈강남역에서 길을 잃은 할아버지가 계신다〉는 신고를 받고 출동했는데 입고 있는 옷도 허술하고, 술 냄새는 안 나는데 앉은 자리에서 일어나지도 못하기에 119구조대를 통해 병원으로 후송했습니다. 응급처치 중 왼쪽 팔부터 반신마비 증세가 오는데 신분증도, 전화기도 없고, 간신히 주소가 분당이고 이름이 ○○○이라고 해서 전국조회를 해서 찾고 있습니다."

상태를 물어보니 온몸에서 냄새가 나고 옷도 지저분한 것이 노숙자일 수 있다는 말을 듣고, 노숙인이 일부러 따뜻한 병원에 있고 싶어서 쇼하는 거 아냐? 노숙인 명부도 확인해 보라고 한 뒤 별 신경을 쓰지 않고 있었다.

병원에서는 '경찰이 의뢰한 환자의 인적사항이 확인되지 않는다, 고령으로 신속히 가족에게 인계해야 한다, 출동한 경찰관과 통화하고 싶다'는 등의 전화가 계속 왔지만 새벽 2시가 넘도록 신원은 확인되지 않는다. 배 순경에게 다시 자세히 물었다. 광역버스를 타고 종점인 강남역에 왔는데도 노인이 내리지 않자 버스기사가 강제로 끌어 내렸는데 같은 버스에서 내리던 청년이 이것을 보고 112신고를 했다며, 휴대전화에 찍힌 노인의 모습을 보여주었다. 사진의 노인은 백발에 머리가 짧고 수염도 없고, 콧털도 짧은 것으로 보아 노숙인으로 보이지는 않는다.

"몸에서 냄새도 나고 옷도 시커멓고 지저분하다더니 그게 아니잖아?"

라고 묻자 "냄새도 나고 옷도 흙과 아스팔트로 인해 시커멓고 지저분했습니다."라고 답한다. "신고자와 노인이 같은 버스에서 내렸다면 버스 번호는 확인했어?"라고 묻자 대답을 못한다.

신고자에게 버스 번호를 물어봤다면 승차한 곳을 추측할 수 있지 않느냐, 반신불수에 대화도 안 되는 노인이 이름이나 주소를 제대로 말했는지 예전 주소나 고향을 말한 건지 알 수도 없는데 그것만 가지고 어떻게 찾으려고 했냐고 묻자 대답이 없다. 지금이라도 전화해 보겠다고 하지만 새벽 2시가 넘은 시간에 신고자에게 전화할 수도 없다. 경찰의 실수로 성실한 시민에게 과도한 불편을 줘서는 안 되니까.

응급실 진료비도 만만치 않은데, 가족을 못찾으면 어떻게 하나? 국가를 상대로 보상 신청을 하라고 하지 뭐, 경찰관이 그걸 어떻게 책임지나? 그런데 병원으로부터 계속 연락이 오자, 가볍게 생각했던 직원들도 부담을 느끼는지 전원이 달려들어 휴게시간까지 포기해 가며 용인부터 성남까지 과거 가출 신고가 됐던 1930년대생 노인들의 사진을 일일이 비교해 가며 밤을 그대로 샌다. 실종자 수사 경험이 있다는 직원은 직접 병원으로 가 열 손가락의 지문을 모두 떠 과학수사반에 인계했다.

다른 날 같으면 신고와 출동으로 이럴 시간이 없었을 텐데, 불행 중 다행으로 며칠째 올겨울 최고의 한파가 이어져 심야시간 신고가 줄면서 신원을 확인할 여유가 있었다.

누군가 "야~ 찾았다. 내가 용인경찰서에 전화해서 지원요청할게!" 하지만 10여분 뒤 "저희가 말씀하신 집으로 가봤는데, 할머니가 할아버지는 집에서 주무시고 계시다는데요?"라는 연락이 온다.

다시 처음부터 찾기 시작하는데, 새벽 5시가 조금 넘어서인가 실종자 신고시스템을 뒤지던 직원이 "팀장님, 여기 새벽 3시에 입력된 사진을 한번 봐주시겠어요? 저는 전혀 안 닮은 것 같은데, 닮았다는 사람도 있어서요."라고 한다.

출동 나가지 않은 직원들이 모두 모여 두 사진을 나란히 놓고 의견을 말한다. 형제 같다, 아들 같다는 등 언뜻 비슷해 보인다는 의견이 70%가 넘는다. 그래서 실종자를 입력한 경기도의 모 지구대에 병원에서 촬영한 사진을 보내주고 확인을 요청했다. 10여분 뒤 지구대로 전화가 걸려왔다.

"고맙습니다. 아버님이 치매가 심하신데 회사에서 돌아와 보니 안 계셔서 12시가 조금 넘어 실종 신고를 했지만 사진을 찾지 못해서 한참 후에야 입력을 했습니다. 바로 출발하겠습니다."라는 전화를 받자 밤새 잠도 못자고 컴퓨터로 전산망을 뒤지던 직원들은 "팀장님 찾았습니다!!"라며 환호성을 지른다.

병원으로 출발한 순찰차는 신고자인 아들이 올 때까지 기다렸는데, 아들은 술을 마셔서 며느리와 큰 손자가 할아버지를 인수해 갔다고 보고

한다. 할아버지가 예전 양재동에 살았고, 할머니가 돌아가시자 치매증세가 심해졌는데 계속 집에 가고 싶다고 하더니 어떻게 강남역까지 오는 광역버스를 타신 것 같다며 며느리가 몇 번이고 고맙다는 인사를 한 뒤 할아버지를 모시고 갔다고 보고한다.

　배 순경이 내게 와서 버스 노선도 확인하지 않은 자기 잘못이라며 죄송하다고 한다. 팀장님이 왜 현장에 나가서 넓게, 순서대로 모든 것을 확인해 보라고 하시는지 알 것 같다고 하면서 "제가 정말 경찰이 된 것 같습니다. 노인분을 버린 것 아닐까? 가족들이 애타게 찾고 있을 수도 있는데 못 찾으면 어떻게 하나? 별의별 걱정을 다 했는데, 며느리가 응급실에서 제 손을 잡으면서 고맙습니다라고 큰소리로 인사할 때 이것이 경찰이구나! 하며 온몸에 짜릿하게 전류가 흘렀습니다."라는데 진짜 자신이 이루어낸 일에 스스로 감동을 받은 것 같다.

　그래! 그게 경찰이다! 남들이 볼 때는 별거 아닌 것 같지만, 그 작은 정성과 감동 때문에 경찰 일에 보람을 느끼는 거지 뭐.

　에휴~ 나도 반성한다. 직접 확인도 안한 채 내가 듣고 싶은 말만 듣고 노숙자라고 단정짓고는 노숙인 등록명부나 뒤져 보라고 말했으니... 진작에 사진을 직접 봤으면 함부로 판단하지 않았을 텐데.

　짜식들! 현장에서는 계속 관찰하고 신고자나 목격자에게 의문이 해결될 때까지 질문하라니까! 그러면 검색범위가 바뀌고, 사건을 빨리 해결할 수 있어. 예단하지 말고 항상 피해자의 입장에서 생각해. 끊임없이 질문하고 확인해. 이렇게 말해온 나를 순식간에 부끄럽게 만들다니. 나도 타성에 젖었나보다 하고 반성했다.

커피 한 잔을 타서 그 친구에게 갔다.

"아직도 기쁘냐? 그 마음 절대로 잊지 말고, 잃지도 말아라!!"